Poesia, Espetáculo e Peregrinação a Santiago de Compostela na Corte Portuguesa

Maria Isabel Morán Cabanas

Poesia, Espetáculo e Peregrinação a Santiago de Compostela na Corte Portuguesa

PETER LANG
Berlin · Bruxelles · Chennai · Lausanne · New York · Oxford

Bibliographic Information published by the Deutsche Nationalbibliothek
The Deutsche Nationalbibliothek lists this publication in the Deutsche Nationalbibliografie; detailed bibliographic data is available online at http://dnb.d-nb.de.

Apoio, mediante Convocatória de Ajudas a Projetos de Investigação (19/05/2021), da *Cátedra Institucional do Camiño de Santiago e das Peregrinacións* da Universidade de Santiago de Compostela, regida por convénio de colaboração assinado entre a USC, a *Axencia de Turismo de Galicia* e a Catedral de Santiago.

Imagem da capa: D. Manuel I com juristas e militares ("Ofícios da Corte e da Casa de Suplicação", *Livro I das Ordenações d'El-Rei D. Manuel*. Lisboa: João Pedro Bonhomini, 1514).

ISBN 978-3-631-88987-9 (Print)
ISBN 978-3-631-93544-6 (E-PDF)
ISBN 978-3-631-93545-3 (E-PUB)
DOI 10.3726/ b22753

© 2025 Peter Lang Group AG, Lausanne (Switzerland)
Published by Peter Lang GmbH, Berlin (Germany)

info@peterlang.com – www.peterlang.com

All rights reserved.
All parts of this publication are protected by copyright.
Any utilization outside the strict limits of the copyright law, without the permission of the publisher, is forbidden and liable to prosecution.
This applies in particular to reproductions, translations, microfilming, and storage and processing in electronic retrieval systems.

This publication has been peer reviewed.

Agradecimentos

A todos os colegas e amigos que, direta ou indiretamente, contribuíram para os resultados que aqui se apresentam – em especial a Francisco Singul (área de Cultura Xacobea da SA de Xestión do Plan Xacobeo da Xunta de Galicia), Yara Frateschi Vieira (UNICAMP – São Paulo) e José Luís Rodríguez (Universidade de Santiago de Compostela).

Esta obra liga-se aos dois seguintes projetos: - *Peregrinação a Compostela na origem do teatro português*, apoiado pela Cátedra Institucional do Camiño de Santiago e das Peregrinacións (2021) da Universidade de Santiago de Compostela, dirigida por Miguel Taín Guzmán; - *O Fenômeno Jacobeu como Permanência: A Popularização do Caminho de Santiago no Brasil*, coordenado por Renata Cristina de Sousa Nascimento, do PROGRAMA INSTITUCIONAL DE APOIO À PESQUISA (PAP/PUC, 2024). Vincula-se também ao Grupo de Investigação GRAALL-GI 1353 (Universidade de Santiago de Compostela) e à Rede RELICARIO- Rede de Pesquisas sobre Arte e História das Relíquias Cristãs Ibéricas (linha de pesquisa: Memórias e narrativas), coordenada por Renata Cristina de Sousa Nascimento (Pontifícia Universidade Católica de Goiás / Universidade Federal de Jataí - Brasil)

O *Cancioneiro geral*, organizado por Garcia de Resende e impresso em 1516, tem características que levam a crer que foi concebido, em larga medida, como um livro ao serviço do rei, refletindo linhas mestras da política de D. Manuel I (…). Na seleção dos textos é perceptível o propósito de exaltar as ambições imperiais do Venturoso.

Isabel de Almeida

A romaria de 1502 é um espelho do homem, do monarca [D. Manuel] e do tempo que lhe serve de palco.

Paulo Catarino Lopes

Índice

Introdução 15

CAPÍTULO 1
Memória, mecenato régio e projeção de poder 21

CAPÍTULO 2
Homenagens poéticas e figuração régia em tempos de
D. Manuel, duque de Beja e senhor de Viseu 31
2.1. D. João II como Rei, Juiz e Deus de Amor num jogo floral 32
2.2. Celebrações do casamento do príncipe D. Afonso de
  Portugal com a princesa D. Isabel de Castela 36
  2.2.1. Breves considerações sobre negociações,
    preparativos e fases do enlace 36
  2.2.2. Algumas encenações nas festas reais de Évora 39
    2.2.2.1. D. João II perante a entrada da princesa:
      o Cavaleiro do Cisne 39
    2.2.2.2. Peregrinos e outras simbioses sacro-profanas
      nas figurações 41
    2.2.2.3. Portadores de letras e cimeiras:
      D. Manuel, duque de Beja e senhor de Viseu,
      como Saturno 46

CAPÍTULO 3
Fatalidade do príncipe D. Afonso e versos para
a legitimação de D. Manuel como herdeiro do trono 53

ÍNDICE

CAPÍTULO 4
Novo rei e novos enlaces nupciais luso-castelhanos
até à peregrinação jacobeia: de D. Isabel a D. Maria, filhas
dos Reis Católicos 61

CAPÍTULO 5
Peregrinação do rei D. Manuel a Compostela como
referência exemplar e identitária do Caminho Português 69
5.1. Nos trilhos da tradição régia portuguesa 71
5.2. Contribuição manuelina para a construção da
identidade de um itinerário Lisboa-Santiago 75
    5.2.1. Motivações e justificações 75
    5.2.2. Itinerário e revisitação do património material
    e simbólico 90
        5.2.2.1. Território português: de Lisboa a Valença 90
        5.2.2.2. Território galego: de Tui a Compostela 97
5.3. Identificação da comitiva: seis peregrinos (-poetas) 102
    5.3.1. D. Pedro Vaz Gavião, bispo da Guarda e prior
    de Santa Cruz 104
    5.3.2. D. Diogo Lobo, barão de Alvito 105
    5.3.3. D. Martinho de Castelo Branco, conde de Vila Nova
    de Portimão 112
    5.3.4. Nuno Manuel, guarda-mor 118
    5.3.5. D. António de Noronha, escrivão de puridade 121
    5.3.6. D. Fernando de Meneses, 2º marquês de Vila Real 125

CAPÍTULO 6
Celebração poética com "Alta Rainha Senhora /
Santiago por nós ora" 129
6.1. O autor como "fidalgo velho e honrado" no *Cancioneiro Geral* 129
    6.1.1. O nome de Pero de Sousa Ribeiro: identificação
    e nexos familiares 129
    6.1.2. Integração do autor como paciente e agente no
    rimar palaciano: temática em foco 137
        6.1.2.1. Relações interpessoais e lúdico-satíricas 137
            6.1.2.1.1. Confidências na câmara do príncipe
            D. Afonso 137

      6.1.2.1.2. Da judiaria a Almeirim: vaidade
              e longevidade ... 138
      6.1.2.1.3. Reclamações e autoidentificação
              como cavaleiro da Ordem de Cristo ... 148
    6.1.2.2. O amante experiente e sofredor ... 150
6.2. Os versos "Alta Rainha Senhora / Santiago por nós ora" ... 155
    6.2.1. Tema e identificação definitiva de personagens
        em interação ... 155
    6.2.2. Intertextualidades: a festa do Natal de 1500 com a
        participação de D. Manuel I e D. Maria ... 161
    6.2.3. Tradição trovadoresca galego-portuguesa de
        peregrinação régia e encontro amoroso ... 167
    6.2.4. Tipologia do vilancete que "iam cantando":
        singularidades estruturais ... 171
    6.2.5. Local do canto: Santiago o Maior em
        Santos-o-Velho ... 178
    6.2.6. A figura de Santiago que se move sobre um carro:
        para uma hipótese reconstrutiva ... 191
    6.2.7. Alguns testemunhos de projeção do vilancete na
        contemporaneidade: da imprensa galega na
        Argentina (1924) à Radio Televisión Española (1971) ... 200

Conclusões ... 211

Referências bibliográficas ... 219

Introdução

Esta obra pretende resgatar do esquecimento a presença da peregrinação a Santiago de Compostela no *Cancioneiro Geral* (1516), primeira compilação poética impressa em Portugal, sob várias dimensões, tanto de natureza sociopolítica como literária. Enquanto o Apóstolo Santiago figura na tradição manuscrita da lírica medieval galego-portuguesa como único santo que ocorre em três ocasiões como motivo de devoção e romaria, na poesia recolhida e organizada por Garcia de Resende após o invento de Gutenberg ter sido introduzido em Portugal aparece uma única vez, mas deixa constância escrita e rimada de um facto especialmente significativo na história do reino e da figuração de um monarca que, de modo imprevisível, tinha chegado ao trono. Trata-se da visita que D. Manuel I fez ao sepulcro galego em 1502 e da eufórica receção de que foi objeto quando regressou a Lisboa pela rainha, a sua esposa D. Isabel, e toda a Corte.

A preparação do *Cancioneiro Geral* inscreve-se, com efeito, num clima de exaltação nacionalista subsequente ao grande sucesso das empresas ultramarinas nos alvores da Renascença. Conflui no tempo com a execução de obras arquitetónicas do chamado estilo manuelino tão grandiosas como o Mosteiro dos Jerónimos, a Torre de Belém e outras que serão ordenadas pelo rei Venturoso e mencionadas ao longo das páginas deste livro. E a mesma coincidência se observa no que diz respeito à criação doutros produtos artísticos de diversa índole com um valor simultaneamente pragmático e simbólico, tais como os armoriais ou livros de armas manuscritos, com um vasto programa iconográfico através de esplêndidas iluminuras, ou a

INTRODUÇÃO

decoração do teto de uma célebre sala no Palácio de Sintra com as armas do soberano, os escudos e excelências da sua linhagem e duas filas de brasões relativos a mais de setenta origens – equiparáveis, na sua traça, às trovas heráldicas incluídas na compilação, às quais mais adiante faremos referência.

A fim de compreendermos melhor a própria elaboração e a inserção do texto do *Cancioneiro Geral* ligado ao fenómeno jacobeu, resulta mesmo imprescindível revisitar a sua função como produto ao serviço do poder régio em Portugal e, mais concretamente, ao serviço do poder manuelino. Nesse sentido, atentamos na importância das festas organizadas em exaltação monárquica que ali são recolhidas. Não é por acaso que uma delas constitui o pórtico da compilação à maneira de uma contenda poético-amorosa em que se rende homenagem a D. João II, o alcunhado como Príncipe Perfeito, numa tripla face de Rei, Deus (de Amor) e Juiz. A esta seguem-se outras através das quais se pode acompanhar o percurso que o destino foi traçando até converter D. Manuel, duque de Beja e senhor de Viseu, no herdeiro da Coroa e sucessor de D. João II após o falecimento do seu único filho legítimo, D. Afonso, príncipe de Portugal.

Reparamos sobretudo nas composições que contêm marcas de intencionalidade comemorativa, justificativa e legitimadora da subida ao trono de D. Manuel I como ser escolhido, sublinhando a ocorrência do tópico da participação divina nesse facto. Um olhar atento sobre festas de casamentos (em todos os casos, luso-castelhanos na persecução do "sonho da união ibérica") permite-nos observar a dinâmica de espetáculos em que música, letra e imagem se amalgamam de forma análoga ao que acontecerá na entrada em Lisboa do monarca após a sua peregrinação a Compostela. Entre tais representações, destaca-se a dos peregrinos, que não tem sido objeto de especial reflexão até hoje por parte da crítica e que aqui temos de trazer oportunamente à colação. Aliás, as negociações e realizações das bodas interessam-nos sobremaneira para entender como é que o soberano luso, que reinou de 1495 a 1521, chegou a casar-se, em segundas núpcias, com D. Maria de Castela e Aragão, também ela frequentadora assídua de locais de devoção, que o recebeu exultante em Lisboa poucos meses depois de ter dado à luz ao que reinará sob o nome de D. João III – o Príncipe a que Garcia de Resende dedica a sua compilação.

INTRODUÇÃO

O texto celebrativo da peregrinação presente no *Cancioneiro Geral* levou-nos também, irremediavelmente, a examinar o valor da visita de D. Manuel à Galiza como elemento identitário do seu governo. Nesse sentido, ponderamos a força dos motivos que puderam incentivar tal romaria e as suas repercussões no património material e imaterial como elementos visíveis e duradouros que contribuíram para singularizar importância do Caminho de Santiago na identidade de Portugal: edificações ou reconstruções de monumentos ao longo do trajeto, dádivas que culminam com a de uma luxuosa lâmpada que devia iluminar dia e noite a catedral compostelana, aplicações de leis etc. Na verdade, na tentativa de dar resposta a diversas perguntas sobre as razões pessoais e/ou estratégicas de D. Manuel I, resultou mesmo incontornável uma leitura crítica e comparativa dalguns textos avulsos (alguns inéditos) estudados pela crítica até à atualidade, assim como das crónicas de D. Manuel I redigidas pelos célebres humanistas Damião de Góis, *Chronica do Felicissimo Rei Dom Emanuel* (1566-1567), e Jerónimo Osório, bispo de Silves, *De rebus Emmanuelis gestis* (1571), traduzida para português pelo padre Francisco Manuel do Nascimento como *Da vida e feitos de el-rei Dom Manuel*.

O primeiro dos cronistas, que mais tarde ele próprio peregrinará a Compostela, foi pajem desde muito jovem na Corte de D. Manuel I. Após a sua morte, foi nomeado por D. João III escrivão da Casa da Índia e dedicou-se amiúde a gestões diplomáticas na Europa de então. De regresso ao reino, desempenhou o cargo de guarda-mor da Torre do Tombo, sendo o encarregado de compor a crónica do Venturoso, em cuja primeira parte dedica um capítulo a relatar como e com quem é que o rei foi à Galiza para visitar os restos do Apóstolo e como é que foi acolhido à sua volta. O segundo, reconhecido a nível internacional – inclusive sob a alcunha de Cícero luso-, chegou a influenciar notavelmente a política de D. João III, contribuindo, por exemplo, para a vinda dos jesuítas para Portugal. Tendo saído já do prelo a *Crónica do felicíssimo rei D. Manuel*, esta serviu-lhe de arquétipo, revestindo de lustre os feitos dos portugueses através do uso da língua latina na sua prosa.

Pela novidade que supõe nos estudos de história e crítica literária ligados, em maior ou menor medida, ao tema jacobeu, um especial destaque concedemos precisamente ao modo e à companhia da viagem do monarca em

INTRODUÇÃO

questão, circunstâncias sobre as quais nos informa o mencionado Damião de Góis. Como é que viajou o Rei? Uma boa parte do caminho o fez "afforrado", quer dizer, de forma incógnita, mandando mesmo que um integrante da sua comitiva, D. Fernando, segundo Marquês de Vila Real, fingisse ser ele durante a sua estada na Galiza. Com quem é que viajou? Junto a este fidalgo, outros cinco senhores que gozavam da confiança de D. Manuel I percorreram com ele o Caminho de Santiago. Acerca destes e até de certos membros das suas respetivas famílias quisemos fornecer algumas informações que consideramos pertinentes para compreender a sua escolha e, sobretudo, porque vários desses peregrinos ficaram também representados como poetas no *Cancioneiro Geral* com um número maior ou menor de textos ou porque aparecem ali mencionados sob diversos pretextos.

Naturalmente, ocupamo-nos da identificação do autor do texto rimado sobre a romaria do monarca luso: Pero de Sousa Ribeiro, fidalgo da Casa d'el-Rei e alcaide-mor do Pombal, cuja biobibliografia passamos em revista, pesquisando datas, locais, possessões, títulos, funções e figuras que a ele se ligam por nexos familiares que convém ter em consideração. Os contatos entre os diversos textos amorosos ou satíricos da sua autoria e destes com os doutros poetas do *Cancioneiro Geral* desvendaram traços da sua personalidade e da perceção desta no círculo cortesão como indivíduo jovial e muito longevo, bom conhecedor de intrigas, amores e casos singulares, de que não poucas vezes se tornou protagonista, provocando a graça nos serões.

Quanto ao texto que tem por mote "Alta Rainha Senhora, / Santiago por nós ora", cabe revisitar a definição do género do vilancete e a sua consolidação nos finais do século XV e inícios de XVI, atentando tanto no seu desenvolvimento temático como estrutural e métrico-rimático sob um prisma comparativo em todo o âmbito da Península Ibérica. Na nossa obra fornecemos os dados que consideramos realmente necessários para uma interpretação cabal dos seus versos, tendo em conta a tradição literária em que se inscreve e os objetivos com que foi criado num determinado contexto sociopolítico: o de um Portugal triunfante no seu projeto imperialista e evangelizador, no enaltecimento monárquico e no convívio cortesão com atividades de lazer.

Aliás, reparamos atentamente na rubrica explicativa que o antecede, remetendo para os esboços dramáticos nos finais do século XV e inícios de XVI e

INTRODUÇÃO

lembrando denominações como as de momo e entremez, que ali ocorrem e que não podemos obviar, pois qualquer leitura correta dos seus versos ou qualquer aproximação da sua receção pelo público da época implica um exame dentro do sistema que os acolhe. No que diz respeito ao local da representação, o olhar cruzado sobre o *Cancioneiro Geral*, a documentação e a crónica conduziu-nos até à zona lisboeta de Santos (concretamente Santos-o-Velho), cuja história e intra-história quisemos revisitar nesta ação de resgate do texto de Pero de Sousa Ribeiro. Como veremos, as pesquisas levadas a cabo mergulham-nos na relação do mencionado bairro e antiga freguesia do município de Lisboa com Santiago, pois foi ali que se localizou o mosteiro das Comendadeiras da Ordem de Santiago, depois convertido em residência régia, e onde teve lugar a festa em honra da peregrinação de D. Manuel I perante a imagem do santo que ia sobre um carro.

É através da romaria (e em consonância com a procura de umas relações sociais e políticas cordiais de Portugal com Castela) que se sobrepõe o culto de Santiago ao de São Jorge, tanto no *Cancioneiro Geral* quanto nas manifestações (para)teatrais coetâneas de que os cortesãos participaram ativamente e cujos elementos intra- e extraliterários serão aqui analisadas. Sendo já adotado pelas Cruzadas nos finais do século XI, o mártir originário da Capadócia, num processo de transculturação, veio adquirir novas significações ao longo da Idade Média e reforçar identidades e nacionalidades em pugna com outras. Torna-se assim protetor por excelência das tropas anglo-lusas na batalha de Aljubarrota (1385), liderada pelo fundador da dinastia de Avis, a quem dá a vitória face aos castelhanos, que se encomendaram a Santiago.

No reino luso passa a ser um elemento de importante representatividade na autoafirmação contra o vizinho. Porém, passado já mais de um século desde então, podemos dizer que uma intensa campanha de diplomacia durante os governos joanino e manuelino e a aspiração da união ibérica, refletida no empenho de constantes alianças matrimoniais, levaram a atenuar (pelo menos no discurso lúdico-poético da Corte) esse valor de São Jorge por oposição e a priorizar Santiago como espelho de cavaleiro cruzado, de *miles Christi*. E, por extensão, atribui-se-lhe ainda um *status* referencial de cavaleiro (e governante) entregue à construção de um império à medida do planeta, como o que perseguia o Venturoso.

INTRODUÇÃO

Situamo-nos, assim, perante um produto cultural que vem integrar-se no património jacobeu e que apresenta um marcado caráter precursor (ou mesmo fundacionais) sob várias perspetivas, tanto no âmbito da história que tratamos nos primeiros capítulos como no da literatura que abordamos nos seguintes. Eis a presença da peregrinação de D. Manuel na primeira compilação poética editada em Portugal e num cenário (para)teatral com música, letra e representação que serve para a celebração do soberano em Lisboa, onde é acolhido calorosamente por toda a Corte!*

---

* Até agora ficou apenas constância escrita dos objetivos e dos primeiros resultados do projeto *Peregrinação a Compostela na origem do teatro português* em dois meios: - na memória científico-técnica entregue à *Cátedra Institucional do Camiño* de Santiago e das Peregrinacións (2021) e publicada através de chrome-extension://efaidnbm-nnnibpcajpcglclefindmkaj/https://www.catedradelcaminodesantiago.com/media/upl,oads/1642511553_Memoria_CABANAS.pdf; - no vídeo informativo que se pode consultar em https://www.youtube.com/watch?v=9TzliMESqIY Acesso a ambos em 10/03/2024.

CAPÍTULO 1

Memória, mecenato régio e projeção de poder

> Neste mundo a moor vitoria
> que se daa nem pode ter
> qualquer pessoa
> é ficar dela memoria.
>
> GARCIA DE RESENDE

Com quase um milhar de composições, cuja elaboração se situa na segunda metade do século XV e inícios do seguinte, o *Cancioneiro Geral* acabou de imprimir-se em Lisboa a 28 de setembro de 1516 com primoroso cuidado gráfico e sob a responsabilidade de Hermão de Campos, célebre bombardeiro ou artilheiro real de origem germânica. O seu compilador, o multifacetado cortesão Garcia de Resende, quando evoca na sua gazetilha rimada, *Miscelânea e Variedade de Histórias, Costumes, Casos e Cousas*, alguns dos acontecimentos de maior importância sociocultural que se viveram no Portugal daquela altura, não deixa de mencionar, com efeito, a impressão mecânica inventada por Gutenberg, da qual foi um dos primeiros a se beneficiar: "E vimos em nossos dias / a letra de forma achada / com que a cada passada / crescem tantas livrarias, / e a ciência é aumentada" (estr. 179)[1]. Como sublinha Aida Fernanda Dias no Prefácio à que ainda hoje é a última edição integral da coletânea quatrocentista acessível ao especialista ou leitor interessado, a obra veio fazer parte de uma linha já com uns antecedentes longínquos nos cancioneiros trovadorescos galego-portugueses e com outros mais recentes nos castelhanos elaborados ao longo do século XV:

---

[1] Para as transcrições desta obra rimada, assim como da *Vida e feitos de D. João II*, por vezes designada como *Crónica de D. João II*, que, junto com outras da mesma autoria, saíram do prelo num único volume em 1545, nove anos após a morte do escritor, partimos de VERDELHO, Evelina (ed.), *Livro das Obras de Garcia de Resende*. Lisboa: Imprensa Nacional-Casa da Moeda, 1992, indicando, respetivamente, o número de cada estrofe ou capítulo.

O gosto de coligir, em livros de mão, textos próprios e alheios, manifestou-o Afonso X, o Sábio (+1284), com as Cantigas de Santa Maria, bem como o homem culto que foi D. Pedro, Conde de Barcelos, falecido em 1354. No século seguinte, Juan Alfonso de Baena conclui e dedica a Juan II, de quem era escrivão, o cancioneiro que ostenta o seu nome e que recompilara por mandado do dito monarca. O gosto pelos cancioneiros colectivos levam-no consigo os cortesãos que acompanha Afonso V, o Magnânimo, para a sua corte napolitana. De facto, é em Nápoles que se organiza o Cancioneiro de Estúñiga, elaborado entre 1460 e 1463, e cujo título, por que é conhecido, advém de o cancioneiro abrir com uma composição de Lope de Estúñiga[2].

O título, o formato e uma simples análise dos grossos in-fólio contribuem, de facto, para revelar a fonte mais imediata da sua inspiração: o *Cancionero General de muchos y diversos autores*, que, organizado por Hernando del Castillo, tinha sido publicado na cidade de Valência no ano de 1511. Garcia de Resende pôde provavelmente folhear um exemplar, do qual partiria para levar a cabo uma compilação análoga durante os cinco anos seguintes, tarefa que, tal como exprime de forma rimada, considera digna de extraordinária honra: "Cousas que têm tanta graça / tam doces para ouvir, / ter-me-ia por de maa raça / se as nam deesse empremir" (vol. III, nº 517). Assim, a vasta obra lusa constitui o resultado de uma árdua recolha de manuscritos, fólios volantes e apontamentos autógrafos que ele próprio procurou ou pediu e recebeu direta ou indiretamente dos poetas até obter um total de 880 composições. Algumas destas são de autoria individual, como a que celebra aa peregrinação do rei D. Manuel a Santiago de Compostela, e outras muitas de autoria coletiva, contando com um menor ou maior número de participantes.

Porque Garcia de Resende estava a par da produção literária dos frequentadores do paço real, porque conhecia os seus criadores e sabia que alguns tinham redigidos também outros textos rimados, demandou-lhes a sua colaboração. Foi no círculo da Corte portuguesa que encontrou, de facto, o primeiro grande filão para o trabalho que decidira empreender, garantindo aos autores fama e sobrevivência eterna na memória através da divulgação e impressão dos seus versos. Nesse sentido, entre outros casos em que o compilador insiste em tal ideia, cabe lembrar a trova que endereçou a Jorge de Vasconcelos, em que lhe recrimina o facto de não querer escrever:

---

[2] DIAS, Aida Fernanda (ed.), *Cancioneiro Geral de Garcia de Resende*: Lisboa, Imprensa Nacional-Casa da Moeda, 1991-1993, vol. I, p. XI. Diga-se desde já que, para a transcrição de trechos do Prólogo ou dos versos do *Cancioneiro Geral*, seguimos esta edição, assinalando, em cada caso, os números de volume e composição.

DE GARCIA DE RESENDE A JORGE DE VASCONCELOS, PORQUE NAM
QUERIA ESCREVER ÜAS TROVAS SUAS

Neste mundo a moor vitoria
que se daa nem pode ter
qualquer pessoa
é ficar dela memoria.
Ora deixai d'escrever
cousa boa!
E olhai que os antigos
davam ò deemo as vidas
soo porque falassem neles,
e nós, por sermos imigos
de nós, temos esquecidas
mil cousas moores qu'as deles!
 (vol. IV, nº 868)

Tal como no Prólogo, Garcia de Resende recorre aqui à autoridade dos clássicos como argumento para defender o valor da fama e a importância da arte poética como elemento de prestígio para conseguir esta. Orientado pelo firme propósito fundacional de deixar constância escrita da arte de trovar na Corte, empenhou-se na complicada missão de reunir o maior número de textos possível. O processo de procura do vasto material fica bem reflectido, por exemplo, quando expõe nos seus próprios versos a encomenda feita a Diogo de Melo, que partia para Alcobaça. Tendo notícias da existência de um manuscrito com poemas no mosteiro da localidade, solicita-lhe ajuda para o ter nas suas mãos com a maior brevidade. E, num tom risonho e cúmplice, temendo que esqueça o recado, dirige-se a ele nos seguintes termos:

TROVA SUA A DIOGO DE MELO, QUE PARTIA PERA ALCOBAÇA E HAVIA-
LHE DE TRAZER DE LAA Ü CANCIONEIRO D'Ü ABADE QUE CHAMAM
FREI MARTINHO.

Decorai polo caminho,
té chegardes ò moesteiro,
qu'ha-de vir o cancioneiro
do abade Frei Martinho.
E s'esperardes de vir
mo mandardes trazer,
podeis crer
que quem tinheis em poder

para sempre vos servir
olhos que o viram ir.
(vol. IV, nº 871)

Perante tais pedidos, dificuldades e contratempos, surgidos sobretudo por não ser compreendida por alguns a importância da primeira publicação de uma coletânea poética em Portugal que viesse espelhar o grau civilizacional do reino, até cabe supor que não terá existido uma cópia geral preparada para a tipografia de Hermão de Campos já com todo o cancioneiro compilado. Muitos textos poderiam ir chegando, de facto, com os trabalhos de organização e impressão em andamento - note-se que isto não se contrapõe necessariamente à afirmação do colofão, segundo a qual a obra foi ordenada e emendada por Garcia de Resende, pois talvez se trate apenas de uma fórmula convencional e corrente neste tipo de coleções[3].

Particularmente cuidadas aparecem as letras do título da capa do *Cancioneiro Geral* vindo a lume em 1516, assim como a sua abertura com as armas da Casa Real Portuguesa, que tinham sido reformadas e dotadas de uma nova semiótica por D. João II apenas uns vinte anos antes. Endireitaram-se as quinas laterais e suprimira-se a cruz de Avis por considerar que tal elemento se situava já à margem da identidade nacional que o escudo dos castelos e quinas começava a significar. O escudo aparece ali inclinado (*au ballon*), sendo o campo ocupado pelos cinco escudetes em cruz e carregados cada um de cinco besantes dispostos em aspa, o que se deveria, em parte, à devoção do monarca acima aludido pelas Cinco Chagas de Cristo (representação das feridas da Crucifixão). Sobre a bordadura, assentam oito castelos e observa-se também o dragão ou serpente alada, timbre do rei de Portugal, cujos membros (cabeça, pescoço e asas) aparecem visíveis, assim como a coroa real aberta[4].

Tudo aparece emoldurado com motivos ornitológicos e vegetalistas, entre os quais sobressaem cinco desenhos de *putti* alados – dois deles com arco e flecha. Destaca-se, na parte inferior, a esfera armilar remetente para o projeto imperial que D. João II tinha criado e conferido ao seu primo D. Manuel, que seria inesperadamente o seu sucessor no trono de Portugal ao falecer o

---

[3] OSÓRIO, Jorge Alves, "Do Cancioneiro 'ordenado e emendado' por Garcia de Resende", *Revista da Faculdade de Letras. Línguas e Literaturas*, XXII, 2005, pp. 291-335
[4] MORÁN CABANAS, M. Isabel, "A figuração do poder real no *Cancioneiro Geral*: o caso de D. João II", in Andrea Zinato e Paula Beloni (eds.), *Poesia, poética y cultura literaria*. Pavia: Íbis, 2018, pp. 381-392.

príncipe herdeiro. Os cronistas do primeiro monarca detêm-se na interpretação de tal consignação a modo de profecia e, com efeito, tal ato tem-se ligado ao conceito de monarquia mística, em cujo seio o papel político do soberano é inseparável da sua dimensão espiritual[5]. Aliás, a associação da esfera ao prestígio régio levaria mesmo à sua conservação pelo filho de D. Manuel I, D. João III, a quem está dedicado o Prólogo do *Cancioneiro Geral*, embora com a alma modificada de *Sphera Mundi* para *Spes Mea in Deo Meo*.

Figura 1: Capa do *Cancioneiro Geral*. Lisboa: Hermã de Cãpos, 1516 (Fonte: Biblioteca Nacional de Portugal, cota bpe-res-0233).

---

[5] SEIXAS, Miguel Metelo, "As armas e a empresa do rei D. João II. Subsídios metodológicos para o estudo da heráldica e a da emblemática nas artes decorativas portuguesa" in Isabel Mayer Godinho Mendonça e Ana Paula Rebelo Correia (eds.), *As Artes Decorativas e a Expansão Portuguesa - Imaginário e Viagem*. Lisboa: Escola Superior de Artes Decorativas / Centro Científico e Cultural de Macau, 2010, pp. 46-62.

Tendo em conta o notável interesse pelas matérias heráldicas nesta altura, em que foram levadas a cabo certas diligências para o inventário e oficialização dos escudos das principais famílias nobres, deve notar-se também que, no extremo oposto, a fechar o *Cancioneiro Geral*, colocaram-se as armas dos Resende, constituídas por duas cabras em pala no escudo e por timbre outra cabra[6]. Destacam-se tais elementos no interior de uma cercadura análoga à primeira, com exceção da vinheta inferior, a que incluía a esfera. Trata-se, com efeito, de endereçar e assinar a obra mediante a representação da sua face terrena e animal[7].

---

[6] Na verdade, a investigação em tal área recebeu um notável apoio durante o reinado do Venturoso, sobressaindo, entre outros objetos artísticos com um valor simultaneamente pragmático e simbólico, dois livros de armas manuscritos e iluminados: o *Livro do Armeiro Mor*, cuja autoria é atribuída a João de Cró, e o *Livro da Nobreza e Perfeição das Armas*, da responsabilidade de António Godinho, que desenvolveu um amplo programa iconográfico. O monarca em questão mandou, ainda, construir uma sala no Palácio de Sintra, em cujo teto se poderiam observar as armas do soberano; os escudos e lisonjas da sua prole; e duas filas de brasões relativos a mais de setenta origens. E, ainda, sem que conste uma intervenção régia, o poeta João Rodrigues de Sá compôs uma série de trovas sobre os escudos de armas de linhagens de Portugal, recolhidas no *Cancioneiro Geral* (vol. II, n.º 457) e inspiradas noutras que circulavam manuscritas e eram da responsabilidade de Pedro Gracia de Dei, também ele autor do *Blasón general y Nobleza del universo*, dedicado em 1489 a D. João II. Para um estudo documentado do texto português, focando as variantes e a fortuna da sua transmissão, veja-se especialmente RIBEIRO, Cristina Almeida, "Pervivencia y variación de un texto del *Cancioneiro Geral*: las coplas heráldicas de João Rodrigues de Sá em doce manuscritos de los siglos XVII y XVIII", in Josep Lluis Matos (ed.). *La poesía en la imprenta antigua*. Alacant: Universitat d'Alacant, 2014. p. 173-193.

[7] FRAZÃO, João Amaral, *Entre Trovar e Turvar: A Encenação da Escrita e do Amor no Cancioneiro Geral*. Lisboa: Inquérito, 1993, p. 14.

Figura 2: Contracapa do *Cancioneiro Geral*. Lisboa: Hermã de Cãpos, 1516 (Fonte: Biblioteca Nacional de Portugal, cota bpe-res-0233).

A compilação apresenta-se como um documento / monumento erigido na e sobre a vida palaciana, produto do mecenato régio e instrumento de propaganda do poder central. E tal valor evidencia-se extraordinariamente, com efeito, nos versos em que se pede a ajuda do Apóstolo Santiago ("Santiago por nós ora", vol. IV, nº 734), pois eles contribuem para espelhar, em tom celebrativo, a imagem de um rei peregrino, empreendedor e vitorioso: D. Manuel, alcunhado significativamente como o Venturoso (ou Afortunado, cognome mais habitual na historiografia castelhana), dadas as circunstâncias do seu acesso ao trono. Garcia de Resende, assim como demanda a colaboração dos seus conterrâneos com textos rimados que venham a engrandecer o prestígio da Corte portuguesa, não deixa de recriminar, já nas primeiras linhas do Prólogo que endereça ao príncipe herdeiro (futuro D. João III), a "natural condição" do reino luso. Denuncia com ênfase que este permita o esquecimento dos admiráveis feitos que protagonizou e o tornaram senhor de grande parte do mundo:

> Porque a natural condição dos Portugueses é nunca escreverem cousa que façam, sendo dinas de grande memoria, muitos e mui grandes feitos de guerra, paz e virtudes, de ciencia, manhas e gentileza sam esquecidos. Que, se os escritores se quisessem acupar a verdadeiramente escrever, nos feitos de Roma, Troia e todas outras antigas cronicas e estórias, nam achariam mores façanhas, nem mais notaveis feitos que os dos nossos naturaes se podiam escrever, assi dos tempos passados como d'agora (vol. I, Prólogo)[8].

Constitui um lugar-comum interpretar esse texto preliminar como uma proclamação da necessidade ou até da urgência do surgimento de uma obra que celebre a grandeza do *imperium* português. É claro que se refere sobretudo às conquistas e empresas ultramarinas, mas alude também à lastimosa perda doutras ações demonstrativas de virtudes, ciências e gentilezas. Embora todas sejam dignas de guardar na memória para a posteriodade, apagam-se porque não são divulgadas como seriam se gente doutras terras as tivesse empreendido. As palavras de Garcia de Resende apontam para a importância do panegírico não só da perspetiva renascentista quanto à função da epopeia, mas também mediante um discurso que pretende justificar e valorizar o trabalho de elaboração e edição de um cancioneiro de tão notáveis dimensões. Sob uma finalidade pedagógica e doutrinária, defende-se a utilização da escrita como meio de preservação da memória (real ou fictícia), evidenciando-se uma conceção ciceroniana da história como *magistra vitae*. E, em consonância com isso, chama-se a atenção para as consequências do silenciamento, o qual supõe uma perda de referências negativa tanto a nível interno como externo, quer dizer, por comparação com outros povos antigos e coetâneos, resultando numa falta de exemplos argumentativos da superioridade lusitana:

---

[8] O itálico é nosso.

> Todos estes feitos e outros muitos d'outras sustâncias nam sam devulgados como forma, se gente d'outra naçam os fizera. E causa isto serem tam confiados de si, que nam querem confessar que nenhũus feitos sam maiores que os que cada ũu faz e faria, se o nisso metessem. E por esta mesma causa, muito alto e poderoso Princepe, muitas *cousas de folgar e gentilezas* sam perdidas, sem haver delas noticia, no qual conto entra a arte de trovar, que em todo o tempo foi mui estimada, e com ela Nosso Senhor louvado, como *nos hinos e canticos que na Santa Igreja* se cantam se veraa. E assi muitos emperadores, reis e pessoas de memoria, polos rimances (sic) e trovas sabemos suas *estorias*. E nas cortes dos grandes princepes é mui necessaria na *jentileza, amores, justas e momos*, e tambem para os que maos trajos e envenções fazem, per trovas sam castigados e lhe dam suas emendas, como no livro ao diante se veraa. E se as que sam perdidas dos nossos passados se puderam haver e dos presentes se escreveram, creo que esses grandes poetas que per tantas partes sam espalhados não teveram tanta fama como tem (vol. I, Prólogo).

Conforme o tópico horaciano *prodesse et delectare* e tendo em conta a alta consideração que recebeu a arte de trovar em todos os tempos, põe-se de relevo a utilidade de compilar a produção poética da Corte[9]. Nesse sentido, Garcia de Resende especifica quais são os objetivos e o conteúdo que o leitor poderá descobrir no volume por ele organizado, assim como revela as suas expectativas de incentivar outros a escreverem sobre matérias de maior transcendência. A expressão da *humilitas*, que marca convencionalmente o seu discurso prologal, indica, de modo simultâneo, modéstia e orgulho:

> E, porque, Senhor, as outras cousas sam em si tam grandes que por sua grandeza e meu fraco entender nam devo de tocar nelas, nesta, que é a somenos, por em algũa parte satisfazer ao desejo que sempre tive de fazer algũa cousa em que Vossa Alteza fosse servido e tomasse desenfadamento, determinei ajuntar algũas obras que pude haver d'algũs passados e presentes e ordenar este livro, nam pera por elas mostrar quaes foram e sam, mas para os que mais sabem s'espertarem a fogar d'escrever e trazer aa memoria os outros grandes feitos, nos quaes nam sam dino de meter a mão (vol. I, Prólogo).

---

[9] Consultem-se, entre outros, OSÓRIO, Jorge Alves, "Anotações sobre o *Cancioneiro Geral* de Garcia de Resende", *Mathesis*, nº 15, 2006, pp. 169-195 e RIBEIRO, Cristina Almeida, "O que foi e nom é, tanto é como nom seer? Consideraciones en torno al rol de la memoria en el *Cancioneiro Geral*", in Virginie Dumanoir (ed.), *De lagrymas fasiendo tinta: Memorias, identidades y territorios cancioneriles*. Madrid: Casa de Velázquez, 2017, pp. 96-105.

Precisamente todos os vetores aí indicados (o amor, o espírito lúdico, a Igreja, a história e a dramatização com momos) estão presentes, como veremos, no vilancete integrado no âmbito da celebração do soberano após ter visitado o túmulo de Compostela em que se conservam os presumíveis restos de Santiago o Maior. Na verdade, o quadro espetacular de alegria exultante em que a Corte recebe o rei D. Manuel aquando do seu regresso da viagem e em que se integra o poema de Pero de Sousa constitui uma significativa amostra de exaltação de poder e um oportuno espelho da *dignitas* monárquica[10]. Embora os bons fados da crítica não a tenham acompanhado no que diz respeito à sua inclusão em antologias ou análises temáticas do *Cancioneiro Geral*, essa experiência foi felizmente arquivada por Garcia de Resende como um válido exemplo do que demanda nas suas palavras prologais. Como pretendemos justificar no presente livro, os versos do autor em questão e a rubrica explicativa que os acompanha apresentam, sem dúvida, um especial interesse do ponto de vista da projeção social e literária da peregrinação régia e lusa à Galiza.

---

[10] Já se tem posto reiteradamente em destaque que a elaboração e edição do *Cancioneiro Geral* coincide com a execução de esplendorosas obras arquitetónicas em Lisboa para servirem de testemunho da grandeza e singularidade de Portugal, como o Mosteiro dos Jerónimos e a Torre de Belém. A compilação integra-se, de facto, nesse clima de exaltação nacionalista que implica a promoção de tesouros culturais por meios visíveis e duradouros (ROCHA, Andrée Crabbé, *Aspectos do Cancioneiro Geral*. Coimbra: Coimbra Editora, 1950, pp. 12-13).

Homenagens poéticas e figuração régia em tempos de D. Manuel, duque de Beja e senhor de Viseu

> E sahido este grande e custoso entremes, veio outro
> em que vinhão vinte fidalgos, todos em trajos de
> peregrinos com bordões dourados nas mãos
> GARCIA DE RESENDE

O alargamento a diversos domínios em que aparecem implicadas as mais diversas manifestações lúdicas, entendidas como componentes antropológicas relativas ao agir do ser humano em sociedade, constitui, desde umas décadas atrás, uma tendência generalizada na abordagem do fenómeno espetacular. Novos campos de pesquisa remetem para o estudo de estruturas mais ou menos distantes do conceito absolutizado da categoria de teatro, atentando na variedade de manifestações festivas ou até de rituais que se organizam no seio de uma comunidade e que se consideram legitimamente reflexo de determinadas estruturas sociais e políticas[11]. Nesse sentido, as festas celebradas na Corte nos finais da Idade Média e inícios da Renascença, algumas das quais serviram como objeto de inspiração poética ou pretexto de composições no *Cancioneiro Geral*, vêm recebendo uma atenção especial nos últimos anos. Tal obra, de extraordinário interesse na dupla face de monumento literário e documento histórico-social numa época de transição entre esses dois períodos, espelha bem as atividades de relacionamento e convívio nos serões palacianos durante os reinados de três monarcas: D. Afonso V, D. João II e D. Manuel I.

Ali deparamo-nos amiúde com quadros de representações feitas com extraordinário aparato e pompa que remetem para uma mundividência lúdica

---

[11] BARATA, José Oliveira, *Invenções e cousas de folgar: Anrique da Mota e Gil Vicente*, Coimbra: Minerva, 1993, p. 49.

e a deliberada recorrência a uma simbólica com que se pretende deslumbrar os sentidos. Os pretextos para entrar na festa articulam-se harmoniosamente com datas relativas a fatos de índole social em que se destaca a atuação ou implicação de membros da família real ou da sua esfera mais imediata. Assim, visando-se a exortação de um ideal de soberano que é defensor das leis divinas e humanas, destacam-se, entre os casos mais significativos, os dois seguintes macrotextos do *Cancioneiro Geral* datados em tempos anteriores ao reinado de D. Manuel, sendo ele duque de Beja e senhor de Viseu: por um lado, a contenda sobre casuística amorosa composta em homenagem à figura do soberano D. João II, representado na tripla função de Rei, Juiz e Deus de Amor; por outro, as festas que tiveram lugar em Évora por motivo do casamento do único filho deste, o príncipe D. Afonso, com a princesa Isabel, filha dos Reis Católicos, nas quais já interveio D. Manuel em qualidade de irmão da rainha D. Leonor e tio do noivo.

2.1. D. João II como Rei, Juiz e Deus de Amor num jogo floral

Um texto coletivo sobre casuística amorosa que se estende ao longo de quase 3200 versos abre o *Cancioneiro Geral* a modo de grande fachada ou pórtico. Nele estabelece-se um debate sobre o maior ou menor grau de sinceridade nos modos de expressão dos sentimentos: há mais verdade no Cuidar (amar em silêncio) ou no Suspirar (amar com amostras explícitas)? Todo um manancial de argumentos e contra-argumentos vai fluindo ali conforme as regras do direito como um campo do saber perfeitamente codificado e capaz de organizar com coerência a diversidade de perspetivas. Na linha do discurso judiciário, o leitor depara-se com petições, desembargos, alegações, réplicas, apelações, procurações etc. até ser encerrado o processo com duas sentenças. Em primeiro lugar, a emitida a favor do Suspirar pela senhora Leonor da Silva, diva do Paço, cuja presença estelar vem prestigiar o debate, pois ela apresenta-se como a dama mais linda, mais honesta e mais famosa e, portanto, a escolhida como modelo das outras damas. Porém, o veredicto que se tornará finalmente o definitivo, sendo assumido por todos os cortesãos como o de maior prudência e sabedoria, é o ditado em defesa do Cuidado por um Deus de Amor sob cuja aparência e paramentos se esconde trasvestida a pessoa de D. João II.

Numa aproximação dos textos de perfil épico-alegórico, visualiza-se uma grande figura que aparece acompanhada de um séquito, veste ricas roupagens, leva coroa e está sentado no seu trono. A imagem deste Ser Supremo, coberto de uma auréola monárquica e divina, remete para uma utopia governativa e centralizadora, representando a diversidade que conflui na unicidade[12]. Assim, o culto ao monarca projeta-se numa tripla dimensão: a de um Juiz capaz de avaliar sagazmente qualquer porfia; a de um Deus objeto de respeito e veneração, ligado ao poder régio e à glorificação; e, a de um Cavaleiro Amador pertencente a uma das mais célebres ordens militares, a da Jarreteira ou Garrotea, cujo emblema era precisamente uma liga de senhora (em inglês, *garter*), para obter glória e galardão: "Mas o lindo namorado / que lealmente guerrea / tem o grao mais esforçado, / mais limpo, mais esmerado / que comprido a Garrotea" (vol. I, nº 1)[13].

Tudo parece remeter para uma espécie de contrafação dos julgamentos públicos do tempo, para um arremedo poético de temática amorosa de um

---

[12] Apenas para citar um caso próximo na tradição poética galego-portuguesa, lembre-se que num *partimen* jocoso sobre o confronto entre o preceito de guardar silêncio, defendido por Pero da Ponte, e o de revelar o sofrimento à amada, apoiado por Garcia Martins, recorre-se à mediação do rei como juiz que dite sentença. E tal requerimento não ficará resposta, já que o próprio Afonso X "responde en el escarnio *Pero da Ponte, pare-vosen mal*, tomando partido, en contra de lo esperado, por el desconocido Garcia Martinz (...). Un juego literario más, que se añade a otros que se intercambiaban poetas de la corte" (CORRAL, Esther, "La tradición del *partimen* gallego-portugués y la lírica románica", *Revista de literatura medieval*, nº 24, 2012, p. 60).

[13] Tenha-se em conta que o abastardamento da condição de cavaleiro e a necessidade sentida por muitos de reformar e reabilitar a Ordem da Cavalaria levaram outrora a várias tentativas de criação de instituições militares de elite. Nasceram assim, a partir do século XIV, dezenas de novas ordens internacionais que mais tarde se converteriam em honoríficas, sendo o número dos seus membros muito limitado e confinado à realeza ou à alta nobreza. Algumas delas tiveram uma efêmera vida, mas outros persistiram durante muito tempo após o falecimento dos seus fundadores, como a inglesa acima citada, criada pelo rei Eduardo III em 1348 para destacar o esforço do reino e aliados. Tão só as figuras da realeza estrangeira a recebiam e, em particular, D. João II viria a obtê-la da mão do monarca inglês Henrique VII em 1489. Prova do prestígio que supunha a receção de tal ordem é o facto de o rei luso ter exibido o seu "cordam da Garrotea", ao lodo de outras muitas "envenções" e galantarias, aquando da entrada da princesa D. Isabel, filha dos Reis Católicos, em Évora por ocasião do casamento com o seu filho D. Afonso em 1490, que será abordado no seguinte capítulo.

processo-crime real acontecido nas mais altas esferas[14]. Chama a atenção, com efeito, o paralelismo entre os versos em questão e a descrição do julgamento de D. Fernando, duque de Bragança, conspirador contra o seu cunhado D. João II, na descrição cronística do processo, em que intervieram mais de vinte juízes. Uma vez concluído, foram todos para uma sala revestida de panos nos quais se celebrava as virtudes de equidade e justiça de Trajano e onde havia uma mesa em cuja cabeça figurava o monarca português. Precisamente o título de *Optimus Princeps* do imperador romano condiz com o de Príncipe Perfeito que a este lhe é atribuído e até o próprio antropónimo de Trajano é dado ao rei numa elegia composta por Luís Henriques que Garcia de Resende recolhe também no seu *Cancioneiro* (vol. II, nº 366).

A parte relativa a essa primeira sentença aparece datada de 9 de novembro de 1483 e poderá ter ocorrido como jogo floral no Porto, onde, dadas as cruas condições meteorológicas, ficou provisoriamente a Corte entre os meses de outubro e janeiro quando o homenageado monarca regressou da sua viagem às terras de Trás-os-Montes e Entre Douro e Minho. A responsabilidade pela organização das diferentes intervenções parece ser do Coudel-mor, Fernão da Silveira, embaixador tanto do monarca Afonso V como do seu filho, D. João II, junto dos Reis Católicos e, desde 1486, regedor da justiça na Casa da Suplicação. Destaca-se o seu protagonismo como promotor do partido que ficou vencedor, com a autoria de quase a metade dos versos, em que se evidencia bem o seu notável conhecimento da lírica castelhana, da qual chega a inserir abundantes citações. Ele teria nas suas mãos todo o material, já que, finalmente, passa em revista, de modo sistemático, todos os argumentos expostos com anterioridade a fim de os refutar um por um.

No que diz respeito à segunda, cita-se apenas um dia 20 de julho, sem mais indicações, e nela deparamo-nos com uma *persona ficta*, o defunto "Nuno Gonçalvez, alcaide-moor da fortaleza d'Alcobaça", que desempenha aqui tanto as funções de narrador, quanto as de secretário da corte do Deus de Amor em Portugal. E, entre outras diversas identidades que poderia encobrir tal nome, cabe pensar em João de Meneses, o poeta mais célebre do grupo

---

[14] No que diz respeito às localizações e datações, assim como às diversas circunstâncias conjunturais ligadas à elaboração e divulgação do vasto texto, consulte-se especialmente MENDES, Margarida Vieira, *O Cuidar e o Suspirar [1483]*. Lisboa: Comissão Nacional para as Comemorações dos Descobrimentos Portugueses, 1997, pp. 9-11.

vencido em primeira instância e que apelaria da sentença, pois ao seu nome vai endereçada a resolução posterior e é ainda ele o autor das composições que seguem imediatamente esta vasta composição que serve de pórtico ao *Cancioneiro Geral*. Porém, também poderia tratar-se de um *travestissement* do doutor Nuno Gonçalves, um importante letrado da monarquia joanina que participou como juiz de autos tão transcendentais como os das condena por conspiração contra o citado D. Fernando, duque de Bragança, executado em Évora em 1483, e contra D. Diogo, duque de Viseu, que um ano depois seria exemplarmente morto a punhaladas pelo próprio rei, passando o seu título para o seu irmão D. Manuel, que, anos mais tarde, viria mesmo converter-se no rei D. Manuel I.

Parece lícito afirmar que já tal série inaugural do *Cancioneiro* se institui como uma memória literária fundadora e prestigiada pelos fatores de quantidade e qualidade. Para além da sua extraordinária extensão e do notável número de autores que são convocados, cabe sublinhar que, entre eles, se encontram os mais célebres pela sua arte versificatória e/ou erudição durante o reinado joanino – e mesmo se atribuem falas fictícias a almas do Outro Mundo, concretamente do Inferno dos Namorados, lugar do imaginário poético em voga na época e povoado por famosos personagens mortos por causa da paixão[15]. Amalgamando-se certos convencionalismos literários com o enaltecimento do poder real nos finais da Idade Média, D. João II, trasvestido em juiz, deus e cavaleiro, publica a sua sentença firme num quadro caraterizado por um grande aparato de ouro, pendões e rica opas, uma das novidades da etiqueta da nobreza portuguesa naquela altura. Refere-se o selo da assinatura como o das *dez mil chagas*, sendo as Cinco Chagas a grande devoção de D. João II, assim como o pedido de entrada sob rico *pálio de ouro*, modo em que era recebido o rei luso quando viajava.

---

[15] Um exemplo de visualização do deus de Amor como monarca ricamente ataviado e acompanhado de um séquito de sábios e pajens encontra-se no *Triunfete de Amor* do Marquês de Santilhana, autor especialmente venerado na Corte portuguesa. Para uma revisão bibliográfica acerca das problemáticas de género, origens e influências visíveis nestas composições, veja-se, por exemplo, GAMBA CORRADINE, Jimena, "'Quando amor fizo sus cortes'. Judicialización del amor: demandas, juicios y sentencias en la poesía del siglo XV", in *Modelos intelectuales, nuevos textos y nuevos lectores en el siglo XV. Contextos literarios, cortesanos y administrativos*. Salamanca: Semyr, 2012, pp. 269-294.

Na verdade, deparamo-nos aí com os mais significativos símbolos do poder monárquico e da etiqueta da Corte que foram especialmente criados ou reforçados por D. João II, sobressaindo a isotopia da ascensão e da luz, que remete para uma atitude de contemplação monárquica[16]. Como acontece noutros cancioneiros peninsulares de Quatrocentos, observamos aí convergências entre amor e cenário régio, amor e campo jurídico e amor e religiosidade, o que, em certa medida, se evidencia também no texto de celebração de D. Manuel I como soberano peregrino a Compostela.

2.2. Celebrações do casamento do príncipe D. Afonso de Portugal com a princesa D. Isabel de Castela

2.2.1. Breves considerações sobre negociações, preparativos e fases do enlace

Em 1479, através do chamado Tratado de Alcáçovas, assinou-se um acordo de paz entre os representantes dos Reis Católicos de Castela e o rei D. Afonso V de Portugal e o seu filho herdeiro, que subiria ao trono sob o nome de D. João II, na vila alentejana do mesmo nome. Ali resolveram-se questões tão importantes como a repartição de territórios no Atlântico ou a exclusividade da conquista de Fez por Portugal e, paralelamente, negociaram-se as terçarias de Moura, que determinaram as condições da sucessão dinástica castelhana através de dois convênios: um relativo a Joana a Beltraneja, rival de Isabel a Católica no trono de Castela[17], e outro à infanta Isabel, primogénita dos Reis Católicos, que teria de contrair núpcias com o único filho do futuro monarca D. João II de Portugal. Tratou-se, pois, de estabelecer alianças entre os dois reinos ibéricos em prol das respetivas políticas exteriores, garantindo especialmente a concórdia mediante vínculos conjugais. Determinou-se mesmo uma espécie de cativeiro tutelado para a citada jovem

---

[16] DURAND, Gilbert, *As estruturas antropológicas do imaginário*. Lisboa: Presença, 1989, p. 96

[17] Quanto a esta, determinou-se que teria de renunciar aos seus títulos e escolher uma das seguintes alternativas: o casamento com o príncipe herdeiro do trono de Castela, D. Juan, se este assim o desejar quando fizer catorze anos, ou a reclusão num convento, a qual decidiu seguir.

castelhana e para o príncipe luso, que ficariam em regime de terçaria (ou depósito) na fortaleza doutra vila alentejana, a de Moura, o que implicava a deslocação da futura esposa à corte portuguesa.

Os pais do noivo despediram-se dele em Beja já em 1480, porém, a vinda da prometida atrasou-se alguns meses, o que não agradou os monarcas lusos, que mesmo chegaram a ameaçar com uma volta ao conflito armado: "João II había escrito dos papeles con las palabras 'paz' y 'guerra' para que escogiesen los Reyes Católicos cuál les placía más"[18]. Por fim, ambos ficaram sob a tutela da infanta D. Beatriz de Viseu, escolhida não casualmente como responsável da aliança, já que ela estava ligada por laços familiares a ambas as coroas: era tia de Isabel a Católica e, ao mesmo tempo, sogra de D. João II. Aliás, tal labor de guarda e custódia viria contribuir eficazmente para afiançar o seu peso político na Corte, pois até lhe serviria de preparação para a gestão de condição de mãe, entre outros, daquele que será o rei D. Manuel I.

A vida da jovem Isabel transcorreu nessa terra durante três anos, recebendo ou consolidando a sua instrução na língua portuguesa e familiarizando-se com o cerimonial cortesão luso. Passado o tempo e fruto de diversas eventualidades, aprovaram-se em 1483 os chamados Acordos de Avis, que vinham a ser complementares dos de Alcáçovas e segundo os quais, embora sem quebra da promessa de matrimónio, se devolviam os noivos aos seus respetivos pais. Tinham surgido, entretanto, diversos conflitos diplomáticos que dificultaram a harmonia entre os dois reinos, mas nunca se quiseram pôr em risco as relações de paz. Assim, chegou-se a impor o empenho dos Reis Católicos da guerra contra Granada com mobilizações cada vez mais fortes a partir de 1482, considerando-se que a contenda teria de ser realizada com recursos de Castela, o que a levaria a ocupar uma posição hegemónica. Após uma série de hesitações e matizações, ambas as partes se dispuseram a reativar o compromisso matrimonial e, por fim, os castelhanos se reuniram em 1489 na cidade de Sevilha com embaixadores portugueses encarregados de tal missão.

O rei luso reconhecia nas capitulações que o seu filho de 14 anos estava já em idade e disposição para se casar "per palavras de presente e consumar

---

[18] MARTÍNEZ ALCORLO, Ruth, *La literatura en torno a la primogénita de los Reyes Católicos Isabel de Castilla y Aragón, princesa y reina de Portugal (1470-1498)*. Tese de doutoramento defendida na Universidade Autónoma de Madrid, 2017, p. 74.

matrimonio com a dicta yfante dona Ysabel, segundo forma do tratado, capitolado, asentado e firmado, quuerendo nos em todo satisfazer e comprir"[19]. Celebraram-se então as bodas por poderes em Sevilha a 18 de abril 1490, com um amplo aparato festivo de espetáculos públicos: justas e torneios, jogos de canas, touradas e fogos vêm constituir exibições de poder e magnificência da Corte, sobressaindo a participação ativa dos próprios membros da família real e das diversas personalidades assistentes ao enlace. Precisamente quanto à descrição da etiqueta e do luxo, possui um singular valor a carta do escrivão português Rui de Sande ao seu senhor, D. João II, situada a meio caminho entre a crónica e o relato literário e fornecedora de riquíssimos dados sobre roupagens, gestualidades, tangeres de instrumentos, danças etc. Para o elogio de tanta pomposidade, prazer e alvoroço, recorre-se nela, a cada passo, ao tópico da *indecidibilitas* ou inefabilidade, sublinhando-se que um tão formoso evento nunca se tinha visto e, de facto, resultaria impossível descrevê-lo rigorosamente com palavras[20].

A recém esposada chegou a Badajoz a 19 de novembro e, pouco depois, seria recebida na cidade fronteiriça de Elvas por D. Manuel, duque de Beja e senhor de Viseu. Quatro dias mais tarde, chegava a Estremoz, em cujo mosteiro da Nossa Senhora do Espinheiro teve lugar a chamada missa de velações ou segunda missa nupcial com o príncipe ali presente, conforme o processo mais habitual nas bodas régias, que eram feitas previamente por poderes. Já mais tarde, os contraentes deviam coincidir nalguma cidade em que tinha lugar uma nova cerimónia religiosa, após a qual só faltava a entrada na corte. Realizava-se, pois, todo um itinerário físico e espiritual que

---

[19] TORRE, Antonio de la / SUÁREZ FERNÁNDEZ, Luis (eds.), *Documentos referentes a las relaciones con Portugal durante el reinado de los Reyes Católicos*. Valladolid: Consejo Superior de Investigaciones Científicas-Patronato Menéndez Pelayo, 1958-1963, vol. II, p. 346.

[20] Tal missiva data de 22 de abril de 1490, ou seja, apenas quatro dias depois do acontecimento em causa, adotando o autor o ponto de vista de quem assistiu *in situ* e tem o dever de fornecer notícias do mesmo. O seu relato é o único testemunho conservado, pois não se recolheu nas crónicas, o que duplica o seu valor junto com o facto de ser uma fonte de dados de primeira mão.

supunha a transformação de uma princesa estrangeira em rainha de um novo território e o primeiro contacto desta com os seus súbditos, permitindo-se que o povo conhecesse diretamente a soberana e mãe de quem viria ocupar o trono de Portugal no futuro.

É por isso que se prestava uma especial atenção a todos os aspetos exteriores e à cenografia do recebimento: junto com uma arquitetura efémera, a ornamentação urbana e a luxuosa indumentária, as representações espetaculares e (para)teatrais constituíam uma parte fundamental da celebração. Assim, quando a princesa chegou a Évora, foi esplendidamente acolhida por uma comitiva real antecedida por tocadores de charamelas, trombetas, sacabuxas e outros instrumentos. Após a cerimónia religiosa na catedral, foi o convento de São Francisco que se converteu epicentro das festas, pois Lisboa estava a padecer então uma grave epidemia de peste.

2.2.2. Algumas encenações nas festas reais de Évora
2.2.2.1. D. João II perante a entrada da princesa: o Cavaleiro do Cisne

A solene entrada desenvolveu-se num espaço com alusões mitológicas e elementos simbólicos remetentes para alguns famosos acontecimentos da monarquia lusa. Para as bodas, D. João II tinha mandado erigir uma sala de madeira embelezada com ricos tapizes e pendões, colocando-se as mesas onde se serviriam as iguarias aos lados e deixando-se o centro livre para representações. Até se chegou a construir uma espécie de "paraíso" com muito ouro, o qual contava com um arco triunfal e alguns anjos que viriam interpretar alguma cena acompanhada de música. Garcia de Resende, na sua qualidade de repórter, sublinha reiteradamente, tanto em prosa quanto em verso, que tanto luxo supôs mesmo uma quantidade de despesas que não tem comparação com a de qualquer outra celebração nupcial. Eis as lembranças de tais festas na sua *Miscellanea e variedade de histórias, costumes, caos e cousas*:

> Vimos as festas reaes
> que em Evora foram fectas
> não se viram outras taes,
> tam ricas, nem tam perfeitas,
> nem gastos tam desiguaes;
> que multidam de borcados
> chaparias, e borlados!

que justas, momos, torneos!
que touros, cãnas, que arreos!
que banquetes esmerados?

E que sala da madeira
que ficaraa por memoria!
real em tanta maneira
de perfeições tam inteira
de tanta mundana gloria!
touros inteiros assados
nao, batees apendoados
per ingenho nella entravam
entremeses que espantavam
huns ydos, outros entrados.
      (estr. 29-30)

Sucederam-se os momos todos os dias até 5 de dezembro, sobressaindo o que simulava um desafio em que o próprio monarca D. João II, o pai do recém-casado, se disfarçou de Cavaleiro do Cisne. Entre ondas, realizadas em pano de linho pintadas de modo que parecessem água, viu-se um muito grande e formoso Cisne com penas brancas e douradas e, após ele, um batel em cuja proa vinha o cavaleiro em pé e ricamente armado. E ainda outras oito embarcações fingidas (em realidade, carros, como veremos noutras ocasiões), faziam parte da dinâmica encenação. Como indica Garcia de Resende, desta vez na *Vida e feytos d'el Rey Dom João II*, toda a maquinaria avançava entre múltiplos sons de apitos e artilharia:

> Entrou [el rey] pollas portas da sala com noue bateis metidos em ondas do mar feytas de pano de linho, e pintadas de maneira que parecia agoa. Com grande estrondo de artelharia que tiraua, e trombetas, atabales, e ministres altos que tangião, e com muytas gritas e aluoroços de muytos apitos de mestres, contramestres e marinheiros, vestidos de brocados, e sedas com trajos delemães, e os bateis cheyos de tochas, e muytas vellas douradas acesas, com toldos de brocado e muytas e ricas bandeyras. E assí vinha hũa nao á vella, cousa espantosa, com muytos homens dentro, e muytas bomardas, sem ninguem ver o arteficio como andaua, que era cousa maravilhosa. O toldo, e toldo das gaueas de brocado, e as vellas de tafeta branco e roxo, a cordoada douro e seda, e as ancoras douradas (cap. CXXVII).

Lembre-se que a figuração do Cisne se liga tanto à tradição simbólica que celebra tal ave como um ser imaculado, cuja brancura e graça constituem marcas de origem divina, quanto à do poeta inspirado que canta a sua paixão antes de morrer[21]. Quando a nau chegou aonde estava a princesa, um cavaleiro armado entregou-lhe um "breve" (*lato sensu*, breve mensagem) da autoria do próprio D. João II, no qual lhe jurava proteção e serviço.

E, ainda no mesmo dia, desenvolveu-se "outro entremes muyto grande", em que se observava uma fortaleza rochosa custodiada por dois selvagens que tinham momos presos, de cuja liberação se ocupou um cavaleiro, aludindo-se a vitória mediante a abertura de uma porta que deixou sair um enorme bando de pássaros – o tema do selvagem e da sua condenação por amor é, com efeito, um tema especialmente frequente neste tipo de representações cortesãs. Aliás, muitos outros espetáculos fariam parte de tal celebração, os quais nem o mencionado cronista de D. João II se atreveria a descrever, limitando-se a declarar, conforme o mencionado tópico da *indecibilitas* ou inefabilidade, que lhe faltariam palavras que fizessem justiça a tanta riqueza e sofisticação.

2.2.2.2. Peregrinos e outras simbioses sacro-profanas nas figurações

Da sucessão de atividades nessa terça-feira fez também parte outro entremez cuja referência nos interessa aqui sobremaneira, pois nele participaram vinte fidalgos ataviados como peregrinos. A maioria dos pormenores da descrição cronística apontam para a riqueza da indumentária, dada a luxuosa matéria prima em que tinha sido confecionada e todos os lavores com que se ornamentou. Todos levavam mantos elaborados com os melhores tecidos e chapéus guarnecidos com imagens, bordões dourados nas mãos e colares de contas pendurados no pescoço (porventura rosários?). Os cavaleiros desfilaram organizada e harmoniosamente até entregarem o seu breve, quer dizer, um texto escrito de reduzida extensão destinado a ser lido ou simplesmente entregue à princesa recém-desposada, a qual presidia a representação. Após tal dádiva, de cujo conteúdo não temos notícia, deixavam as suas peças de cima e complementos citados no chão, sendo esse material recolhido por

---

[21] Na verdade, a popularidade da lenda do Cavaleiro do Cisne na Península Ibérica fez com que se procurassem para ele complexas genealogias, incluindo-se, *verbi gratia*, num dos quatro livros da *Gran Conquista de Ultramar*, gigantesca crónica das cruzadas em Terra Santa, encarregada por D. Sancho IV de Castela nos finais do século XIII. Sobre o caso particular que nos ocupa, veja-se o estudo de MORÁN CABANAS, Maria Isabel, "A figuração do poder real no *Cancioneiro Geral*: o caso de D. João II", pp. 181-192.

outros personagens, como moços de câmara, reposteiros e até chocarreiros (cómicos?):

> E sahido este grande e custoso entremes, veio outro em que vinhão vinte fidalgos, todos *em trajos de peregrinos com bordões dourados nas mãos, e grandes ramaes de contas douradas ao pescoço*, e seus *chapeos com muytas imagens*, todos com manteos que os cobrião ate o joelho de brocados, e per cima com remendos de veludo, e cetim, e dado seu breue, deitarão os *manteos, bordões, contas e chapeos* no chão, e ficarão ricamente vestidos todos de rica chaparia, e os manteos, e todo o mais tomauão moços da camara e reposteyros e chocarreyros quem mais podia, e valiam muito que cada manteo tinha muytos covados de brocado (cap. CXXVII)[22].

Os elementos que aparecem na *mise-en-scene* de tal entremez parecem remeter para o imaginário da peregrinação à Terra Santa, a Roma e a Santiago de Compostela nos finais do século XV. Para além dos mantos ou *manteos*, com o significado de capa comprida, bordões e contas, cabe atentar especialmente na alusão à decoração dos chapéus, que nos faz pensar, entre outras, nas insígnias próprias do Santo Sepulcro, no véu da Verónica, nas chaves de São Pedro de Roma e na concha de vieira, distintivo jacobeu por excelência. Lembre-se, aliás, que os nobres participantes na representação, preparados ideológica, moral e fisicamente para a batalha, constituíam um grupo social com uma perceção da ação bélica na qual perdurava ainda o sentido de cruzada[23]. Para além do fervor religioso que impulsava a sua deslocação como soldados de Cristo ao túmulo do Apóstolo, também se sentiriam inspirados pela tradição literária das novelas de cavalaria, povoadas de personagens heroicos envolvidos em honrosos lances:

> De hecho, su ideología y su particular marco interpretativo inspiraron el culto de Santiago como *miles Christi*, soldado de Cristo. La sublimación de Santiago como

---

[22] O itálico é nosso.
[23] Entre os exemplos de iconografia triunfal e alegórica de cenas narrativas com o protagonismo de Santiago equestre nas artes plásticas de Portugal, cabe destacar o relevo do combate contra os mouros do altar maior da igreja alentejana de Santiago de Cacém, datada do século XIV e pertencente à Ordem de Santiago. A sua figura, com estandarte, bandeira e espada de duplo gume, lidera o combate numa "suerte de alegoria de la supremacia de la caballería pesada cristiana em batalha campal" (SINGUL, Francisco, "Santiago, *miles Christi*: imagen triunfal y símbolo de la Reconquista", in Santiago Gutiérrez Garcia e Santiago López Martínez-Morás (eds.), *El culto jacobeo y la peregrinación a finales de la Edad Media*. Santiago de Compostela: Universidade de Santiago de Compostela, 2018, p. 235).

guerrero celeste sirvió de ideal y modelo a este poderoso grupo social. Al igual que los cruzados del siglo XII habían acudido a implorar la ayuda del apóstol, antes de continuar viaje a Tierra Santa, los nobles castellanos del siglo XV, cuya principal actividad residía en el ejercicio de las armas y la exaltación de la guerra y las cruzadas se postraban ante el altar de Santiago (...).

Los miembros de esta casta guerrera y aristocrática se sentían llamados a la batalla o al torneo por una obligación moral nacida de su particular visión del mundo. Pero además del honor y la fe, se sentían inspirados por la moda de las novelas de caballerías, en cuyo seno se evoca el mundo de las narraciones carolingias, con sus afanes heroicos y aventureros. Véase el ejemplo de la literatura caballeresca italiana y española de las décadas finales del siglo XV y primera mitad del XVI. Son textos literarios de gran difusión, cuyos temas principales desarrollan aspectos de la aventura caballeresca, como medio de realización personal del caballero andante, y cuya concreción es prueba irrefutable de su valor[24].

No que diz respeito ao mencionado breve entregue à princesa nestas festas de casamento régio, cumpre assinalar a ligação que a crítica bibliográfica estabeleceu com outro de cuja mensagem sim se deixa constância no *Cancioneiro Geral*. Referimo-nos a uma composição da autoria de D. Francisco de Portugal, o conde de Vimioso, filho de D. Afonso de Portugal, bispo de Évora, cuja intervenção na compilação lusa consiste na colaboração em peças coletivas de iniciativa própria ou alheia, destacando-se pela sua capacidade para explorar a dimensão lúdica da expressão poética. Concretamente o seu breve está constituído por um texto de reduzida extensão em prosa que é seguido de uma cantiga, sendo ambos os elementos redigidos em língua castelhana e recolhidos sob uma rubrica explicativa. O amador relata como a firmeza da sua fé é tão grande que, apesar de ter sido provocado amiúde e com sagacidade pelo diabo, conseguiu resistir corajosamente as suas tentações até que a alienação ou perturbação mental o levou a perder a esperança. O anjo da guarda lembrou-se então dele e protegeu-o, fazendo com que a senhora se arrependesse do dano causado:

BREVE DO CONDE DO VIMIOSO D'Ũ MOMO QUE FEZ SENDO DESAVINDO, NO QUAL LEVAVA POR ANTREMES ŨU ANJO E ŨU DIABO, E O ANJO DEU ESTA CANTIGA A SUA DAMA.

Muito alta e eicelente Princesa e poderosa Senhora:

---

[24] SINGUL, Francisco, *Camino que vence al tiempo. La peregrinación a Compostela*. Madrid: Europa Ediciones, 2020, p. 343-344.

Por m' apartar da fee em que vivo, muitas vezes fui tentado deste diabo e de todas minha firmeza pôde mais que sua sabedoria, porque tam verdadeiro amor de tam falsas tentações nam podia ser vencido. E conhecendo em seus esperimentos a grandeza da minha fee me tentou na esperança, pondo diante mim a perda de minha vida e de minha liberdade, havendo por empossivel o remedio de meus males. E com todas estas cousas nam me vencera se mais nam poderam os desenganos alheos que o seu engano, com os quaes desesperei e fui posto em seu poder. Mas este anjo, que me guarda, vendo que minha desesperança nam era por mingua de fee nem minha pena, por minha culpa se quis lembrar de mi e de quem me fez perder em me trazer aqui, porque com sua vista o diabo me soltasse, e ela, vendo meus danos da parte que neles tem, se podesse arrepender.

Cantiga que deu o anjo.

Senhora, no quiere Dios
que seais vos homecida
em ser elh'alma perdida
de quien se perdió por vos.

Ordenó vuestra crueza
qu'este triste se matasse
en dexarvos y negasse
vuestra fee qu'es su firmeza.
Mas ha permetido Dios
que por mi fuesse valida
su alma y que su vida
se torn' a perder por vos.
    (vol. II, nº 300)

O autor recorre à linguagem e aos tópicos do amor cortês omnipresentes na poesia cancioneiril de Quatrocentos, sobressaindo a firmeza do apaixonado e a crueza de uma *dame sans merci* que hiperbolicamente o conduz à morte, pelo que recebe mesmo a qualificação de homicida. Aliás, repare-se que toda a composição, elaborada a modo de narração alegórica sobre a luta entre a tentação e a queda do pecado, gira à volta de um paradoxo, segundo o qual a alma não correspondida se salva apenas com o objetivo de se perder de novo para voltar a amar a senhora[25].

---

[25] TOCCO, Valeria, *Poesias e Sentenças de D. Francisco de Portugal, 1º Conde de Vimioso*, Lisboa: Comissão Nacional para as Comemorações dos Descobrimentos Portugueses, 1999, p. 52.

Deparamo-nos aqui com a combinação dos três seguintes elementos: a gesticulação, o disfarce e um texto, reduzido sempre ao mínimo, que poderia ser apenas entregue por escrito à destinatária[26]. Cumpre perguntar-se se, tal como o momo do Cavaleiro do Cisne e o entremez protagonizado pelos cavaleiros-peregrinos que analisámos em páginas anteriores, esta peça redigida pelo conde do Vimioso poderia ser também dirigida à princesa Isabel, primogênita dos Reis Católicos e única dama que ostenta então tal título na corte portuguesa[27]. Na verdade, em nenhum dos espetáculos parateatrais de Évora descritos por Garcia de Resende na sua faceta de cronista nos deparamos com a intervenção de um anjo *versus* um diabo, mas tenhamos em conta que, como ele próprio se preocupou em sublinhar, dada a quantidade de atividades que então foram realizadas, não conseguiu registar todas. Aliás, considerando as datas de nascimento do conde do Vimioso, que a crítica situa na faixa cronológica de 1474 e 1480, a sua inserção nas festas nupciais de 1490 não seria realmente possível.

Por último, não podemos deixar de referir aqui que, com respeito ao texto de Pero de Sousa Ribeiro ligado à representação de um "singular momo" no *Cancioneiro Geral* (vol. IV, nº 734), também se tem indicado a sua integração nas bodas do príncipe D. Afonso e a princesa D. Isabel. Basta uma simples leitura da rubrica que o acompanha para comprovar que nada tem

---

[26] Tanto o personagem do diabo como o do anjo parecem mudos, pelo que cabe supor que a sua intervenção apenas teve a ver apenas como uma interpretação mímica. No entanto, quanto às potencialidades dramáticas e à reconstrução cénica desta composição, os estudiosos apresentaram diversas hipóteses. Assim, por exemplo, alguns defenderam a intervenção falada da alma do amante, que leria o trecho em prosa, enquanto o anjo se ocuparia da recitação da cantiga (RUGGIERI, Jole, *Il Canzonieri di Resende*. Genèvre: Leo S. Olschki, 1931, p. 30) e outros têm advogado pela presença em cena de um cavaleiro, porventura o próprio conde de Vimioso, para apresentar o texto (REBELLO, Francisco, *História do teatro português*. Lisboa: Europa-América, 1984, pp. 62-34). E ainda, em datas mais recentes, tem-se lembrado que, se na rubrica se indica que o anjo entrega a cantiga à senhora, como é esperável neste tipo de espetáculo, deverá ser a própria dama "quem lerá a cantiga, restando apenas o diabo e o anjo como únicos protagonistas mascarados do jogo cénico" (TOCCO, Valeria, *Poesias e Sentenças de D. Francisco de Portugal*, p. 138).

[27] SHERGOLD, Norman David, *A History of the Spanish Stage from Medieval Times until the End of the Seventeenth Century*. Oxford: Clarendon, 1967, p. 130.

a ver diretamente com o evento analisado. Como veremos, tal representação teve lugar noutro momento (mais de dez anos depois) e noutro espaço geográfico (a freguesia de Santos em Lisboa), assim como obedeceu a uma intencionalidade muito diferente: a celebração do regresso da peregrinação de D. Manuel I a Santiago de Compostela em 1502, na qual entrou em jogo outro casal régio, o formado por esse soberano com a irmã mais nova da citada princesa D. Isabel, D. Maria de Aragão e Castela, com quem este se casará em segundas núpcias.

2.2.2.3. Portadores de letras e cimeiras: D. Manuel, duque de Beja e senhor de Viseu, como Saturno

O ambiente espetacular de Évora está igualmente presente no *Cancioneiro Geral* através de uma composição em que se registam as letras e cimeiras ou ornatos colocados no cimo dos capacetes que caraterizam as justas como torneios celebrativos organizados a modo de desafio. Estas desenvolveram-se após o almoço de 29 de dezembro e estenderam-se durante vários dias sucessivos numa praça protegida com toldos das inclemências do clima invernal e iluminada quando chegava a noite. No desfile apareceram, em primeiro lugar, os grupos de músicos a cavalo e com dois grandes carros tirados por homens paramentados como macacos e leões reais. Seguidamente, uma mula levava um extraordinário gigante com armas douradas e outros elementos. E, ainda depois, surgiram todas as figuras da Corte ricamente ataviadas, sobressaindo a presença do monarca D. João II, o pai do recém-casado, que vinha precedido pelo seu pajem e acompanhado de quarenta moços.

Na coletânea lusa pode observar-se o orgulho nacional experimentado perante o luxo de todo o aparato cerimonial preparado para as justas. Segundo o protocolo de tais competições, todos assumem uma ficção num palco luxuoso em armas, tecidos, pedraria, montadas e chaparia. Lembre-se, de facto, que o próprio Garcia de Resende, chega a qualificá-las reiteradamente na sua prosa cronística como as melhores do século, pois houve nelas "tanta perfeição, que muytos justadores velhos, e de muytas partes que ahy erão, que ja virão outras muytas justas reaes, se maravilharão muyto destas, e dezião que nunca tal cuidarão de ver" (cap. CXXVIII). Para além do rei D. João II, oito cortesãos desempenharam o papel de mantenedores (ou defensores principais), cujas letras e cimeiras sobressaíram pela exibição de motivos relativos, entre outros, a selvagens e criaturas mitológicas ou elementos do averno, remetendo, porventura, para o imaginário do inferno do amor.

O caráter de cada um dos intervenientes fica posto em destaque pelas divisas ostentadas numa engenhosa simbiose de imagens e letras que mimetiza a hierarquia social e, ao mesmo tempo, constitui um artifício de engenho. A rubrica com que é apresentada tal composição mista no *Cancioneiro Geral* informa-nos do seguinte:

> A VINTE E NOVE DIAS DE DEZEMBRO DE MIL E QUATROCENTOS E NOVENTAM FEZ EL-REI DOM JOAM, EM EVORA, ŨAS JUSTAS REAES NO CASAMENTO DO PRINCEPE DOM AFONSO, SEU FILHO, COM A PRINCESA DONA ISABEL DE CASTELA. E FOI O DIA DA AMOSTRA ŨA QUINTA-FEIRA E AA SESTA SE COMEÇARAM E DURARAM TEE Ò DOMINGO SEGUINTE. E EL-REI COM OITO MANTEDORES MANTEVE A TEA EM ŨA FORTALEZA DE MADEIRA SENGULARMENTE FEITA, ONDE TODOS ESTAVOM DE DIA E DE NOITE, QUE TAMBEM JUSTAVAM. E AS LETRAS E CIMEIRAS QUE SE TIRAM SAM ESTAS (vol. III, nº 614)

A realização do torneio correu com grandes encontros, mas sem riscos para os participantes, tendo-se estabelecido dois prémios: um anel de diamante para quem mais galante viesse à teia e um colar de ouro esmaltado para quem melhor justasse, resultando D. João II o vencedor de ambos – porém, ele doou-os e ficou apenas com a honra da vitória, dando assim amostras da sua magnanimidade e liberalidade. Os versos, sem identificação da autoria e apenas com a extensão de um dístico ou trístico, vêm complementar a imagem pintada na parte superior de cada um dos elmos. Assim, o rei D. João II surge apresentado com uns liames de nau que chamam a atenção para a associação (pseudoetimológica) entre o nome da rainha, Leonor, e os termos "liar" e "amor", remetendo para a complementaridade e harmonia entre ambos os cônjuges:

El-Rei trazia ũus liames de nao
e dezia a letra:

Estes liam de maneira
que jaamais poode quebrar
quem co eles navegar
    (vol. III, n.º 614)

Nenhuma exibição lúdico-militar parecia comparável à que se viveu então, que esteve plenamente à altura das circunstâncias de um momento histórico tão transcendental. A união matrimonial entre duas casas reais peninsulares supunha, de facto, um passo de extraordinária importância para as suas respetivas políticas exteriores. Se D. João II liderou da maneira descrita os mantenedores, foi o jovem D. Manuel, duque de Beja e senhor de Viseu, D. Manuel, cunhado do monarca luso e imprevisivelmente futuro rei de Portugal, que encabeçou o desfile dos aventureiros que aceitaram o desafio. A sua privilegiada intervenção recolhe-se no *Cancioneiro Geral* sob duas rubricas em que aparece mencionado apenas com o título nobiliário. Na primeira explica-se que trazia consigo seis justadores de modo a representarem conjuntamente um universo de "sete planetas" (entenda-se "sete astros", pois incluem-se aqui o Sol e a Lua), enquanto na segunda se especifica que ele próprio levava a imagem de Saturno. Num quadro geral em que se liga cada um dos corpos celestes com sentimentos, D. Manuel mostra a sua disponibilidade de entrega ao ser amado:

> O Duque trazia seis justadores
> seus e eles traziam
> os sete planetas.

> O Duque levava o deos
> Saturno e dizia:

> El consejo qu' hee tomado
> deste mui antigo dios
> es dexar a mi por vós.
> (vol. III, nº 614)

Na verdade, as epígrafes das páginas do *Cancioneiro Geral* dedicadas às justas apresentam uma especial importância, pois amiúde são o único elemento de que dispõe o leitor de hoje para decifrar o sentido enigmático dos versos. Na maioria das ocasiões é graças aos "resumos rubriqueiros" que conseguimos perceber de que se fala e como é fisicamente a invenção, tornando-se um elemento fundamental para a sua valorização e compressão. Ora, também convém lembrar que a linguagem logo-icónica presente nas festividades de finais da Idade Média e alvores da Renascença era convencional e de alcance internacional, reiterando amiúde motivos e motes. Assim, nas justas de Évora apresentam-se, de facto, *topoi* glosados em diversas recolhas de empresas do século XVI e inclusive nos *Emblemata* de Alciato, obra que seria publicado pela primeira vez na Alemanha de 1531[28]. Apesar das rubricas serem escritas num tempo posterior aos versos, por uma mão alheia (a do compilador) e, como se pode observar acima, numa língua diferente a estes, ambas as partes constituem uma unidade semanticamente fechada no contexto do espetáculo:

> La rúbrica pertenece más bien a la fase editorial de la copia que no a la autorial de la composición, a la fase en la que se pone en limpio y se va fijando el texto, que, de unos apuntes u hojas sin sentido, o de cuadernos o rótulos desordenados destinados a perderse, pasa a vivir opiado en bella muestre, o incluso impresa, en un cancionero de grandes proporciones que así le salva del olvido y le abre camino a la posterioridad. E, pues, la rúbrica, en la gran mayoría de los casos, una operación editorial, de quien copia el poema, manuscrito o impreso, y lo va disponiendo en columnas y colocando en su lugar. Por ello mismo, son de adjudicar a la pluma del copilador sus contenidos y sus estilemas, que a veces son constantes (…).
>
> Es un caso patente, éste de rúbricas imprescindibles para el poema, para su comprensión y su valoración, sin dejarle en un mar de ambigüedad o, si se prefiere, un ejemplo patente de texto huérfano sin rúbrica. Y es más: de rúbrica que, en el caso de las invenciones, tan consustanciada está con los versos que, por una vez, de ser 'rúbrica' y se convierte en 'texto', en parte ya inseparable del poema, como resumen prologal en prosa y como precedente lógico, anquen se escriba *a posteri*[29].

Sendo Garcia de Resende quem transcreve os versos das justas no *Cancioneiro Geral* e, em diferente data, na sua crónica, as variantes entre um e outro registo são escassas, pois coincidem quase plenamente a nível quantitativo, atributivo, sequencial e textual. Mas não acontece o mesmo no que diz respeito às rubricas: como parece lógico, dada a sua natureza predominantemente informativa e afã documentário, é na segunda das obras que se fornecem mais dados de caráter histórico-descritivo não só em relação ao

---

[28] MORUJÃO, Filipa Medeiros Araújo, "Letras e cimeiras: emblemática e literatura em diálogo no século XVII", in Maria do Rosário Barbosa Morujão e Manuel J. Salamanca López (dirs), *A investigação sobre heráldica e sigilografia na Península Ibéricaentre a tradiçãoe a inovação*. Coimbra: Universidade de Coimbra, 2018, pp. 473-489.

[29] BOTTA Patrizia. "La rubricación cancioneril de las letras de justadores", in Aviva Garribba (ed.), *De rúbricas ibéricas*. Roma: Aracne, pp. 174-179.

quadro visual de cores, de formas ou de sons, mas também quanto à identificação e conexões pessoais ou familiares dos participantes[30]. Assim, por exemplo, a propósito dos liames de D. João II, acrescenta-se aí que estavam todos cheios de pedraria e, em relação ao duque de Beja, especifica-se que se trata do irmão da rainha.

Esta última figura vem caraterizada como Saturno, o rei fabuloso da Itália a quem os romanos identificaram com o deus grego Cronos e que nas justas se apresenta como um "mui antiguo dios" que lhe aconselha a plenitude da entrega amorosa ("es dexar a mi por vós"). Tal referência poderá remeter, porventura, para os ensinamentos que tal deidade forneceu ao povo que o protegeu, mostrando-lhe a arte da agricultura e fazendo-o passar da vida selvagem à civilizada. A sua face positiva aparece muito significativamente representada, de facto, no "decir" narrativo composto pelo castelhano Micer Francisco Imperial nos inícios do século XV, aquando do nascimento do monarca D. Juan II, ao qual Saturno lhe ofereceu, para além de nobreza e longa vida, a mais excelsa das virtudes para governar: a prudência. Recorrendo a um horóscopo inventado ao serviço de interesses político-monárquicos e religiosos para defender, nesse *Dezir de los siete planetas* (1505), a proposta de Castela como cabeça de um império cristão na Europa, declara que: "E dóle

---

[30] A análise das justas tem partido tradicionalmente da tradição resendiana, sem atentar na possibilidade de tal torneio ser transmitido também por outras vias. Porém, em datas recentes, Maria Ana Ramos informou sobre o seu registo num códice manuscrito conservado no Arquivo Nacional Torre do Tombo, no fundo da Casa Fronteira e Alorna, sob o título, *Obras Manuscritas. Copiador de cartas, conselhos, denúncia, de descrições de exéquias, de verbas de cartas, de relato de batalha, de práticas, e de outros documentos* (Casa Fronteira e Alorna, nº 3, fl. 280r-281v.). A estudiosa realizou um exaustivo exame do texto à luz dos outros dois testemunhos, detetando consideráveis alterações: para além das grafemáticas e das derivadas de interferências linguísticas entre os idiomas português e castelhano, destacam-se as relativas à datação, à designação dos participantes, à atribuição de cimeiras e à ordem no desfile, assim como se evidenciam incorporações dalguns nomes com rubricas e letras e ausências doutros. Podemos concluir, portanto, que esta "nova" relação do torneio se baseia numa fonte distinta das fornecidas por Garcia de Resende (RAMOS, Maria Ana, "Os *mãtedores das Justas erão*.... Uma versão manuscrita inédita das *Justas* no casamento do príncipe D. Afonso (1490)", in Maria Graciete Gomes da Silva et al. (coords.), *A sedução pela palavra, estudos em homenagem a Cristina Almeida Ribeiro*. Coimbra: Almedina, pp. 347-371.

a Prudençia, esta mi donzella, por su Mayordoma mayor, e con ella / será sin dubda mejor obrador"[31].

Tenha-se em conta que o mencionado autor é um dos primeiros em incorporar o imaginário zodiacal na literatura quatrocentista, revelando um grande conhecimento em matéria astrológica, o que expõe como visão alegórica a fim de referir as virtudes que devem estar presentes num bom governo. Note-se, aliás, que Saturno simboliza também a cautela, a disciplina, a responsabilidade no exercício do poder e todo um cúmulo de excelências no *Laberinto de la fortuna* ou *Las Trescientas*, de Juan de Mena, poeta a quem se rende grande veneração nas páginas do *Cancioneiro Geral*. Redigido, igualmente, a modo de visão alegórica de inspiração dantesca, neste texto, entregue em 1444 ao próprio D. Juan II, segundo se afirma nalguns códices, deparamo-nos com personagens míticos e legendários que são situados nos diversos planetas como modelos de vícios e virtudes. No que diz respeito a D. Juan II, aparece duas vezes com muito diferente temperamento: no círculo de Marte, visualiza-se em som de guerra, preparado, a modo de Aquiles, com armas que representam vitórias para o seu reino, enquanto no círculo de Júpiter situa-se no trono, com cetro e coroa, identificando-se com um monarca que reina em paz gloriosa.

Saturno reserva-se especialmente para o que foi ministro e braço direito do monarca, o Condestável D. Álvaro de Luna, que se encontrava no cume do prestígio na altura de redação da obra: "El círculo [de Saturno] pretende la loa del condestable por ser el personaje que en opinión del poeta reúne en ese momento todas las cualidades que lo hacen merecedor de regir los destinos del reino, de mantenerlo en paz, de hacer aplicar la ley y la justicia y de completar la empresa reconquistadora"[32]. Longe de adivinhar que ao

---

[31] MALDONADO VILLENA, Francisco, "La mitología en los Cancioneros de Estúñiga, Palacio y Juan Alfonso de Baena", *Florentia Iliberritana*, nº 16, 2005, pp. 205-226. Embora com atenção a outros aspetos afastados dos aqui tratados, lembre-se a análise da leitura direta ou indireta de Platão em duas produções poéticas dos tempos de D. Manuel I em TARRIO, Ana M. Sánchez, "O Poeta e a Loucura: dois poetas manuelinos sob o signo de Saturno", in Paula Morão e Cristina Pimentel (eds.), *Matrizes Clássicas da Literatura Portuguesa: uma (re)visão da literatura portuguesa das origens à contemporaneidade*. Lisboa: Campo da Comunicação, 2014, pp. 85-98.

[32] MEDINA ÁVILA, Blas, "La alegoría mítica para la expresión de una idea política en el *Laberinto de la Fortuna* de Juan de Mena", *e-Legal History Review*, nº 3, 2006, p. 37.

imenso poder e à ambição do personagem se vinculariam certas acusações de intrigas, abusos e assassinatos que o levariam a ser condenado e decapitado em cadafalso público em 1453, Juan de Mena profetiza-lhe um futuro promissor, marcado por um enorme sucesso político. Tendo em conta que este círculo é o último, o mais externo e, portanto, o que compreende os restantes, cabe pensar mesmo na intencionalidade de sublinhar a encarnação de absolutamente todas as virtudes humanas no favorito do rei, que resulta enaltecido como grande triunfador na luta contra a Fortuna[33].

Por sua vez, nas justas de Évora é o jovem duque D. Manuel, ocupando o lugar privilegiado no seio da família real como irmão da rainha Leonor e tio do desposado, que se representa poética e positivamente sob a imagem do planeta em questão na celebração nupcial do príncipe D. Afonso de Portugal. Vive-se nelas um ambiente de otimismo e entusiasmo que ficará ainda mais evidenciado em contraste com a tristeza dominante nas composições também recolhidas no *Cancioneiro Geral* e dedicadas à inesperada e prematura morte do jovem herdeiro do trono pouco tempo depois do seu casamento.

---

[33] Para uma síntese analítica da funcionalidade das alusões mitológicas e a predestinação nos cancioneiros do reino vizinho, cabe consultar FRAKER, Charles F., "The Theme of Predestination in the *Cancionero de Baena*", *Bulletin of Hispanic Studies*, vol. 51, nº 3, 1974, pp. 228-243.

CAPÍTULO 3

Fatalidade do príncipe D. Afonso e versos para a legitimação de D. Manuel como herdeiro do trono

> Mas como e quando aquele Deos inmensso
> premite que vá de bem em milhor
> reinos e casos daqueste teor,
> assi nos deixou outro [D. Manuel] que ha censo
> de muitas vertudes, as quaes por istenso
> se nom poderiam aqui expressar,
> que haja o reino d' herdar e reinar
> per muitos anos sem nenhũ dicenso.
>
> LUÍS HENRIQUES

Todos os elementos das justas de Évora funcionam como espelho da magnificência do poder real e a sua urdidura discursiva no âmbito da poesia pretende ser o reflexo do espírito alegre, otimista e jovial que dominava os ânimos durante as celebrações. Precisamente este último valor fica bem evidenciado quando se contrasta com a tristeza expressa nas composições do *Cancioneiro Geral* da autoria de D. João Manuel (vol. I, nº 131) e Luís Henriques (vol. II, nº 365) dedicadas à inesperada e prematura morte do príncipe Afonso uns meses depois de ter contraído matrimónio. Apenas tinha dezanove anos de idade quando sofreu uma trágica queda do cavalo durante um passeio em Santarém, à beira do Tejo, o que provocou a enorme aflição dos seus pais e da princesa, que, em tão pouco tempo, ficava viúva. Tal como fazem os cronistas, os dois poetas mencionados contrapõem explicitamente nos seus versos as ricas galantarias do casamento com as míseras roupas de luto que foram vestidas na Corte após aqueles dias de júbilo. E as antíteses que sublinham a euforia do ambiente das bodas em contraste com o pesar pelo falecimento em datas tão próximas acabaram por se converter, de facto, num lugar-comum na projeção de tal acontecimento nos mais diversos géneros literários tanto em terras portuguesas como castelhanas[34].

Na composição redigida na língua do reino vizinho e em oitavas de arte-maior por D. João Manuel chora-se o nefasto acidente, lembrando como a alegria ficou subitamente apagada e se converteu em pranto através da alusão a dois tecidos com valências simbólicas contrapostas (o brocado como indicador do poder régio e o espírito de júbilo *versus* a xerga como expressão por antonomásia do luto e da amargura padecida pela morte do herdeiro direto ao trono de Portugal): "¡Oh fiestas malditas, desaventuradas, / que luego tan presto vos haveis tornado / em lhoro el prazer, enxerga el borcado, /as danças en otras muy desatinadas!" (vol. I, nº 132). Ora, o que mais nos interessa salientar é que, ao lado da esposa e os pais, se menciona duas vezes outro familiar do defunto como o ser mais próximo e amado por ele e cuja tristeza resulta mesmo impossível de descrever com palavras, conforme o tão recorrente *topos* da *indecibilitas* ou inefabilidade. Trata-se de D. Manuel, que imprevisivelmente o viria a substituir como herdeiro do trono, o qual é aludido primeiro como "vuestro tio" e depois como o "ínclito Duque", procurando-se sempre enfatizar a cumplicidade e o carinho existente entre eles:

> ¿Ado vos lhevaron, oh nuestro plazer,
> que assi tan apriessa, Senhor, vos partistes,
> que a vuestros padres y cara mujer
> ninguna palavra dezir le podistes?
> Ni a *vuestro tio* que tanto quesistes
> cosa del mundo quisestes oir,
> assi los dexastes a todos tan tristes

---

[34] Obviamente, resulta muito oportuno ter em conta alguns estudos sobre as ligações dos agentes do poder e da produção literária que realizaram, entre outros, MIGUEL, Salvador, "El mecenazgo literario de Isabel la Católica", in *Isabel la Católica. La magnificencia de un reinado*, Madrid: Sociedad de Conmemoraciones Culturales / Valladolid: Junta de Castilla y León, 2004, pp. 75-86. E uma aproximação significativa, com comentário de textos dirigidos particularmente à rainha Isabel a Católica, encontra-se, por exemplo, no mesmo volume por PEREA RODRÍGUEZ, Óscar, "Alta Reina esclarecida»: un cancionero ficticio para Isabel la Católica", pp. 1355-1383 ou, numa publicação anterior, por GÓMEZ MORENO, Ángel, "El reflejo literario", in José Manuel Nieto Soria (dir.). *Orígenes de la monarquía hispánica: propaganda y legitimación (ca. 1400-1520)*. Madrid: Dykinson, 1999, pp. 315-339.

> que fueron alegres d' entonces morir.
> las danças en otras muy desatinadas!
>
> ¡Oh inclito Duque, el tu sentimiento
> aunq' escrevir quisesse mi pluma
> es empossible que sola la suma
> diga, si quiere dezir tu tormento!
> Tus ojos nos muestran que tu pensamento
> jamas no se parte de quien te partiste,
> aquel su tristeza passó num momento
> e tu pera siempre ternás vida triste.
> (vol. I, nº 132)

A lembrança da transformação da alegria do casamento em luto é, igualmente, objeto de lamentação no texto que Luís Henriques compôs em castelhano e em redondilha de pé-quebrado, recriando assim as famosas *Coplas* que tinha feito o poeta Jorge Manrique em Castela à morte do seu pai. O dramatismo de tal substituição das galantarias pelo dó enfatiza-se ainda mais com a reprodução fictícia das falas do pai do defunto, o rei D. João II; da mãe, a rainha D. Leonor; e da viúva, a princesa Isabel, que exclama: ^Yo soy la triste veuda, / cuberta de mil tresturas, / sim abrigo, / de todo mi bien desnuda / y muy lhena d'amarguras, sin amigo!" (vol. II, nº 365). Por sua vez, na lamentação que o mesmo autor comporá à morte do próprio monarca D. João II, sobressai, conforme as convenções do género, a petição a Deus pela sorte de D. Manuel, que tinha ficado herdeiro da coroa após o falecimento do príncipe D. Afonso. Comentam-se as suas excelentes virtudes, afirmando que só nele se poderá encontrar esperança de salvação, chamando à concórdia e lembrando os seus insignes antecessores na árvore genealógica da monarquia lusa. Alude-se concretamente ao seu progenitor, o infante D. Fernando, primeiro duque de Beja e, embora sem a menção do nome, ao seu bisavô, o monarca D. João I de Portugal, que inaugurou a dinastia de Avis e obteve vitórias tão relevantes ("per vezes de mui prepotente") como a de Aljubarrota:

> Mas como e quando aquele Deos inmensso
> premite que vá de bem em milhor
> reinos e casos daqueste teor,
> assi nos deixou outro que ha censo
> de muitas vertudes, as quaes por istenso
> se nom poderiam aqui expressar,

que haja o reino d' herdar e reinar
per muitos anos sem nenhũ dicenso.

Est'ee o mui alto e mui perflugente,
mui serenissimo Rei e Senhor
Dom Manuel, de tanto louvor,
a quem em vertudes Deos sempre acrecente.
Est'ee o filho do mui eicelente
Infante Fernando da crara memoria,
é o bisneto do Rei, que vitorea
houve per vezes de mui prepotente.
   (vol. II, nº 366)

E, noutra composição de Luís Henriques em louvor de D. João II por altura da trasladação da sua ossada da Sé de Silves para o Mosteiro da Batalha em 1499, conforme o desejo que ele tinha deixado expresso, novamente se alude a D. Manuel como o seu sucessor com uma claríssima intenção legitimadora. Acumulam-se os elogios sobre a notoriedade dos feitos do primeiro para justificar o seu merecimento de glória e recorre-se a referências metaliterárias do tipo "vejamos da morte, em este meu verso, / per quantas maneiras soes dino de grorea" ou "É bem que se saiba e fique memorea / de cousa tam justa de ser memorada, / notar caronistas, poer em estorea / cousa tam nova a mi demostrada" (vol. II, nº 367). O ponto máximo de exaltação reside mesmo na solicitação de canonização ou santificação, dadas as excelências que o caraterizaram em vida e a incorruptibilidade do cadáver de D. João II, que, apesar de ter partilhado espaço durante quatro anos com "bichos e cobras", não exala desagradáveis odores: "O caso tan dino de admiração, / ũu corpo humano sô terra mitido / per tanto tempo sem ser corrompido / per cheiro nem outra pior corrução", sublinha o autor nessa composição.

 O próprio Garcia de Resende, como cronista de D. João II, insiste na conservação do "santo corpo" e nos dotes taumatúrgicos que lhe foram atribuídos sob as coordenadas do maravilhoso cristão medieval, destacando o protagonismo do rei D. Manuel num momento de extraordinária dimensão simbólica, pois entrou na capela mortuária, onde abriu o ataúde em que jazia o cadáver. De barrete não mão, beijou-o nas mãos e nos pés e todos os que o acompanhavam tocaram o corpo. Como oportunamente sublinha Ana Isabel Buescu, "A trasladação em 1499 representava o cumprir da vontade do seu antecessor, mas era também a celebração de um poder agora protagonizado pelo Venturoso"[35]. Assim, as três últimas estrofes da composição de Luís Henriques são dedicadas ao sucessor, D. Manuel I, referido ora através da perífrase "Rei, primeiro no nome" ora de modo direto. Perante a transferências das "relíquias", lembra-se o seu comportamento como um verdadeiro filho (não biológico, mas verdadeiro), que honra a memória do defunto através da obediência, das obras e das lágrimas derramadas perante a sua perda. Designa-se, com efeito, como "filho segundo", no sentido de que ele virá a desempenhar sentimental e oficialmente esse papel após a morte do único descendente legítimo de D. João II, o príncipe D. Afonso. Na verdade, por trás da reiteração de referências a essa relação filial, parece descobrir-se a intencionalidade de sublinhar a aceitação consensual da subida do Venturoso ao trono, apesar de carecer de relação de parentesco em primeiro grau com o monarca falecido[36]:

> Fostes trazido com tanta eicelencea
> per mandado do Rei, primeiro no nome,
> cujas vertudes nom haa quem assome
> com toda moderna, antiga ciencia.
> Este foi filho na obediencia,
> este nas obras nam pode mais ser,
> este com lagrimas quis preceder,
> no modo e forma que tem priminencia.
>
> Foi logo segundo, após Sua Alteza,
> o vosso mui caro filho e amado,
> chorando na forma qu' a filho é dado,
> mostrando em sa cara dobrada tristeza.
> Depois nos senhores, fidalgos, largueza
> de muita tristura mostraram em ponto,
> muito me culpo que nam sei nem conto
> o meo das cousas, segundo se reza.

---

[35] BUESCU, Ana Isabel, "A morte do rei. Tumulização e cerimónias de trasladação dos reais corpos (1499-1582)", *Ler História*, nº 60, 2011, pp. 9-33.
[36] Correlativamente, põe-se de relevo a desconsideração como herdeiro de D. Jorge de Lencastre, nascido da relação extraconjugal de D. João II com Ana de Mendonça e educado junto com o seu meio-irmão, o príncipe D. Afonso, seis anos mais velho, sob a égide da rainha D. Leonor, que aceitou recebê-lo na Corte. Mais adiante e por diferentes motivos, impõe-se trazer de novo a colação esta figura, tratada na época como duque-mestre ao reunir na sua pessoa os títulos de duque de Coimbra e mestre da Ordem de Santiago.

Fim

Ali vos trouxeram, u sam congregados
todolos corpos de vosso abolorio,
durante o mundo será mui notoreo
a grande memoria dos i sepultados.
O Rei Manuel, a quem os passados,
presentes, foturos nom sam d' igualar,
em grande maneira vos prouve honrar
o corpo, praceiro dos canonizados.
   (vol. II, nº 367)

Por seu turno, Diogo Brandão, num texto também inscrito no âmbito da poesia funerária que circulou com profusão no século XV, adverte da inutilidade dos bens temporais e da importância das virtuosas obras para escapar do esquecimento, o que ilustra com a alusão a príncipes e reis da dinastia de Avis: "Dizer dos antigos que sam consumidos / nam queero em gregos falar nem romãaos, / mas nos que nos caem aqui dantr'as mäaos, / vistos de nós e de nós conhecidos" (vol. II, nº 333). Reclama a consideração de figuras recentes da história do reino e, numa evocação dos valores pátrios a partir do tópico do *ubi sunt*, recua até D. João I, o da Boa Memória, continuando o seu discurso com o panegírico dos seus filhos: o primogénito e sucessor no reino, D. Duarte, e os seus irmãos. Embora não nomeie nenhum desses quatro infantes (D. Henrique, o Navegador; D. João, mestre de Santiago; D. Pedro, duque de Coimbra e regente nos anos 1441-1449; e D. Fernando, mestre de Avis), não deixa de remeter para as suas grandes virtudes e meritosas obras.

 Tendo como referente a situação política imediata, com o rei D. Manuel I à frente, o autor dedica-lhe uma estrofe ao seu pai como responsável pelas vitórias das expedições de Portugal na África, particularmente pela conquista da cidade de Anafé (atual Casablanca). Repare-se, com efeito, na expressão "progenitor de quem nos governa" para aludir a D. Fernando nos seguintes versos marcados pelo louvor hiperbólico:

O sobrinho destes, Ifante de grorea,
progenitor de quem nos governa,
que foi de vertudes tam crara lucerna,
tambem houve dele a morte vitorea.
Contodo nom pode tirar-lh' a memorea
de ser esforçado e forte na fee,

tomou este Princepe, dino d' estorea,
per força òs mouros o grand' Anafee.
(vol. II, nº 333)

Através de perífrases mais ou menos breves passam-se em revista diversos ramos da árvore genealógica dos reis tanto em sentido descendente como colateral e, quando se chega a D. Afonso V, alcunhado O Africano, salientam-se os árduos trabalhos que levou a cabo e a abdicação a favor do seu filho D. João II. Dado que o falecimento deste último está na génese da composição, é ele que se apresenta como o modelo mais perfeito de homem, de cristão e de governante: "Nom sei com que lingua dizer se podia / como era grande e em todo manifico". Entremeiam-se meditações sobre a morte de cariz senequiano, conforme formulações do cristianismo ortodoxo, como *memento mori*, e o discurso vai-se dilatando no elogio do defunto a fim de provocar o *páthos* do leitor. Assim, fornecem-se exemplos da entrega do rei, entre outros âmbitos, no assistencialismo, remetendo para a imagem do pelicano que protege os filhos e para a fórmula *pro lege et pro grege*, ou seja, "pela lei e pela grei"; na defesa do reino face a Castela; na sua liberalidade e na abertura de caminhos a novas terras com a consequente evangelização das suas gentes.

E Diogo Brandão agradece também a trasladação dos restos de D. João II ao panteão real do Mosteiro da Batalha como reconhecimento oficial que D. Manuel I lhe dispensou pelos favores que lhe tinha feito em vida, nomeando-o seu sucessor ("socessor verdadeiro"). Como já vimos a propósito dos versos de Luís Henriques, tais considerações vêm contribuir não só para a glorificação do defunto, mas para a legitimação do monarca que ordena a cerimónia régia e religiosa e a preside com toda a solenidade:

Dali a tres anos, nom bem precedentes,
foi com gram festa daqui trespassado
e posto no lugar qu'está deputado
em ser manseolo dos nossos regentes.
Quer Deos dali dar a muitos doentes
comprida saude, tocand'onde jaz,
em serem os Anjos com ele contentes,
nos é manifesto nas obras que faz.

Fez isto por ele o mui poderoso
Rei eicelente Manuel o primeiro,
quem ele deixou socessor verdadeiro

como rei justo e mui vertuoso.
Soube este Princepe mui animoso,
que hoje governa com tanta medida,
pagar-lhe na morte coma piadoso
o bem recebido daquele na vida.
      (vol. II, nº 333)

Em conclusão, em cada um dos textos acima analisados deparamo-nos com a imagem de perfeição e justiça que faz parte da propaganda política do ideal de monarquia que se pretende legar às gerações futuras. Aliás, no caso particular de D. Manuel I, sobressaem particularmente as referências à ciência de quem soube adivinhar as suas virtudes e o seu merecimento como digno herdeiro do trono, assim como se põe em destaque a gratidão mostrada por este após ter sido coroado. Cumpre reivindicar, de facto, a necessidade incontornável de recorrer ao *Cancioneiro Geral* nos estudos sobre a construção dos imaginários joanino e manuelino e a justaposição de ambos, sobretudo a partir de alusões que nos permitem seguir o percurso de D. Manuel, duque de Beja e senhor de Viseu, a D. Manuel I, rei de Portugal. Facilmente podemos comprovar que, ao lado das crónicas e outros textos documentais, os poemas recolhidos por Garcia de Resende espelham eficazmente códigos e orientações programáticas.

CAPÍTULO 4

Novo rei e novos enlaces nupciais luso-castelhanos até à peregrinação jacobeia: de D. Isabel a D. Maria, filhas dos Reis Católicos

> Destas quatro filhas [dos Reis Católicos] a que com elrei D. Manuel mais desejava casar, foi a infante D. Isabel viúva do príncipe D. Afonso, e por ter esta vontade se escusou do da infante D. Maria.
>
> DAMIÃO DE GÓIS

> Tinha [D. Maria] muito acatamento àçerca de el-rei, seu esposo, nem jamais com injustos requerimentos forcejou afastá-lo da rectidão (…). Amava prodigiosamente a el-rei, e era dêle reciprocamente querida pela amabilidade de sua condição e santidade de seus costumes
>
> JERÓNIMO OSÓRIO

A princesa D. Isabel, convertida em viúva de Portugal, manifestou inicialmente a vontade de seguir um comportamento devoto e rejeitar qualquer outra união conjugal. A sua negativa a um novo enlace supunha realmente um sério problema que tinha de ser resolvido, pois a sua posição de primogénita da família real castelhana não permitia para ela nenhum outro fim que não fosse um segundo matrimónio com algum príncipe cristão que respondesse aos interesses de política internacional dos Reis Católicos. Nesse sentido, os monarcas castelhanos chegaram a sugerir um eventual matrimónio de D. Manuel, como novo herdeiro do trono de Portugal, com a sua filha menor, D. Maria, que apenas tinha então 13 anos de idade. No entanto, ele não aceitou tal proposta e solicitou a mão da viúva do seu sobrinho, lembrando a necessidade de respeitar a cláusula assinada nos já mencionados tratados de Alcáçovas relativa a que D. Isabel (e não outra) se converteria em esposa do herdeiro da coroa lusa.

A renovação da aliança vinha contribuir, de facto, para a sua legitimação como governante que ascenderia ao trono imprevisivelmente por mudanças do destino. A recém-viúva mantinha desde cedo laços afetivos com Portugal, devidos sobretudo às Terçarias de Moura, e contava com grande estima e consideração na Corte, o que implicava uma vantagem perante qualquer crise política em que convinha uma firme representação do poder. Entre outros motivos ligados à sua condição de mulher, princesa viúva de Portugal e filha dos Reis Católicos, que justificam concretamente a sua eleição face à da sua irmã, Maria, ainda criança naquela altura, cabe reproduzir os seguintes:

- Mujer. Desde el punto de vista estrictamente biológico, a sus 26 años, Isabel estaba en plenas facultades para aportar cuanto antes un heredero al trono luso, un príncipe que asegurara la sucesión, preocupación esta principal y con mucho de acuciante para el nuevo monarca. María, con tan sólo 13 años de edad en el momento de las negociaciones, no aseguraba de una manera tan rápida un nuevo heredero portugués.
- «Princesa viuda de Portugal». El hecho de ser viuda de príncipe heredero suponía un valor añadido; así, esta condición reforzaría los vínculos de Manuel y la corona portuguesa. A ese respecto, importa mucho que Isabel disfrutase de una serie de señoríos y rentas que denotaban poder real, en un papel activo de poder que recuerda su pasado al lado del príncipe Afonso. Su propia imagen entroncaría al nuevo rey en el poder como continuador de la anterior dinastía, de la que ella era una parte integradora.
- Hija. Era la primogénita de los monarcas españoles, lo que hacía de ella una pieza fundamental por su capacidad de representar el poder; en un terreno más próximo y directo, Isabel se hallaba en una posición privilegiada en algo tan importante como la sucesión al trono castellano; es más, suponía el eslabón fundamental para las aspiraciones al sueño de unión ibérica. En comparación, María se encontraba muy alejada de ese derecho fundamental[37].

---

[37] MARTÍNEZ ALCORLO, *La literatura en torno a la primogénita de los Reyes Católicos*, p. 112.

Apesar da forte resistência de D. Isabel a um novo casamento, os Reis Católicos, não cessaram no seu empenho de a convencer em prol da sua política de relações exteriores. Na verdade, não se conhece com exatidão a última razão que a levaria a aceitar finalmente o matrimónio com D. Manuel, mas parece que, para além da insistência dos seus pais, foi a intenção de contribuir com a sua presença para estender a reforma de signo franciscano em Portugal. Após alguns meses de negociações, a celebração das capitulações matrimoniais teve lugar em agosto de 1497 em Medina del Campo (atual província de Valhadolide). Dali partiria para repetir a sua experiência de entrada no país vizinho por motivos de casamento num clima envolvido de gala cortesã. Porém, foi naquela altura que os Reis Católicos receberam as piores notícias acerca da saúde do príncipe D. Juan, o seu filho herdeiro, principal causa da escassez de relatos sobre a celebração deste segundo enlace de D. Isabel em contraposição à informação sobre a morte do irmão. O falecimento deste fez com que não se realizassem, com efeito, a maioria das atividades lúdicas, embora D. Manuel só revelasse tal fatalidade à sua esposa em Évora, para onde partiu o cortejo do novo casal.

No seu testamento, ao estar a sua esposa grávida, a herança do governo ficaria nas mãos do seu futuro filho, mas o menino nasceu morto aos poucos meses. Para D. Isabel iniciava-se, portanto, uma etapa não só como rainha de Portugal, mas também como herdeira da coroa castelhana, abrindo-se a possibilidade de uma união ibérica. Os Reis Católicos aplicaram em Castela o direito consuetudinário, que implicava o reconhecimento como príncipes ao novo casal. Perante tal situação, D. Manuel I e a sua esposa deslocaram-se ao reino vizinho em 1498, de que voltariam oficialmente como herdeiros após os devidos juramentos. Apenas Aragão se apresentava como um obstáculo, pois ali só cabia a transmissão de direitos por sucessão régia, pelo que seria preciso esperar o nascimento de um filho varão. Foram solenemente recebidos nessas terras, mas as Cortes apresentaram uma forte resistência com alegações, e ainda mais tendo em conta que a esposa de D. Manuel I se encontrava então em estado de gestão do infante Miguel da Paz, circunstância em que se apoiaram para continuar a respeitar o seu costume. Com efeito, o dia 24 de agosto desse mesmo ano nasceu a criança em Saragoça, consolidando-se assim projetos de concórdia traçados já desde os tratados de Alcáçovas de 1479. Porém, a mãe faleceu uma hora depois do parto e, imprevisivelmente, o luto veio envolver, mais uma vez, o ambiente festivo e promissor.

Precisamente durante os dias que a corte de D. Manuel I ficou em Aragão, exercitou-se, como entretenimento, o poetar coletivo a modo de contenda rimada entre portugueses e castelhanos, de que ficou registo no *Cancioneiro Geral*. Embora de forma muito breve, cabe lembrar aqui que umas calças levadas pelo fidalgo D. Manuel de Noronha motivaram logo um caudal de versos zombeteiros pela falta de adequação do seu tecido, lançando-se mão assim do acervo de estereótipos humorísticos com relação a rivalidades nacionais, entre os quais se destaca o amaneiramento do vestir atribuído aos lusitanos. O iniciador da série, o castelhano António de Velasco, comenta parodicamente a exibição de tal peça como façanha digna de fama e memória, aludindo inclusive ao rei (D. Fernando o Católico ou D. Manuel I ambos em Saragoça nesse momento), e outros intervenientes reclamam também a sua conservação na retina, na arte e na documentação. Mais de trinta poetas se congregam, enfim, à volta da polémica com réplicas e contrarréplicas através de agudezas verbais com que se pretende provocar o Outro, longe de imaginar o fatal desenlace que poria fim à estada em terras aragonesas[38].

Após a mudança dos acontecimentos, D. Manuel regressa a Portugal, chegando a Lisboa a 9 de outubro de 1498, onde foi recebido pela Rainha Velha, a sua irmã D. Leonor. num clima em que as amostras de alegria perante a sua volta se misturavam com a tristeza pela perda da sua esposa. O seu filho, Miguel de la Paz, visto como única saída possível da crise sucessória, ficava sob a tutela dos avôs maternos, os Reis Católicos, que se encarregariam da sua educação. Em poucos meses foi jurado sucessivamente herdeiro dos tronos castelhano e português, mas faleceu apenas com dois anos de idade, obrigando à procura de um novo caminho para a sucessão. O monarca luso ficou sem herdeiro e a eleição de candidata para uma outra aliança matrimonial que implicasse relações diplomáticas favoráveis entre Portugal e Castela

---

[38] Para uma análise das dimensões desse duelo poético como meio de afirmação social e nacional, pode consultar-se MORÁN CABANAS, Maria Isabel, "Las calzas de Sevilla y la rivalidad luso-castellana acerca de la moda en el *Cancioneiro Geral*", *Bulletin Hispanique*, nº 124-1, 2022. pp. 231-246. Tenha-se em conta que as diversas intervenções se encontram também recolhidas no manuscrito Add. 10.431 do Museu Británico ou *Cancionero de Rennert* (sigla LB1), cujo cotejo com a versão do *Cancioneiro Geral* aparece abordado em BOTTA, Patrizia, «Las fiestas de Zaragoza y las relaciones entre LB1 y 16RE (con un Apéndice de Juan Carlos Conde, LB1: hacia la historia del códice), *Incipit*, 22, 2002, pp. 3-51.

tornou-se um imperativo fundamental. Assim, outra filha mais nova dos Reis Católicos, D. Maria, passaria a ganhar protagonismo com vista a garantir a sucessão, iniciando-se as negociações de um novo enlace. Os Reis Católicos comprometeram-se a enviá-la a Portugal quando D. Manuel I o solicitasse, aceitando este que ela viesse acompanhada de um séquito formado por mais de cinquenta pessoas do seu reino natal.

No ano de 1500, quando o embaixador português Rui de Sande se ocupou das gestões, tinha já 18 anos de idade, no entanto, foi necessária a concessão da dispensa de Roma por tratar-se de uma união conjugal em primeiro grau de afinidade, já que os noivos tinham sido previamente cunhados. O casamento levou-se a cabo nesse mesmo ano por palavras de presente e com grande pompa em Granada, onde se encontrava a infanta, e as bodas celebraram-se depois nas terras alentejanas de Alcácer do Sal, onde a esperava o seu esposo e os seus novos súbditos. As Cortes de Castela chegaram a fornecer subsídios extraordinários para o dote da infanta e para que ambas as celebrações, particularmente a granadina, se festejassem com todo o luxo. Ora, tal como acontece com as outras duas uniões conjugais do Venturoso, não ficou delas testemunho poético no *Cancioneiro Geral*.

Na verdade, D. Maria acabou por ser uma figura essencial no destino de Portugal, da Península e de toda a Europa, pois converter-se-á, a 6 de junho de 1502 (alguns meses antes da saída do pai em peregrinação a Compostela), na mãe de quem subirá ao trono sob o nome de D. João III. Entre outros filhos varões que nascerão no seio deste casal régio luso-castelhano, D. Henrique e D. Afonso seguirão a carreira eclesiástica e, com efeito, chegarão a desempenhar altos cargos nesse âmbito: o primeiro até se tornará Cardeal-Rei e exercerá funções de regência, enquanto o segundo será sucessivamente nomeado bispo da Guarda, cardeal-infante, bispo de Viseu, bispo de Évora e arcebispo de Lisboa. Por sua vez, a sua filha mais velha, D. Isabel, contrairá matrimónio com o imperador Carlos V da Alemanha e I da Espanha, cujo primogénito, Filipe II da Espanha, reclamará os direitos ao trono adquiridos por via materna após a crise sucessória subsequente à perda de D. Sebastião, enquanto a mais nova, D. Beatriz, se converterá em duquesa de Saboia através do seu casamento com Carlos III.

A união de D. Manuel I e D. Maria ampliou a rede de conexões familiares, que incluíram outros reinos, o que contribuiu, em certa medida, para o prestígio do primeiro como senhor de Portugal e Algarves, d'Aquém e d'Além-Mar em África e senhor da Guiné e da Navegação e Comércio da Etiópia, Arábia, Pérsia e Índia. O seu convívio, que se estendeu quase durante duas décadas (1500-1517), coincidiu com um período de extraordinária bonança em múltiplas dimensões, sobretudo com relação às empresas ultramarinas. Apenas para citar alguns exemplos, foi no ano das suas bodas que a expedição de Pedro Álvares Cabral atingiu a costa do Brasil, a colónia mais próspera do reino, e o mesmo navegante comandou a segunda expedição à Índia nesse ano, enquanto a terceira seria capitaneada, de novo, por Vasco da Gama em 1503. Percorrendo o extremo da Ásia, os portugueses chegaram à China em 1517, ano em que a rainha viria morrer por causas naturais, sendo a sua perda muito chorada em todo o reino. E já nos finais de 1518, D. Manuel I casar-se-ia em terceiras núpcias com outra descendente dos Reis Católicos, a sua neta D. Leonor, que inclusive tinha sido anteriormente prometida do seu filho, o príncipe herdeiro e futuro D. João III, a quem Garcia de Resende dedica em 1516 o *Cancioneiro Geral* como "Muito alto e muito poderoso Príncipe Nosso Senhor".

Para além da composição que constituirá a seguir o nosso objeto de estudo e que diz respeito à peregrinação a Compostela feita pelo rei em 1502, torna-se pertinente trazer aqui à colação alguns outros textos da compilação lusa em que se menciona uma "rainha" que, à luz de dados cronológicos, identificamos com D. Maria, a esposa que o recebeu aquando do seu regresso a Lisboa. Lembremos, por exemplo, umas trovas enviadas por João Fogaça, fidalgo da Casa Real com importantes cargos na administração e na justiça, ao próprio Garcia de Resende como resposta ao pedido de versos que este lhe tinha feito. O autor dá-lhe a conhecer então as rimas brincalhonas que tinha escrito, conforme as duas rubricas explicativas do *Cancioneiro Geral*, acerca de certo incidente protagonizado numa pequena embarcação pelos monarcas, um dos seus filhos e um Comendador de Santiago:

TROVA SUA A GARCIA DE RESENDE EM REPOSTA DOUTRA EM QUE LHE MANDAVA PEDIR TROVAS SUAS

Senhor, nam tenho lembrança
de cousa que ja fezesse
mais do que se faz em França,
porque, se o eu soubesse,
di-lo-ia sem tardança.
Oo gram Comendador-moor

me lembra üa que fiz,
a qual diz:

Trova sua ao Comendador-moor de Santiago, porque vindo El-Rei e a Rainha nü batel, foi tomar ü Ifante no colo e o tirou fora, indo muito mal vestido e de más sedas.

Com duas sedas, nô mais,
e sem iscar o anzolo,
pescou Ifante no cais
que logo ripou no colo.
Sem veludo cremesim,
nem çatim avelutado,
mas çatim muito roim
e demasquim
azul e alionado.
  (vol II, nº 326)

Tendo em conta que João Fogaça faleceu no ano de 1511, a criança apanhada no colo e apenas referida como infante seria quer D. Luís (1506-1555), quer D. Afonso (1507-1534), quer, ainda, D. Fernando (1509-1540). E, a partir da consulta de fontes e da comparação com outros textos, cabe identificar esse Comendador de Santiago vestido com umas roupas tão inapropriadas e que segurou o menino com Henrique de Noronha[39]. O poeta joga com a proximidade fónica e léxico-semântica de "seda" (tecido) com "sedela" (linha resistente e pouco visível na água a que se ata o anzol), denominando tal experiência como a "pesca do Infante". E, embora desvalorize (pelo menos aparentemente) a sua própria produção mediante a designação de "cousa", parece ter mesmo gostado das suas invenções vocabulares. Recorrerá de novo a elas, com efeito, noutra breve composição em que se mofa da mesma figura quando esta se aflige perante a fugida de um mouro que estava ao seu serviço, declarando em tom humorístico que: "pesca ifantes com sedela / mui comprida" (vol. II, nº 321)

---

[39] DIAS, Aida Fernanda, *Cancioneiro Geral de Garcia de Resende. Dicionário (Comum, Onomástico e Toponímico)*. Lisboa: Imprensa Nacional Casa da Moeda, 2003, s.v.

CAPÍTULO 5

Peregrinação do rei D. Manuel a Compostela como referência exemplar e identitária do Caminho Português

> Ficou tres dias em Compostella, onde com singulares demonstrações de religião visitou a sepultura de Sant-Iago, liberal nos dons, que fez á sua igreja, os augmentou ainda com huma alampada de prata, que pendurada diante do sepulcro, o alumiasse de contínuo, e era de obra singular e perfeita. Em todas as casas, em que se hospedou, deixou mil generosidades; e pelo dizer em summa, tal romaria fez, que a cada passo que dava, estampava vestígios de devoção, de liberalidade, e de real munificência.
>
> JERÓNIMO OSÓRIO

Resulta lícito, sem dúvida, incluir o canto da celebração de uma peregrinação régia bem-sucedida a Compostela no conjunto dos textos que vêm projetar poeticamente homenagens e casamentos reais com músicas, jogos e outras modalidades de divertimento palaciano entre as páginas do *Cancioneiro Geral*[40]. Todos fazem parte, de facto, da vontade de exortação

---

[40] Reflexões à volta da poesia musicada (vocal e/ou instrumentalmente) que extrapola o facto textual ao ato performativo e da terminologia musical no *Cancioneiro Geral* podemos encontrá-las, entre outras, numa aproximação das trovas endereçadas a D. Diogo, duque de Viseu a partir de uma cena de pancadaria entre dois cantores profissionais (um tenor e um tiple) em FERREIRA, Manuel Pedro, "Presenças musicais: do Cancioneiro de Resende ao Cancioneiro de Elvas (passando pelo Cancioneiro da Biblioteca Nacional)", in Cristina Almeida Ribeiro e Sara Rodrigues de Sousa (eds.), *Cancioneiro Geral de Garcia de Resende: um livro à luz da História*. Lisboa: Húmus, 2013, pp. 105-122; ou em FRANCO, Márcia Arruda, "O casamento da música e da poesia no *Cancioneiro* de Resende", *Convergência Lusíada*, nº 38, julho-dezembro, 2017, pp. 101-115.

de um ideal de soberano que é defensor das leis divinas e humanas. Como já dissemos acima, as amostras de euforia com que a Corte recebe o rei D. Manuel I aquando do seu regresso da peregrinação à cidade do Apóstolo servem para a celebração do soberano e funcionam como um excelente reflexo da *dignitas* monárquica.

O descobrimento do sepulcro de Santiago, filho de Zebedeu e irmão de João o Evangelista, modificou a face de um pequeno assentamento de origem romana no Noroeste da Península Ibérica que se tinha transformado em necrópole e ganhou enorme repercussão na história espiritual do continente, que iria lavrar uma série de caminhos para chegar à prezada relíquia. A aparição de tais restos, entre os anos de 820 e 830, vinha a ser o final lógico de uma tradição oral e escrita que, após a morte de Jesus Cristo, localizava o Apóstolo em terras da antiga Hispânia. Aliás, a notícia coincidia com um momento político de particular importância para a consolidação do reino astur-galaico e o seu ideário de um catolicismo ortodoxo-trinitário. Progressivamente, irá amadurecendo em Santiago de Compostela a criação um centro religioso capaz de concorrer em celebridade com Roma ou Jerusalém.

Nos finais do século X e inícios do seguinte, D. Sancho III, rei de Navarra, esforçou-se em criar um sistema de infraestruturas que proporcionasse uma maior segurança aos peregrinos, como a construção das primeiras hospedarias e mosteiros, empresa que se verá apoiada pela Ordem de Cluny. O primeiro personagem ultrapirenaico de que ficou testemunho escrito é o franco Bretenaldo, documentado como vizinho de Compostela em 920, seguido de um anónimo alemão pouco depois. Gotescalco, bispo de Le-Puy, que veio no ano de 950, foi outro dos precursores conhecidos, mas foi realmente no século seguinte quando se experimentou o verdadeiro sucesso de tal fenómeno. O número de peregrinos, embora com certas oscilações, foi muito elevado durante toda a Idade Média, seguindo o conceito de *homo viator*, indivíduo que caminha incansavelmente à busca do Paraíso e da vida eterna, e delineando através do tempo diferentes roteiros.

Nasce assim todo um imaginário à volta de Santiago com interesses publicitários, tais como a atribuição ao imperador Carlos Magno de um sonho em que o próprio Apóstolo lhe pede que siga um caminho de estrelas no Céu com o seu exército e que descubra o seu túmulo na Galiza, liberando a terra das mãos dos muçulmanos e abrindo a via de peregrinação para as gentes devotas. Tal relato, que aparece no chamado *Pseudo-Turpim*, Libro IV do *Liber Sancti Jacobi*, foi também muito divulgado por toda a Europa como peça independente. Épica e Caminho de Santiago aparecem nele unidos, introduzindo-se a ideia de cruzada num contexto essencialmente hagiográfico - de facto, a maioria das suas fontes foram cantares de gesta, como a *Chanson de Roland*.

A listagem de peregrinos famosos pelo seu *status* sociopolítico e/ou pelas suas façanhas (com nomes algumas vezes bem documentados e outras mesmo inventados em prol de certos interesses) confirmam a universalidade do Caminho. Apenas para citar alguns dos casos mais curiosos, cabe lembrar a lenda da viagem de Guilherme de Aquitânia no século XII que, convertido por São Bernardo de Claraval, morre no mesmo dia que chegou a Compostela (uma Sexta-feira Santa). No âmbito da renovação espiritual impulsada pela reforma gregoriana, a peregrinação a Compostela constitui uma via espiritual de regeneração do indivíduo e da sociedade, um caminho de ascese e expiação por meio do qual a igreja de Santiago outorga as indulgências em nome do Apóstolo[41]. No século XV vai-se instituir, de facto, o Ano Santo Compostelano, que seria comemorado todos os anos em que o dia 25 de julho, festividade de Santiago, coincidisse num domingo. Todas as pessoas que visitassem o túmulo jacobeu durante esse período ganhariam o jubileu (indulgência plenária), o que viria impulsar notavelmente as deslocações.

5.1. Nos trilhos da tradição régia portuguesa

Nem é preciso insistir em que a essência de qualquer itinerário não se define apenas pela sua singularidade física ou geográfica, mas vem constituir uma construção cultural e simbólica, sobretudo a partir das experiências de todos os que o habitam ou por ali circulam, revelando-se simultaneamente como produto e produtor de identidade(s)[42]. Cabe afirmar que a conformação de

---

[41] SINGUL, Francisco, *Camino que vence al tiempo*, pp. 130-134, 327-339.
[42] Entre muitíssimas outras coletâneas de abordagens multidisciplinares do Caminho de Santiago na construção identitária e de vias de instrumentalização institucional, cabe remeter para o volume de LÓPEZ MARTÍNEZ-MORÁS, Santiago / MELÉNDEZ CABO, Marina / PÉREZ BARCALA, Gerardo (eds.), *Identidad europea e intercambios culturales en el Camino de Santiago (Siglos xi-xv)*. Santiago de Compostela: Universidade de Santiago de Compostela. 2013.

uma ideia de "caminho português" como algo distinto e válido *per se* já se inicia nos alvores da nacionalidade, mas nem todas as rotas que a chegaram a materializar fisicamente ganharam a mesma importância e representatividade em termos da criação e consolidação de uma memória, requisito fundador e obrigatório em qualquer processo identitário. Nesse sentido, as deslocações feitas a Santiago de Compostela pela Rainha Santa Isabel, em 1325, e por D. Manuel I, em 1502, figuras de inquestionável relevância no contexto das dinâmicas do poder e da esfera da devoção pessoal, sobressaem como os dois mais célebres exemplos de peregrinação régia procedente de Portugal.

A viagem da primeira, à diferença do que aconteceu com a do segundo, gozou de um extraordinário impacto na literatura e nas artes desde a própria Idade Média até às datas mais recentes. Aparece relatada, com bastante pormenor, no *Livro que fala da boa vida que fez a rainha de Portugal, D. Isabel, e seus bons feitos e milagres em sa vida e depois da morte*, designado amiúde como "lenda primitiva" e considerado um texto fundamental para o conhecimento da biografia e do retrato moral da soberana. Foi escrito pouco tempo depois do seu falecimento em 1336 por alguém próximo a ela, talvez por Frei Salvado Martins, bispo de Lamego, que exerceu como o seu confessor, ou uma das aias de Santa Clara de Coimbra. O original perdeu-se, mas conserva-se uma cópia quinhentista, manuscrita e iluminada, no Museu Machado de Castro dessa cidade[43]. Na verdade, as manifestações do culto à Rainha Santa iniciaram-se mesmo a seguir a sua morte, pois já durante a trasladação dos seus restos do Alentejo até Coimbra circularam rumores dos prodígios que envolvem o mito isabelino.

---

[43] Alguns biógrafos e cronistas de Seiscentos referem, sem comprovação documental, uma outra aventura espiritual de D. Isabel, a qual seria realizada durante o ano jubileu de 1335 de modo muito diferente: ataviada como penitente e incógnita romeira, sem sinais indicativos da sua posição social e até pedindo esmola aos fieis cristãos. Parece que a tradição tardia dessa segunda peregrinação proviria da *Crónica de D. Afonso IV* redigida por Rui de Pina, onde não se fornece notícia alguma da efetivamente empreendida em 1325 e narrada na principal fonte hagiográfica acima referida. O enigma torna-se ainda maior se temos em conta que, em meados de Quinhentos, Frei Marcos de Lisboa, na sua *Crónica dos frades menores*, atribui à rainha apenas uma romaria a Santiago (CIDRAES, Maria de Lourdes, "A Rainha Peregrina – Lendas e Memórias", in Carmen Villarino Pardo, Elias Torre Feijó e José Luís Rodriguez, coords., *Da Galiza a Timor-A lusofonia em foco*, Santiago de Compostela: Universidade de Santiago de Compostela, 2009, vol. II, pp. 1411-1420).

A soberana, que partiu sem revelar previamente o seu ponto de partida nem o destino, chegou a Compostela a 25 de julho, dia da festa do Apóstolo, cumprindo-se assim o seu desejo de culminar a romaria antes de completar um ano de ter ficado viúva. Desconhece-se quais é que foram as motivações da sua peregrinação, mas cabe pensar na possibilidade de petição a Deus pela alma do seu defunto marido; no encerramento de uma etapa da sua vida e abertura doutra afastada de mundanais riquezas; ou na procura de proteção para o seu filho, D. Afonso IV, envolvido em conflitos com os seus meios-irmãos[44]. Face a tais silêncios, no mencionado relato fornecem-se informações sobre as valiosas oferendas que fez ao santuário (coroa, panos, pedraria, cálices, vestimenta...), as esmolas que distribuiu e a admiração que despertou a sua magnanimidade. E, da mesma forma, ficaram registadas as prendas que recebeu do arcebispo de Compostela, Berenguel de Landoira: uma esportela e um bordão, distintivos da sua condição de romeira. Precisamente o último destes elementos sobressai na estética da sua estátua jazente no túmulo primitivo, importante obra da arte tumular portuguesa, remetendo tanto para a dimensão leiga quanto para a espiritual da imagem da soberana – em 1612, durante o processo de canonização, encontraram-se ali várias peças relativas à peregrinação, convertidas em relíquias.

---

[44] Atribui-se-lhe, de facto, uma função reconciliadora pela sua intervenção em vários assuntos de governo, pois chegou a ceder parte dos seus direitos ao dote que lhe correspondia em favor da filha de D. Afonso, irmão de D. Dinis, apagando-se assim a tentativa de uma guerra civil. Também quando D. Afonso, herdeiro do trono, sentiu a sua posição ameaçada pela atenção que o rei prestava ao seu filho bastardo, Afonso Sanches, a intermediação da rainha veio aliviar o conflito: "Mal aconselhado, D. Afonso partiu com os seus homens de armas em direção a Lisboa. D. Dinis enviou-lhe mensageiros proibindo-o de prosseguir a marcha. As tropas em confronto situaram-se no Lumiar, onde se defrontaram com armas de arremesso que causaram numerosos mortos. Dominada pela dor a rainha cavalgou em uma mula e interpôs-se entre os dois exércitos. Alcançou o Infante D. Afonso e recriminou-o pela quebra de submissão que fizera a seu pai em Leiria. De seguida dirigiu-se ao rei disposta a aplacar-lhe a ira" (MORENO, Humberto Baquero, "Santa Isabel, Rainha de Portugal, Peregrina a Santiago de Compostela", in Humberto Moreno Baquero (coord.): *Actas das Jornadas sobre o Caminho de Santiago. Portugal na memória dos peregrinos*. Porto / Santiago de Compostela: Universidade Portucalense / Xunta de Galicia, 2002, p. 23).

As mencionadas oferendas contribuem de modo categórico quer para a definição identitária da peregrinação singular da soberana quer para a construção identitária do chamado Caminho Português, designação que abrange a representação dos vários caminhos lusos. A cultura material desempenha, com efeito, uma função nuclear nesse sentido, tornando D. Isabel a única rainha lusa da Idade Média que surge materialmente como peregrina, dada essa existência de objetos físicos que podem ser vistos e tocados, o que muda tudo nos parâmetros da mentalidade da época:

> Assumindo desde o primeiro momento o carácter, e a consequente operacionalidade, de relíquias, estes objectos (muito em especial o bordão) transformam-se também de imediato em *mirabilia*, ficando estreitamente associados à peregrinação em causa e logo ao caminho português, que é, afinal, o caminho de uma *Santa* quat.
>
> Noutra vertente ainda, a peregrinação da rainha no seu conjunto assume duas funcionalidades: por um lado, como espelho fiel da reputação da devoção Jacobeia em Portugal; e, por outro, dando a ver a contribuição da peregrinação jacobeia para a identidade de Portugal como reino intrínseco ao caminho de Santiago[45].

A devoção popular e o imaginário religioso coletivo fixaram logo o modelo de uma soberana extraordinariamente caritativa com os pobres, entregue de modo incondicional à ajuda aos doentes, seguidora do ideal franciscano e da confiança na intercessão dos santos junto de Deus. Eis toda uma série de qualidades que se projetam de maneira exemplar na sua visita à Galiza:

> A matriz da sua vida ficou expressa na circunstância em que, junto do sepulcro do Apóstolo, entrega as riquezas e recebe do arcebispo o bordão e o saco de peregrina. Poucos momentos na nossa história religiosa terão tido o impacto simbólico que este teve na mentalidade colectiva – neste ponto, não devemos esquecer que, de acordo com o quadro mental religioso da época, a prática ritual e gestual (de que a peregrinação, à época, é exemplo maior) devia ser imitada ou pelo menos tida como modelo por todo o crente cristão[46].

---

[45] LOPES, Paulo Catarino, "Uma definição identitária para os caminhos portugueses tardo-medievais de Santiago de Compostela? Dois casos que convidam à reflexão crítica", *Ad Limina*, nº 11, 2020, p. 70.

[46] LOPES, Paulo Catarino, "Uma definição identitária para os caminhos portugueses...", p. 71.

A peregrinação de 1325 constitui um ato refundador da sua existência, pois corresponde ao início de uma nova fase da sua biografia, recolhendo-se no convento de Santa Clara de Coimbra, junto do qual mandou construir um paço e um hospital no âmbito de um programa de dedicação a obras pias. Situa-nos perante uma viagem iniciática, pois implica um movimento de purificação interior de modo similar a um ritual de passagem. A sua realização permite tanto o encontro com a própria fidelidade cristã quanto a identificação com o santo que se deseja reverenciar, representando por esta dupla via uma imagem ideal de purgação e misticismo. Aliás, já sublinhámos que a vida de D. Isabel como modelar não se destaca apenas a nível sagrado, mas também na esfera do civil, agindo ativamente no campo temporal e institucional, particularmente como mediadora pela paz do reino. Não pode esquecer-se que, junto à vertente religiosa, a de mulher secular e até a de personalidade política, que age em prol da paz e concórdia, integram-se no imaginário associado à sua visita ao Apóstolo como elemento construtor da identidade do Caminho Português.

5.2. Contribuição manuelina para a construção da identidade de um itinerário Lisboa-Santiago

5.2.1. Motivações e justificações

D. Manuel I empreendeu a sua viagem em outubro de 1502, sete anos depois de ter subido ao trono, facto que vem refletir a mundividência do monarca e contribuir para a ligação da cidade do Apóstolo à identidade de Portugal. Tendo em conta as suas qualidades de calculista e estratega, cabe pensar que a escolha de Santiago de Compostela como destino da sua peregrinação pessoal não tenha sido apenas por *orationis causa* ou por estar mais perto. Para compreender as razões e as implicações de tal decisão é necessário compreender a mentalidade do rei e as circunstâncias em que começou a mandar. Nesse sentido, Paulo Catarino Lopes[47] levou a cabo uma empenhada reflexão sobre as razões de tal demanda e acerca da demonstração de espiritualidade nos

---

[47] LOPES, Paulo Catarino, "Uma definição identitária para os caminhos portugueses...", p. 71

primeiros anos do seu reinado, de que basicamente parte a nossa enumeração de possíveis motivações:

1. Por todas as mercês com que tinha sido favorecido até esse momento, chegando, de modo imprevisível, a ser coroado como rei de Portugal após o trágico falecimento do príncipe herdeiro e ter recebido de D. João II outras honras tão notáveis como a divisa da figura da esfera armilar e os títulos de duque de Beja e senhor de Viseu (além da Covilhã e de Vila Viçosa e mestre da Ordem de Cristo).
2. Pela resolução no complicado processo de reabilitação da Casa de Bragança, o qual empreendeu contra o que teria sido a vontade de D. João II, que tinha exercido uma intensa política centralista que ameaçava fortemente os privilégios da nobreza, como a violação da jurisprudência senhorial ou a redução de tenças e contias. Como já temos assinalado em páginas anteriores, isto provocou mesmo um projeto de conspiração contra o monarca, em que se envolveu D. Fernando, duque de Bragança, detido e julgado por um tribunal, conforme os processos legais em uso, mas com escassa margem de manobra para a defesa - a sentença foi condenatória, pelo que morreu degolado em Évora (1483), sendo-lhe confiscados todos os seus bens patrimoniais pela Coroa.

D. Manuel I ousou seguir aqui uma direção contrária ao seu antecessor: após ter convocado as Cortes para receber a homenagem e o juramento de fidelidade dos nobres, fez com que regressassem do desterro os filhos das figuras implicadas naquela conspiração contra D. João II, como os de Diogo de Viseu, irmão dele e da rainha D. Leonor e morto em 1483 às mãos do próprio monarca, o seu cunhado (perante tais circunstâncias, seria o seu irmão mais novo, D. Manuel, quem o sucederia nos domínios patrimoniais e quem, finalmente, herdaria o trono de Portugal).

Na verdade, o monarca recém coroado agiu de modo especialmente estratégico, tomando uma determinação que vinha imposta pela lógica, até porque vários dos inimigos do rei anterior eram os seus familiares mais próximos. A partir de então, vigorará uma política de apaziguamento com a nobreza titular a fim de ganhar a confiança dos grandes senhores conforme um programa de reorganização e recomposição da

aristocracia nacional. Tencionava-se engrandecer a Casa dos Bragança, protegê-la e, inclusive, criar outras famílias nobiliárquicas para procurar aliados, sobretudo com vista a contrapesar o poder emergente da casa de D. Jorge de Lencastre, filho bastardo de D. João II. Em contraste com a problemática e agitada política centralista de D. João II, D. Manuel escolheu, com efeito, a via pró-aristocrática numa campanha que implicava mesmo a restauração de privilégios e direitos, da qual ele próprio viria a ser o principal beneficiário. A sua peregrinação ao santuário galego constituiria também um modo de agradecer os resultados satisfatórios desse processo de aproximação e reconciliação.
3. Pelo facto de terem chegado a bom porto as negociações de enlaces matrimoniais com as infantas de Castela, D. Isabel e D. Maria, duas das filhas dos Reis Católicos. Como se comentou em capítulos anteriores, após o final do primeiro casamento de D. Manuel, devido à morte da sua esposa durante o parto de uma criança que faleceria apenas alguns anos mais tarde, Miguel de la Paz, iniciou-se a tramitação de uma nova união com a sua irmã mais nova, D. Maria. Precisamente é no seio deste casal que nasce o príncipe herdeiro, o futuro D. João III, a 6 de junho de 1502, apenas alguns meses antes de o monarca empreender a sua visita ao Apóstolo.
4. Por uma política externa bem-sucedida mediante a qual se conseguiu alargar ainda mais o domínio da coroa lusa num contexto expansionista que tinha sido já criado previamente por D. João II. Destaca-se, por um lado, a viagem oceânica mais longa até esse momento, capitaneada por Vasco de Gama, cujas naus atracam pela primeira vez à Índia em 1498 e são seguidas doutra expedição em 1502, imediatamente depois da peregrinação de D. Manuel I a Santiago de Compostela, e ainda doutra no ano seguinte; por outro, a chegada ao Brasil da esquadra portuguesa que tinha partido de Lisboa sob o comando de Pedro Álvares Cabral em 1500, estabelecendo-se então os primeiros contatos com os indígenas.

A extensão do império manuelino, já em 1502, evidencia bem uma personalidade voluntariosa e teimosa perante a potenciação do controlo dos caminhos marítimos e das mais importantes rotas comerciais, como a da especiaria, que tornou o monarca português o principal "Rei da Pimenta". São então instituídos novos cargos político-administrativos, como o do vice-rei da Índia, e uma longa lista de célebres almirantes é capaz de desenhar com as suas navegações um *mare clausum* luso, através de fortalezas em pontos-chave do Oceano Atlântico, Mar Vermelho, Golfo Pérsico e Oceano Pacífico, sobrepondo-se a otomanos, árabes e hindus. Precisamente nestes primeiros anos do século XV e no âmbito de tal clima expansionista, organizaram-se também viagens em direção ao Ocidente, tendo-se chegado à Groenlândia ou à Terra Nova.

No que respeita à obra cronística de Damião de Góis, aponta-se como motivação fundamental a manifestação de agradecimento de D. Manuel I a Deus pelo sucesso obtido pelas armadas que partiram em direção à Índia, junto com o pedido de intercessão para que prossiga tal sorte nos tempos vindouros. O célebre humanista limita-se a fornecer uma imagem do monarca demasiado redutora, baseada essencialmente na sua obstinação com o Oriente. Explica que, devido às aventuras marítimas lusitanas, costumavam o rei e a rainha dar muitas esmolas em forma de dinheiros e especiarias a muitas casas de religião, tanto situadas nas terras do próprio reino como fora delas. Afirma também que oferecia dádivas a pessoas particulares a fim de que, mediante as súplicas das suas orações, prouvesse a Deus a continuação da prosperidade dos seus negócios de bem em melhor. E, entre as mencionadas obras de devoção e caridade, destaca-se a visita que o monarca fez ao sepulcro do Apóstolo, localizada na cidade de Compostela, sob a epígrafe "De quomo elRei foi afforrado a Galliza visitar a casa do Apostolo Sanctiago":

> Per caso das boas andanças, e sucçesso destas viagens, fazia elRei, allem de suas acostumadas esmolas, outras de dinheiro, e speçiarias a muitas casas de religião, aísi nestes Regnos, quomo fora delles, e ho mesmo a pessoas particulares, era que per interçessam, e oraçam destes prouuesse a Deos lhe prosperar seus negócios de bem em milhor, allem do que, assi elle quomo ha Rainha pessoalmente vissitauam muitas casas de deuaçam, *entre has quaes presopos de ir a Galliza a do Apostolo Sanctiago, situada na cidade de Compostella* (vol. I, cap. LXIV)[48].

---

[48] Para todas as citações desta obra partimos da seguinte edição preparada conforme saiu do prelo a primeira definitiva: CARVALHO, José Martins Teixeira / LOPES, David (eds.), *Crónica do Felicíssimo Rei D. Manuel [de] Damião de Góis*. Coimbra: Imprensa da Universidade, 1926, 4 vols., indicando sempre os números de volume e capítulo, atualizando minimamente os carateres gráficos e desenvolvendo algumas abreviaturas.

Quanto ao capítulo que precede o relativo à peregrinação, observe-se que Damião de Góis se dedica a lembrar a aventura do navegante galego que se pôs ao serviço da Corte portuguesa, João da Nova, que apenas umas semanas atrás, na travessia de regresso da Índia a Lisboa, acabava de descobrir a pequena ilha atlântica que receberia o nome de Santa Helena. Depois, sublinha-se a vontade de D. Manuel I de retomar o projeto da luta contra os mouros na África, para cujos efeitos o monarca levou a cabo as pertinentes medidas, de que se dão notícias pormenorizadamente, assim como o das armadas enviadas à Índia e ao Brasil.

No tocante ao relato sobre a vida e obras do rei por Jerónimo de Osório, bispo de Silves, refere-se, como causa para a peregrinação realizada em 1502, o cumprimento de um voto, ou seja, o pagamento de uma promessa que tinha feito ao Apóstolo Santiago, o que poderia ligar-se tanto ao sucesso das viagens, quanto ao seu matrimónio e à descendência que acabava de nascer. Porém, tendo em conta o discurso narrativo em que se inscreve, o primeiro dos motivos apresenta-se como muito mais provável, pois também diz respeito às empresas ultramarinas no sentido de alargamento do Império e da fé cristã antes e depois das referências à romaria. Vale a pena, de facto, reproduzir tais fragmentos:

> Desta ilha com feliz viagem chegou João da Nova a Lisboa a 11 de Setembro do anno de 1502, com summo contentamento, que de tão venturosa chegada coube não só a ElRei, mas também à Cidade toda. *Neste mesmo anno partio ElRei para Compostella a cumprir hum voto, que tinha prometido a Sant-Iago* [...]

> Voltado a Lisboa, metteo incrível alegria no peito de quantos tinhão por insuportavel a sua saudade. Logo desde a entrada do anno seguinte, poz de novo em campo os projectos de passar em Africa, para commetter guerra aos Mouros, a cujo efeito fez alistar soldados, preparar Armada, e juntar mantimentos, mas as lavouras estragadas malograrão este forcejo [...]

> Mandou neste anno seis náos á India, tres das quase comandava Affonso de Albuquerque, e as outras tres seus primo Francisco de Albuquerque. Entregou mais outra Armada a Gonçalo Coelho, com que fosse dar vista ao Brazil, terra com que acertára Pedro Alvares Cabral[49].

---

[49] OSÓRIO, Jerónimo de, *Da vida e feitos d'el rei D. Manoel*, vertido em português pelo padre Francisco Manoel do Nascimento, Lisboa: Imprensa Régia, 1804, I, pp. 187-188. O itálico é nosso.

Na verdade, não pode esquecer-se que foram diversos os interesses simbólico-religiosos que marcaram de princípio a fim o reinado manuelino e que entraram aqui em jogo, contribuindo para uma interpretação da peregrinação jacobeia sobretudo das duas seguintes maneiras:

1. Como manifestação de espiritualidade que pretende servir de apelo ao entendimento europeu, pois o mencionado ritmo das atividades ultramarinas tinha chegado a interferir no quadro dos relacionamentos comerciais da Europa com o Oriente, em que os venezianos desempenhavam um importante papel. D. Manuel I viu-se obrigado, de facto, a evitar abertura de quaisquer crises oficiais nesse sentido e implicar-se decisivamente em episódios de notável valor simbólico. Assim, um ano antes da sua peregrinação a Santiago, chegou a prestar auxílio militar a Veneza no âmbito do confronto que esta mantinha com os turcos. E ainda, aquando do nascimento do seu herdeiro, o futuro D. João III, escolheu como padrinho da criança o *dux* ou doge Leonardo Loredan, que delegou no embaixador Pietro Pasqualigo a sua representação na cerimónia celebrada em Lisboa[50].

A viagem ao célebre santuário constituiria mais uma demonstração da vontade de manter um harmónico com o resto dos governos da Europa. O monarca pretendeu estrategicamente, com efeito, afastar todo o possível a expansão da ideia de ambição e concorrência pela primazia política e mercantil, de que era acusado pelos venezianos, sobretudo após a viagem de Vasco da Gama. Lembre-se que, na oração celebrativa à fama universal em louvor de D. Manuel I, feita por Pietro Pasqualigo em agosto de 1501 e impressa em Veneza quatro meses mais tarde, apela-se explicitamente à necessidade de não esquecer as responsabilidades dos estados cristãos, pedindo com ênfase a Portugal que anteponha a segurança da Europa às suas próprias conveniências[51].

---

[50] Acerca das dimensões políticas do batismo de D. João III, consulte-se, por exemplo, BRAGA, Paulo Drumond, *D. João III*. Lisboa: Hugin, 2002, pp. 32-33, ou BUESCU, Ana Isabel, *D. João III, 1502-1557*. Lisboa: Círculo de Leitores, 2005, pp. 19-21.

[51] Veja-se, entre outros, MARCOCCI, Giuseppe, *A consciência de um império: Portugal e o seu mundo (séc. XV-XV)*, Coimbra: Imprensa da Universidade de Coimbra, 2012. Disponível em http://hdl.handle.net/10316.2/11919. DOI: http://dx.doi.org/10.14195/978-989-26-0570-8. Acesso: 29/01/2023.

2. Como reflexo de um ideal de Cruzada ligado à perceção da pessoa de D. Manuel I como um ser escolhido por desígnio divino. Sendo ele um admirador fervoroso da espiritualidade franciscana, viu concretamente nessa luta o seu destino pessoal, envolvendo a sua existência numa auréola providencialista e messiânica que o faz surgir como um indivíduo eleito por Deus para tal missão. Assim, a sua peregrinação de 1502 remeteria, evidentemente, para o fato de o culto a Santiago estar associado desde muito cedo à reconquista da Península.

A necessidade político-militar de unificação dos reinos ibéricos na batalha contra os muçulmanos tornou Santiago de Compostela um ponto fulcral e a consideração do Apóstolo como patrono da luta religiosa entre o cristianismo e o islamismo. O próprio reconhecimento do lugar e "autenticação" da descoberta do seu sepulcro no século IX, numa altura em que grande parte do espaço peninsular estava sob o poder islâmico e os cristãos empreendiam as primeiras ofensivas militares para recuperar território perdido, está precisamente associado à necessidade de instituir um lugar sagrado que representasse para eles um objetivo comum. Desde o nascimento do reino de Portugal no século XII, sobressai a oposição ao Outro civilizacional como princípio de identidade:

> Com efeito, o reino luso nasceu numa e de uma conjuntura de contactos e confrontos entre duas civilizações rivais – a cristandade e o mundo muçulmano. Chegado o século XVI e a nova realidade da Expansão portuguesa para Oriente, bem como o incremento do projecto de expansão militar no Norte de África iniciado na centúria anterior, o que se verifica é o mesmo processo de construção identitária, mas transferindo o tópico da fundação da nacionalidade e o espírito de Cruzada que durante séculos sustentara ideologicamente a empresa da Reconquista ibérica para a edificação do império ultramarino[52].

D. Manuel I esforçou-se ambiciosamente em reconfigurar um personagem de poder que penetrasse no plano do simbólico e da mitificação à maneira de um Rei Messias, designação tão comumente aplicada a D. João I, com intenção legitimadora, como fundador da nova dinastia de Avis por desígnio divino. Aliás, o Venturoso quis estender a sua

---

[52] LOPES, Paulo Catarino, "Uma definição identitária para os caminhos portugueses…", p. 76.

consideração de rei cruzado do norte de África a outras terras mais afastadas, consolidando a sua imagem como evangelizador de pagãos e conquistador para a Cristandade de vastas zonas que, pela primeira vez na história, seriam inseridas no espaço cristão:

> O projecto imperial de D. Manuel, do qual o movimento de Cruzada constitui um elemento nuclear (ataque aos muçulmanos em Marrocos, ataque ao império mameluco do Egipto, destruição de Meca e a subsequente recuperação da cidade santa de Jerusalém), é indissociável da ideia de messianismo intrínseca à própria existência do monarca. Não é de estranhar, pois, que conceitos como protecção divina, desígnios de Deus, sonhos proféticos, heroicidade, santidade, milagres, mistérios e visões fossem tópicos comuns ao imaginário espiritual do rei, moldado num ideal de serviço a Deus na luta contra os hereges e os infiéis sob a égide da espiritualidade franciscana.

O papado, evidencie-se, apoia convicto este projecto manuelino. É que podemos depreender da troca de missivas ocorrida 12 anos depois da sua peregrinação a Compostela entre o papa Leão X (1513-1521) e D. Manuel. Numa delas, o pontífice felicita o rei português pela tomada de Azamor a 28 e 29 de Agosto do ano anterior e refere as festividades e celebrações solenes (missas e homilias) que tiveram lugar em Roma por ocasião desta importante expedição de Cruzada frente ao muçulmano[53].

É de notar que, nessa transposição do muçulmano ibérico e norte-africano dos tempos de recuperação da Península para outros espaços, uma menção especial merece o caso da luta contra o turco otomano, afastado geograficamente e representante da nova potência islâmica, assim como a cristianização do reino do Congo, sobretudo entre 1491 e 1502.

Foram muitas as estratégias "materiais" a que se recorreu para fixar nessa terra africana um reino *ex novo* com estruturas política, administrativa e religiosa análogas às da corte e da igreja em Portugal. Em tal sentido, investiu-se no envio de embaixadas, na aprovação de regimentos, no reforço de laços pessoais de parentesco e apadrinhamento e na difusão de leituras espirituais, recorrendo ao mais moderno sistema daquela altura: a imprensa. Porém, mais pertinente nos parece evocar aqui outra modalidade "imaterial" de cristalizar os relacionamentos,

---

[53] LOPES, Paulo Catarino, "Uma definição identitária para os caminhos portugueses…", p. 76.

como a construção de um "patronato celestial", da qual fez parte a oficialização do milagre operado nada menos que por Santiago numa das versões (e pelo próprio Cristo noutra) a favor de um dos candidatos ao trono: um príncipe convertido[54].

Lembre-se ainda que a figura de São Jorge tinha migrado do leste ao oeste e vice-versa e que, sobretudo a partir da primeira Cruzada, tinha adquirido novas significações para marcar identidades culturais e nacionalidades por oposição a outras, como Portugal *versus* Castela. O mártir natural da Capadócia tinha-se transformado em protetor de hostes e fronteiras já em Bizâncio e, a partir do século XI, foi adotado pelos cruzados como o valedor nas suas conquistas em Oriente "para pasar muy pronto a convertirse en héroe y modelo por excelencia de la caballería cristiana en Occidente"[55]. Como resultado de um processo de transculturação e apropriação, chega a tornar-se um verdadeiro modelo de cavaleiro medieval que concorre com Santiago, com o qual partilha iconografia equestre e valor referencial na guerra contra os infiéis. E, na segunda metade de Trezentos, remeterá mais do que nunca para a rivalidade entre monarquias: primeiro, entre Castela e Aragão e, pouco tempo depois, entre Castela e Portugal.

Os lusos, que, com o apoio das tropas inglesas enviadas por John of Gaunt, duque de Lencastre, venceram o reino vizinho na batalha de Aljubarrota (1385), não hesitaram em levantar as armas de São Jorge. Este tornou-se, pois, um elemento primordial na representatividade da

---

[54] O ponto de partida devocional nos relatos mais antigos é Santa Maria, em consonância com o orago da primeira igreja erigida no novo território. Ora, com a passagem do tempo, a visão de uma formosíssima mulher aparece substituída pela de uma cruz lavrada em pedra negra que será interpretada como a cruz de Guerra Santa. Trata-se de um elemento sobrenatural que remete, evidentemente, para distintos milagres fundadores de realezas peninsulares, nomeadamente o de Ourique, associado a Afonso Henriques em Portugal. (ROSA, Maria de Lurdes, "Espiritualidade(s) na corte (Portugal, c. 1450-c. 1520): que leituras, que sentidos?", *Anuario de Historia de la Iglesia*, nº 26, pp. 244-245).

[55] CASTIÑEIRAS GONZÁLEZ, Manuel Antonio, "La catapulta de san Jorge, de Capadocia al Atlántico: apropiación, encuentros e identidades en pugna", in Carla Varela Fernandes e Manuel Antonio Castiñeiras González (coords.), *Imagens e Liturgia na Idade Média. Criação, Circulação e Função das Imagens entre o Ocidente e o Oriente na Idade Média (séculos V-XV)*. Ramada: Documenta, 2021, p. 22.

independência e autoafirmação: "Portugal abandonó, entonces, el tradicional patronazgo militar de S. Tiago -que era el protector, por antonomasia, de sus enemigos castellanos- en beneficio de um renovado san Jorge, adalid de sus aliados ingleses y futuro patrono de Portugal"[56]. Ao Mestre de Avis, após ser coroado como D. João I e casado com D. Filipa de Lencastre, foi-lhe mesmo outorgado o privilégio de ser membro da prestigiosa Ordem da Jarreteira, o qual também receberam os seus sucessores no trono: D. Duarte, D. Afonso V, D. João II e D. Manuel I (e, posteriormente, D. João IV e D. Manuel II). No entanto, cabe dizer que o empenho do Venturoso em otimizar o resultado das relações diplomáticas luso-castelhanas parece repercutir, em certa medida, na atenuação do valor opositivo de São Jorge. Na produção textual da época manuelina mantém-se, ao mesmo tempo, o apelo a Santiago como modelo de luta contra os infiéis, o que se extrapolou à criação de um grande império cristão – por outro lado, talvez não devamos esquecer que o nome inglês de Lencastre se associa precisamente a D. Jorge, filho ilegítimo de D. João II e o seu rival na herança da Coroa.

Para encerrar este subcapítulo, convém ter presentes ainda as alusões a D. Manuel I e à sua esposa D. Maria na composição encomiástica e protoépica de Diogo Velho recolhida no *Cancioneiro Geral* e datada de 1516, ano de impressão da coletânea. Mediante um discurso alegórico que parte

---

[56] CASTIÑEIRAS GONZÁLEZ, Manuel Antonio, "La catapulta de san Jorge, de Capadocia al Atlántico...". p. 67. Aqui e noutro estudo do mesmo autor, "São Jorge, um santo transcultural del Mediterráneo: de Capadocia e Cataluña", in Maricarmen Gómez Muntané (ed.), *Santos y relíquias. Sonido. Imagen. Liturgia. Texto*. Madrid: Alpuerto, 2022, pp. 45-76, reflete-se atentamente sobre o múltiplo enraizamento de São Jorge através de diversas adaptações iconográficas após atravessar fronteiras culturais e servir como alicerce em ideais cavaleirescos, afirmações dinásticas e identidades nacionais. Para uma abordagem comparativa dos imaginário de São Jorge e Santiago no âmbito ibérico, veja-se também SÁNCHEZ, Rafael, "Santiago contra São Jorge: cisma, religión y propaganda en las guerras castellano-portuguesas de la baja Edad Media", *Hispania Sacra*, nº 56, 2004, pp. 447-464 ou OLIVERA, César, "En torno al culto jacobeo y la piedad regia en las monarquías hispánicas de los siglos XIV y XV", in Santiago Gutiérrez García e Santiago López-Martínez Morás (coords), *El culto jacobeo y la peregrinación a Santiago a finales de la Edad Media: crisis y renovación*, pp. 145-165.

do mote "Oh que caça tam real / que se caça em Portugal" (vol. IV, nº 792), o autor enaltece as conquistas lusas dos últimos anos. Na linha do Prólogo da compilação redigido por Garcia de Resende, enumeram-se aqui cidades, deuses e figuras heroicas da cultura clássica que, apesar das suas façanhas, "non teverom tais lugares / nem tal graça especial", pondo-se em destaque a glorificação dos agentes da expansão ultramarina e a evangelização dos povos conquistados até ao encerramento do poema com o louvor a Cristo. No texto, um dos primeiros que celebra de forma rimada as viagens oceânicas e os empreendimentos prévios de D. João II, exalça-se particularmente o papel de D. Manuel I como divulgador da fé católica em terras nunca antes conhecidas, missão para a qual Deus o escolheria:

> Oh que caça tam real
> que se caça em Portugal!
>
> Rica caça, mui real,
> que nunca deve morrer,
> pera folgar de lhe correr
> tod'a jente natural!
>
> Linda caça mui sobida
> se descobre em nossa vida,
> a qual nunca foi sabida
> nem seu preço quanto val!
>
> (...)
>
> O avangelho de Cristo
> a cinco mil leguas [é] visto
> e se crê ja lá por isto
> o Misterio Divinal.
>
> (...)
>
> Em este segre cintel
> reina El-Rei Dom Manuel,
> que recolhe em seu anel
> sua devisa e seu sinal.
>
> Porque é mui virtuoso,
> excelente e justiçoso,
> Deos o fez tam poderoso
> rei de cetro imperial.

> *Sua santa parceria,*
> *rainha Dona Maria,*
> *estas maravilhas lia*
> *por esp'rito divinal.*
>
> (...)
>
> Emanuel sobrepojante,
> rei perfeito, roboante,
> sojugou mais por diante
> toda a parte oriental.
>
> (...)
>
> O gram Rei Dom Manuel
> a Jebusseu e Ismael
> tomaraa e fará fiel
> a lei toda universal.
>
> Ja os reis do Oriente
> a este Rei tam exelente
> pagam parias e presente
> a seu estado triunfal.
>   (vol. IV, nº 792)[57]

Como se pode observar, Diogo Velho elogia o Venturoso em virtude de ser a pessoa destinada por Deus a tutelar uma nova ordem ecumênica, convertendo-se num rei de cetro imperial que conseguirá cumprir o sonho exposto no Evangelho de São João: "e haverá um só rebanho e um só pastor" (10: 16)[58]. Na verdade, cabe afirmar que a intencionalidade panegírica da monarquia se revela fértil nesse sentido no *Cancioneiro Geral*, sendo várias as vozes e até os tons que vêm situar Portugal como um império cristão em crescimento. Mesmo já nas trovas "de rir" dirigidas por Pedro Homem a D. João Manuel, que estava com D. João II em Almeirim na Páscoa de 1488, solicita-se a seguinte informação em tom sarcástico: "À conquista d'ultramar / me escrevei s'imos além, / porqu'eu, se deste escapar, / nam espero de parar / menos

---

[57] O itálico é nosso.
[58] ALMEIDA, Isabel, "Um libro do tempo de Cabral", in Ana Maria Machada, Hélio J. S. Alves e Maria Graciete Silva (coords.), *Arte poética e cortesania: O Cancioneiro Geral revisitado*. Lisboa: Colibri, 2018, pp. 39-49.

de Jerusalém", ao que o interpelado responde: "que imos no verão que vem" (vol. I, nº 172). Por sua vez, nas compostas por Luís Henriques ao Duque de Bragança quando este tomou Azamor em 1513, tal conquista apresenta-se sob o mando de um rei "que vai imperando", que recebe múltiplos tributos das mais afastadas terras e que se revelará triunfante:

> Crece seu mando, seus reinos alarga
> per seus capitäes na jente infiel,
> o gram poderio dos mouros embarga
> em gram quantidade per guerra cruel.
> Oo mui serenissimo Rei Manuel,
> a espera que trazes será triunfante,
> se com tuas gentes passares avante,
> ganhando a casa que foi d'Israel!
> (vol. II, nº 390)

As trovas heráldicas de João Rodrigues de Sá, a que devemos fazer reiteradas alusões ao longo destas páginas, insistem igualmente nessa imagem de D. Manuel I. Antes de deixar constância rimada das linhagens mais ilustres do reino, o autor aclama as armas de Portugal que lhe foram concedidas por "mãos divinas" e as altas quinas reais com alusões às possessões de um nobre império (vol. II, nº 457). Assim sendo, resulta evidente que a viagem a Compostela de D. Manuel I obedece tanto ao ideal místico, quanto ao ideal de cavaleiro em que perdura o sentido de Cruzada, representado no desfile de peregrinos nas justas de Évora, que já comentámos em páginas anteriores.

Quando o Venturoso se desloca em romaria e se apresenta como monarca e devoto jacobeu, está a contribuir para a construção identitária do caminho português à Galiza e do imaginário coletivo que a ele se liga, emprestando-lhe caraterísticas, ideias e maneiras de atuação propriamente suas. Como resultado de um processo de transferência mental, a luta além-mar sob a bandeira da fé cristã torna-se uma das suas marcas identificativas, pois quem o percorre é um célebre praticante da catequização - e, quanto maior for a magnificência deste, maior será a sua marca na peregrinação a Santiago de Compostela e mais servirá para alicerçar a tradição desta, de modo particular entre as elites aristocráticas. Do mesmo modo que a presença do seu retrato em espaços tão significativos como o portal principal de Santa Maria de Belém, no Mosteiro dos Jerónimos, ou em iluminuras de livros religiosos e litúrgicos, como o

Missal de Santa Cruz de Coimbra, a memória da visita do rei ao Apóstolo concorre para fomentar a aura de Emanuel ou David *Lusitanarum*, modelo de todos os monarcas[59]. O salmista, pastor natural de Belém, foi eleito por Deus para ser ungido rei e fundador da dinastia de Israel e, sobre o seu trono, virá Emanuel estabelecer um império eterno (Isaías, 9:7).

Figura 3: D. Manuel I como rei David no Missal de Santa Cruz de Coimbra, também chamado Missal Rico (Fonte: Biblioteca Pública e Municipal do Porto, Santa Cruz 28, fl. 1).

Com uma boa síntese das suas faces e facetas deparamo-nos também na gazetilha sobre os principais acontecimentos da história recente de Portugal que Garcia de Resende fornece na já citada *Miscelânea e variedade*.... Ali apresenta-nos uma figura que, sem ter nascido para governar, soube agir estrategicamente não só nas empresas ultramarinas ou na diplomacia dentro e fora do reino, mas também, no plano religioso, deixando, aqui e além,

---

[59] Veja-se PEIXEIRO, Horácio Augusto, "Um missal iluminado de Santa Cruz", *A Luz do mundo – Oceanos*, nº 26, abril-junho, 1996, pp. 64-68.

amostras públicas da sua fé[60]. O polifacetado eborense elogia o seu proceder, de facto, nos seguintes termos:

> Elrey Dom Manoel era
> filho mais moço do iffante
> teve por devisa esphera
> esperou, foy tanto avante
> quanto sua honra prospera;
> he muito para espantar
> que por elle viir herdar
> seys herdeiros fallesceram
> hos quaes todos ouveram
> antes delle, de reynar.
>
> Rey e principe se vio
> de Castella e laa andou
> dii a pouco descobrio
> ha India e ha tomou
> como todo ho mundo ouvio,
> tomando reynos e terras
> per muy guerreadas guerras
> ganhando toda ha riqueza
> do soldam e de Veneza
> sobjugando mares, serras.
>
> Vimoslhe fazer Belem
> com ha gram torre no mar
> has casas do almazem
> com armaria sem par
> fez soo elrey que Deos tem;
> viimos seu edificar
> no reyno fazer alçar
> paços, igrejas, moesteiros
> grandes, povos, cavalleiros,
> vii ho reyno renovar.
> (estr. 47-49)

---

[60] Vejam-se, entre outros, PEIXEIRO, Horácio Augusto, "Retrato de D. Manuel na Iluminura", *Revista de História da Arte*, nº 5, 2008, pp. 96-113 e RAMOS, Odete, "A memória histórica das crónicas", in *III Congresso Histórico de Guimarães D. Manuel e a sua época*. Guimarães: Câmara Municipal de Guimarães, 2001, pp. 289-304.

Por último, tenha-se em conta que, poucos anos depois da peegrinação a Compostela em 1502, o impressor do *Cancioneiro Geral*, o alemão Hermão de Campos, deu à estampa, por simples coincidência ou algo mais, uma obra de notável interesse do ponto de vista histórico, com especial atenção para a Ordem de Santiago. Trata-se do livro *Regra stattutos e deffinições da Ordem de Santiago* (1509), no qual se estabelecem as diretrizes a seguir nas visitações aos mestrados, por vezes com bastantes pormenores quanto às obrigações de clérigos e fiéis e à conservação do património sacro. E cabe lembrar que, apenas quatro anos mais tarde, se concluiu o livro *Flos Sanctorum* (1513) na tipografia do impressor régio de origem italiana, João Pedro Bonhomini, feito "per especial mandado de muy alto e muy poderoso senhor Rey dõ Manuel" e onde é apresentada como modelo de espiritualidade, entre outros santos, a figura de Santiago.

5.2.2. Itinerário e revisitação do património material e simbólico
5.2.2.1. Território português: de Lisboa a Valença

Partindo da capital portuguesa de forma incógnita ou disfarçado em traje que não era seu ("afforrado" é a palavra que utiliza o cronista Damião de Gois), D. Manuel I transitou pelo reino. Visitou diversas localidades até chegar a Santiago de Compostela, algumas das quais desconhecia e outras em que tinha estado apenas alguma vez antes de subir ao trono. O rei teria feito todo o possível para passar despercebido, fazendo com que os lisboetas não notassem a sua saída nem que os próprios compostelanos se dessem conta da sua chegada: "Era esta, aliás, uma forma que não trazia nada de novo, pois muitos dos reis europeus, já nesse período – e quando muito bem lhes aprazia – viajavam incógnitos nas suas mais variadas campanhas ou missões"[61]. A viagem seria realizada, tal como acontecia naquela altura, numa barca das utilizadas então para transporte de pessoas e mercadorias de menor volume, pelo menos até Tancos (atualmente freguesia do município de Vila Nova da

---

[61] MATOS, Manuel Cadafaz de, "A Peregrinação de D. Manuel a Santiago de Compostela (em 1502) vista à luz de alguns documentos inéditos", in *I Congresso Internacional dos Caminhos Portugueses de Santiago de Compostela*. Lisboa: Távola Redonda, 1992, p. 216, assim como no já referido BRAGA, Paulo Drumond, em "Lâmpara instituida en Santiago de Compostela...", pp. 75-81.

Barquinha) ou até Abrantes. Assim, os integrantes da comitiva régia teriam subido o curso do rio, passando pelos portos de Alverca, Alhandra, Vila Franca, Povos, Benavente, Samora Correia, Azambuja, Salvaterra, Muge, Chamusca, Golegã e Tancos ou, porventura, também pelos de Constança e Abrantes.

Pouco tempo depois estariam em Tomar e, quando chegaram a Coimbra, o rei deteve-se no mosteiro de Santa Cruz, fundado pela Ordem dos Cónegos Regrantes de Santo Agostinho com o apoio de D. Afonso Henriques, que, tal como o seu filho D. Sancho I, ali foi sepultado. Na verdade, as atuações de D. Manuel I ao longo de todo o percurso evidenciam bem a posta em prática de duas importantes estratégias de fortalecimento monárquico: a propaganda ideológica e a representação simbólica. Observando que o túmulo do primeiro monarca de Portugal requeria outro mais digno e condizente com o valor dos seus feitos, "logo presopos de a mandar fazer de novo, quomo depois fez, do modo que agora está" (vol. I, cap. LXIV), decisão que remete, obviamente, para a intenção de sublinhar a sua ligação com o fundador do reino luso e herói da reconquista cristã. Assim, esta obra ficaria associada para sempre à peregrinação de 1502 como marca distintiva e um dos mais importantes legados da deslocação do Venturoso ao santuário galego:

> Sem dúvida, D. Manuel vê-se a si mesmo como um refundador da dinastia de Avis e das casas régias de Portugal no seu todo, e por isso com uma ligação especial ao fundador do reino e grande herói da Reconquista cristã. Os seus sonhos imperiais e de Cruzada confirmam-no. Assim, ao dar esta ordem está também a elevar-se a si próprio. Todavia, neste caso específico, o que mais no interessa é que tal monumento ficará para sempre ligado à sua peregrinação a Compostela, passando doravante a constituir um legado do caminho português a Santiago através da sua real pessoa[62].

Seguindo de perto o relato de Damião de Gois, Jerónimo de Osório não deixou também de comentar em termos laudatórios a nova construção que o rei mandou erigir: "Ao passar por Coimbra, reparando na sepultura do mui

---

[62] LOPES, Paulo Catarino, "Uma definição identitária para os caminhos portugueses...", p. 78.

santo e mui invicto D. Affonso I (por cujo esforço forão os Mouros expulsos dos limites Lusitanos) pouco grandiosa em seu lavor, a mandou desfazer, em seu lugar edificar hum magnifico e vasto moimento"[63]. O destaque outorgado por D. Manuel I a este túmulo, que tinha sido reivindicado precisamente como sinal de honra e exaltação monárquica da cidade do Mondego nas Cortes de Lisboa convocadas nesse mesmo ano, vinha apoiar o culto ao Rei Fundador e talvez acalentar "a ideia de preparar o primeiro pedido a fazer ao papa para a sua canonização, o que apenas haveria de acontecer no reinado de D. João III"[64]. Pouco tempo depois desta visita régia, iniciou-se o projeto de reedificação, um dos casos mais ilustrativos de realização patrimonial que vai contribuir para fixar a identidade do caminho luso, embora o Venturoso não tenha presidido à trasladação das ossadas. O trabalho ainda não estava acabado aquando do seu falecimento em 1521.

A comitiva partiu de Coimbra e seguiu pelo caminho de Montemor-o-Velho, onde já se encontrava a 17 de outubro. O Venturoso preocupou-se especialmente pelas obras do Convento de Nossa Senhora dos Anjos, dos frades eremitas de Santo Agostinho, passando-lhe um alvará através do qual lhe concedia o direito de cobrar, no bispado de Coimbra, as esmolas e confrarias de Santa Maria da Graça, de Lisboa, com vista a custear a sua realização. Perante tal decisão, cabe mesmo pensar no possível alojamento do soberano neste local:

> Não podemos deixar de querer ver neste alvará um indício de D. Manuel se ter então hospedado em Montemor-o-Velho no próprio, embora inacabado, mosteiro dos Anjos. E, ainda que assim não o tenha sido e na alcáçova se aposentasse, é fora de questão, para nós, que quem por todo o lado por onde passava sempre ia ver as obras que se estavam fazendo, não teria deixado de, também aí, ir observar pessoalmente as que corriam em Nossa Senhora dos Anjos[65].

---

[63] OSÓRIO, Jerónimo Osório, *Da vida e feitos...*, pp. 187-188.
[64] MARTINS, Armando Alberto, "O rei D. Manuel I no Mosteiro de Santa Cruz de Coimbra", in *III Congresso Histórico de Guimarães D. Manuel e a sua época*. Guimarães: Câmara Municipal de Guimarães, 2001, pp. 239-252.
[65] MATOS, Teresa da Cunha, *Nossa Senhora dos Anjos de Montemor-o-Velho*. Dissertação de Mestrado defendida na Universidade de Coimbra, 1996, p. 8.

Daí continuou o caminho em direção a Aveiro, dirigindo-se depois ao Porto, onde foi recebido com grandes celebrações no dia 25 do referido mês. Tantas foram as despesas causadas pela sua receção que, algumas semanas mais tarde, chegou a ser preciso o pagamento de um imposto extraordinário, pois o concelho não conseguira saldar as dívidas com o seu rédito normal. Conhecemos, com efeito, as quantidades monetárias e as pessoas convocadas para a sua liquidação a partir de um documento que constitui um excelente testemunho da suntuária da época:

> El-rei atravessou o rio Douro a bordo de uma fusta atoldada de vermelho. Rico e vistoso era o pálio preparado para o receber: doze côvados de damasco verde, vermelho e branco se consumiram na sua confeção; só o ouro que se gastou no escudo, com suas quinas nas quatro esferas e nas letras para adornar o pálio montou a quarenta e dois mil reais, liquidados ao ourives João Aleixo. Compunha a franja um entrançado de retrós branco e roxo. Junto do pálio, aguardava el-rei a vereação do concelho, toda ela vestida de gibões de seda de Bragança.
>
> Tingiram-se e pintaram-se bandeiras de pano de linho. De pano de Castela, alionado, talharam-se as jaquetas dos remeiros e foliões. Cobriu-se de bristol azul a ponte da Porta Nova. Foram dezenas de côvados de menim quanto se usou para cortar os fatos de outros oficiais da cidade e do bacharel Gonçalo Barbosa, incumbido de dizer a arenga a Sua Alteza[66].

Aliás, sobretudo por comparação com o espetáculo que teve lugar em Lisboa aquando do seu regresso da peregrinação, interessa-nos mencionar aqui a intervenção de dois jograis, Pedro e Alvim, que foram pagos pelo desempenho da sua função. Para além doutras atividades de que gostava especialmente D. Manuel, como as touradas, houve interpretações de música de gaita e tamboril, assim como de danças (concretamente da mourisca retorta, associada a um género de inspiração africana que se dançava na festa do *Corpus Christi* em Portugal):

> Dois jograis, Pedro e Alvim, foram pagos de 1 500 reais, para divertirem as gentes com as suas momices. Como se fora dia da solene procissão do Corpo de Deus, acudiram os dos mesteres com suas danças, gaita, tamboril e *retorta mourisca*,

---

[66] CRUZ, António, "No Centenário de D. Manuel", *Revista da Faculdade de Letras*. Série História, vol. I, 1970, p. 14.

obrigados assim a despesa avultada. Foram corridos touros de morte, como cumpria para agrado de el-rei: e também para a folgança a câmara foi obrigada a comprar laranjas[67].

Quanto ao legado patrimonial, o monarca enriqueceu novamente o itinerário português a Santiago de Compostela ao mandar que, tal como tinha disposto D. João II no seu testamento, se acabasse de construir a sepultura de São Pantaleão de Nicomédia, padroeiro da cidade. O seu corpo tinha chegado ali na sequência da conquista de Constantinopla pelos já mencionados turcos otomanos em 1453 e tinha sido trasladado havia quatro anos para a Sé. A partir da visita de D. Manuel I, os ourives modelaram e cinzelaram toda a prata de uma arca para o santo mártir de Oriente (hoje desaparecida sem deixar rasto), pondo-se outra vez em destaque a ligação do soberano com um herói da resistência do Cristianismo e a sua intervenção em prol da memória. Na verdade, a singularidade do fenómeno da aparição das relíquias de São Pantaleão não reside realmente na forma, coincidente com casos como o de Santiago o Maior ou São Vicente de Fora, mas no tempo em que se situa.

Segundo a *estoria*, alguns cristãos de origem arménia que fugiram de Constantinopla atravessaram todo o Mediterrâneo e aportaram, finalmente,

---

[67] CRUZ, António, "No Centenário de D. Manuel", pp. 14-15 (o itálico é nosso). Quanto à dança, tenha-se em conta que "Partindo da etimologia (lat. RETORTUS), podemos considerar não só o sentido de torto, retorcido, mas também artificioso e rebuscado. Talvez mesmo uma representação cómica e popular. Mouratorta corresponde a uma entidade fantástica do folclore português, personagem malfazeja em oposição à moura encantada" (RAMOS, Maria Ana, "Bailar e dançar na poesia galego-portuguesa", in Constance Carta, Sarah Finci e Dora Mancheva (coords.), *Enseñar deleitando. Plaire et instruire*. Berlin-Bruxelles-Frankfurt am Main-New York-Oxford-Wien: Peter Lang, pp. 179-205). E, a propósito da ligação da Sé do Porto com o culto a Santiago, lembrem-se, entre outras muitas questões, que o bispo Hugo, dessa cidade do Douro, se apresentou perante o papa em 1120 para receber a bula pela qual Compostela se declarava sede metropolitana; que o claustro da catedral portuense foi utilizado como centro de reuniões da Confraria dos Sombreireiros, cujo padroeiro era precisamente o Apóstolo; que a Capela de São Tiago desta serviria de sede da Santa Casa da Misericórdia nos inícios de Quinhentos; ou que, conforme o registo do Inventário de 1579, aí se encontrava "o braço de sam Tiaguo interçizo, com duas pedras engastadas com as reliquias que tem dentro e outras de sam Tiaguo" (MACHADO, Maria Teresa Pinto / VASCONCELOS, Flórido, *Inventario do ouro, prata, ornamentos, tapeçaria e de todas as mais cousas que ao presente foraom achadas nesta see do Porto conforme ao inventairo que dantes fez o senhor Bispo Aires da Sylva e cousas que de novo acresceram*. Porto: Biblioteca Pública Municipal, 1984-1985, p. 2).

no rio Douro com uma carga muito valiosa. Entre os objetos que traziam, encontravam-se os restos de São Pantaleão, que ficariam depositados na igreja de Miragaia, tornando-se logo alvo da devoção popular e sendo, algumas décadas depois, trasladados para a Sé por decisão do bispo D. Diogo de Sousa. Nesse sentido e perante uma Europa estável na sua rede de santuários medievais, o Porto, entreposto mercantil por excelência, acaba por autonomizar-se nos finais da Idade Média: o lugar indicado quanto à proveniência do corpo sagrado teria de converter-se em referente para um hipotético percurso de relíquias condizente com as novas rotas comerciais, particularmente Veneza, cidade de manifesta devoção a um certo São Pantaleão[68].

Continuando o percurso manuelino por terras portuguesas, destaca-se também a estada do rei em Vila do Conde, de que nos informa convenientemente a documentação conservada no Arquivo Municipal. Quanto ao âmbito patrimonial, sobressai a implicação do monarca na construção de uma nova igreja matriz, facto que teve notáveis repercussões na estruturação do núcleo urbano, privilegiando de maneira particular a zona ribeirinha[69]. E, outrossim, obteve então benefícios em termos patrimoniais a vila de Zurara, pois, vendo o Venturoso que possuía apenas uma pobre ermida que funcionava como paróquia para uma numerosa população, prometeu-lhes aos seus habitantes mandar levantar um novo templo. Esta construção, que foi dedicada a Santa Maria a Nova e que se aproxima estruturalmente da matriz de Vila do Conde, constitui, de facto, outro importante símbolo da arte manuelina integrada no Caminho Português.

Entre outras visitas que constituem elementos marcantes da peregrinação régia, cabe lembrar a de Dume, em Braga, para render veneração a São Martinho, apóstolo dos suevos do século VI, e a São Frutuoso, bispo godo do século VII, cuja ação "exercida através da rede monástica que sobreviveu até aos começos do século XII, ajudou a plasmar a alma das gentes do Noroeste

---

[68] RESENDE, Nuno, "São Pantaleão «do Porto»: um paradigma de invenção de relíquias em finais da Idade Média". Disponível em http://www.academia,edu/225388/_Sao_Pantaleao_do_Porto_um_paradigma_de_invencao_de_reliquias_em_finais_da_Idade_Media. Acesso a 14/01/2023.
[69] SOUSA, Eliana Susana Miranda de, *Vila do Conde no início da Época Moderna. Construção de uma nova centralidade*. Dissertação de Estudos em Arqueologia defendida na Universidade do Porto, pp. 12-14.

peninsular"⁷⁰. Aliás, observando que a barra de Viana da Foz do Lima (atual Viana do Castelo) resultava indefesa ao corso apesar de constituir um dos grandes pontos marítimos do reino, mandou levantar a Torre da Roqueta, no forte de Santiago da Barra, com um baluarte voltado para o rio Lima que seguiria o modelo do Baluarte de Cascais, iniciado uns anos antes, e que anteciparia o da Torre de Belén. O acervo material que deixou a peregrinação de D. Manuel I até à fronteira galego-portuguesa constituem, enfim, todo um referente de identidade e coesão.

O acervo imaterial também vem contribuir para a identidade da romaria através, por exemplo, de forais de povoação ou de ordens relativas à aplicação rigorosa da justiça, demonstrando assim o alcance da autoridade régia. Em palavras de Damião de Góis, D. Manuel I quis fazer valer, nalgumas vilas, o seu controle sobre "pessoas em que atte aquelle tempo se nam podera fazer execuçam, pela muita valia, e parentesco que tinham naquelles lugares" (vol. I, cap. LXIV). E, no mesmo sentido, Jerónimo de Osório sublinha a face de um rei que impunha penas aos criminosos sem qualquer discriminação: "vingava com acerrimos castigos os crimes de homens poderosos, que até aquelle tempo corriam impunidos"⁷¹. A ideia de justiça torna-se, portanto, outro dado a somar ao legado relativo à peregrinação em foco: "À rota lusa fica associada a ideia de vigilância, ordem régia e justiça inevitável/implacável, que não abria excepções de ordem social"⁷².

Por último, cumpre lembrar a prática da liberalidade ou generosidade com os moradores das terras por que o rei passou de ida ou volta com vista a deixar na memória a imagem de um governante atento ao povo cujo destino conduzia. Sobressai, *verbi grati*, a aprovação, em Valença do Minho, da isenção da dízima das mercadorias procedentes de certos lugares de fora do reino, privilegiando particularmente as relações comerciais com a Galiza⁷³. E, com efeito, Jerónimo de Osório sublinha tal atitude, antecipando o que irá

---

⁷⁰ MARQUES, José, "O Culto de S. Tiago no Norte de Portugal", *Lusitânia Sacra*, 2ª Série, nª 4, 1992, p. 120.
⁷¹ OSÓRIO, Jerónimo de, *Da vida e feitos d'el rei D. Manoel*, 144.
⁷² LOPES, Paulo Catarino, "Uma definição identitária para os caminhos portugueses…", p. 79.
⁷³ REIS, António, *Foral manuelino de Valença*. Valença: Câmara Municipal de Valença, 2013, p. 45.

acontecer aquando do seu regresso a Lisboa: "E outro sim por onde quer que passava, acudia a pupillos e viuvas, deixava dadivas e dinheiro ás Igrejas"[74].

5.2.2.2. Território galego: de Tui a Compostela

A comitiva régia atravessou o rio Minho em Valença, continuando de Tui para Pontevedra, onde Tristan Francês, regedor dessa cidade, o acolheu e lhe prestou proteção durante o resto da viagem. Após chegar à Galiza, D. Manuel I ordenou a D. Fernando de Meneses, marquês de Vila Real e figura da sua máxima confiança, que se fizesse passar por ele e que os demais acatassem ponto por ponto o que este mandasse. O monarca percorreu de modo incógnito a parte restante do trajeto mediante tal artimanha, o que lhe permitiu contar com maior conforto e segurança. Só em Compostela e perante a grande surpresa de todos, mostrou a verdadeira identidade, sendo a sua visita especialmente celebrada pelas pessoas de maior autoridade nos âmbitos eclesiástico e civil. Tal como nos informa Damião de Góis, "foi festejado, assi do cabido da Sé, como dos governadores da cidade, e fidalgos que nella moravam" (vol. I, cap. LXIV).

Os ilustres peregrinos renderam culto ao Apóstolo e foram recebidos pelo então arcebispo da catedral, D. Alonso II de Fonseca. Antes de regressarem a Portugal, permaneceram três dias em Compostela, durante os quais D. Manuel I não passou despercebido, dando a conhecer publicamente a sua magnanimidade em forma de dádivas à Sé, ao hospital de peregrinos e à população de menos recursos. Damião de Góis sublinha, com efeito, tais gestos: "Esteve el Rei tres dias continos na çidade de Compostella, acabo dos quaes, depois de ter feitas, por sua devoçam, muitas esmolas à mesma casa, Sprital, e pessoas necessitadas, se tornou para o regno [de Portugal]" (vol. I, cap. LXIV)[75], os quais condizem com o agradecimento a todos pela hospitalidade de que foi objeto também na sua viagem de volta. Durante esta não deixou de conceder, de facto, notáveis privilégios e doações de índole coletiva e individual. Porém, isto não

---

[74] OSÓRIO, Jerónimo de, *Da vida e feitos d'el rei D. Manoel*, p. 144.
[75] Lembre-se apenas brevemente que, após a visita dos Reis Católicos em 1486, iniciou-se a construção do célebre Hospital Real com as rendas do Voto de Santiago do reino de Granada, conquistado em 1492. Tratava-se de uma instituição assistencial para pobres e romeiros, para a qual foi nomeado como administrador geral Diogo de Muros em 1502. O pontífice Júlio II, por meio de uma bula datada de 1507, ordenou a extinção dos outros hospitais existentes em Compostela, mas um deles, o chamado Hospital Velho ou de Santiago Alfeu, ainda continuou em funcionamento durante algumas décadas.

tem por que significar exclusivamente devoção, pois não podemos esquecer que D. Manuel I, estratega nato, pretendeu amiúde tirar benefícios de tudo o que realizou:

> Sem dúvida que era um sincero peregrino (basta verificar a forma discreta como saiu de Lisboa), mas certamente aproveitou a ocasião para "juntar o útil ao agradável". Neste caso, dando a ver como era liberal e poderoso, ou seja, conduzindo à surpresa e admiração por parte dos rivais castelhanos, sempre competidores com os portugueses neste período de expansão de ambos os reinos. Mesmo a forma como subitamente revela a sua identidade confirma este calculismo no acto peregrinatório[76].

Damião de Góis explica que fez "merces a todolos hospedes das casas em que pousava, até chegar a Lisboa" e Jerónimo de Osório insiste no mesmo sentido: "Em todas as casas, em que se hospedou, deixou mil generosidades; e pelo dizer em summa, tal romaria fez, que a cada passo que dava, estampava vestígios de devoção, de liberalidade, e de real munificência"[77]. Apenas para citar alguns casos ilustrativos de tal comportamento manuelino, lembre-se que, a 30 de maio de 1503, entregou a Joan Abraldez, morador de Compostela, o hábito da Ordem de Cristo e uma tença de 15 mil reais, equivalente à que tinha atribuído ao já citado pontevedrês Tristán Francés no ano anterior, tentando satisfazer assim os serviços de ambos como anfitriões na Galiza[78].

Já como homenagem propriamente dita ao Apóstolo e ao seu santuário, sobressai o presente de um formoso e riquíssimo lampadário de prata em forma de castelo para pôr diante do altar-mor, empenhando-se em que a sua chama estivesse acesa dia e noite. Eis, de facto, os dados que fornece o primeiro dos cronistas mencionados em tom laudatório:

> Mandou que se fezesse huma alampada de prata de feiçam de hum castello, que mandou poer na Sé de Sanctiago, diante do altar mór, que era ha mais riqua de quantas se até quelle tempo naquella casa offereceram, e assi ordenou que se comprassem rendas em Galliza, pera sesta alampada alumiar continuamente de noite, e de dia, quomo se sempre depois fez (vol. I, cap. LXIV).

---

[76] LOPES, Paulo Catarino, "Uma definição identitária para os caminhos portugueses...", p. 80.
[77] OSÓRIO, Jerónimo de, *Da vida e feitos d'el rei D. Manoel*, p. 187-188.
[78] BRAGA, Paulo Drumond, "Lâmpada instituída em Santiago de Compostela por D. Manuel: um aspecto das relações luso-galegas", *Estudos Regionais*, nº 17, dez. de 1996, pp. 75-81.

CONTRIBUIÇÃO MANUELINA

E a mesma ênfase se observa nas informações fornecidas pelo segundo quanto ao fastuoso produto:

> Ficou tres dias em Compostella, onde com singulares demonstrações de religião visitou a sepultura de Santiago, liberal nos dons, que fez á sua Igreja, os augmentou ainda com huma alampada de prata, que pendurada diante do sepulcro, o allumiasse de contínuo; e era de obra singular e perfeita[79].

D. Manuel I preocupou-se de que se dispusesse sempre de azeite suficiente para manter vivos os seus cinco fogos. Assim, em 1508, o já aludido cavaleiro Joan Abraldez, morador de Compostela, receberia 10 mil reais cada ano por prestar tal serviço, pagamento de que se encarregaria o almoxarifado de Ponte de Lima a partir das sisas de Monção. Alguns anos mais tarde, viria ser a sua viúva, Maria Migueis, a pessoa que ficaria com a responsabilidade de tal labor e a ela se enviaria o dinheiro necessário mediante procuração. Com a passagem do tempo, as figuras nomeadas oficialmente como responsáveis pela manutenção do presente manuelino e os seus procuradores foram mudando, assim como foi crescendo a quantidade anual de reais destinada a tais efeitos. Na verdade, foram sobretudo vizinhos das cidades de Compostela e de Tui os implicados nessa missão, a qual tem ficado amiúde nas mãos de diversos membros da mesma família que recebiam a tença anual correspondente[80].

Aliás, a atenção prestada pela Corte portuguesa à iluminação da catedral galega continuaria após a morte de D. Manuel I nos finais de 1521. O seu filho, D. João III, alcunhado O Piedoso, embora sem ter peregrinado ele próprio, mandou limpar e reparar o precioso objeto e aumentou os subsídios destinados para o azeite. Consta que em 1523, tendo-se desprendido dela várias peças, este deu poder a Antonio González, notário de Pontevedra, para autorizar o Cabido o seu reparo, o qual levou a cabo Rui Fernández, o Velho. Segundo o inventário que se fez na entrega ao mencionado prateiro, realizada já em

---

[79] OSÓRIO, Jerónimo de, *Da vida e feitos d'el rei D. Manoel*, p. 187.
[80] Vejam-se os dados fornecidos nas cartas régias depositadas no Arquivo Nacional da Torre do Tombo (ANTT) e publicadas em MATOS, Manuel Cadafaz de, "A Peregrinação de D. Manuel a Santiago de Compostela (em 1502)...", pp. 215-136.

1501, tinha: "treynta e cinco coronas de plata y mas quatro capiteles pequenos y vn grande que son por todos cinco capiteles asimismo de plata; y tem vna torre grande y otras tres torres mas pequenas y mas quatro cubos pequeños; y en el asiento de la dicha lampada con su cerra y mas la corona de arriba"[81].

A documentação existente permite comprovar, de facto, que o cabido compostelano emitiu sucessivamente certidões acerca da sua conservação. Porém, os conflitos bélicos que tiveram lugar entre o reino de Portugal e a coroa de Espanha entre 1580 e 1668 acarretaram fortes problemas na fluidez das relações com Lisboa. Entre outras repercussões, destaca-se a descida na chegada de romeiros lusos e o corte das rendas do Voto de Ribacoa (A Guarda, na Beira Alta) e do juro para a manutenção dessa famosa lâmpada, que era denominada a das "cinco luzes" e sempre permanecia acessa no altar maior da catedral. Assim, já finalizada a contenda, em atas capitulares do ano de 1669, ordena-se que: "en el Archibo desta Santa Yglesia se prebengan los papeles tocantes a los botos que antes de la guerra se solían pagar en el Reino de Portugal, como tanbién los tocantes a la Lánpara"[82].

Por último, não podemos deixar de notar aqui certa confusão informativa resultante do relato composto a modo de diário da peregrinação até Compostela de Antoine de Lalaing, senhor de Montigny e conde de Hoogstraeten, durante a viagem que realizou à Península Ibérica entre 1501 e 1503 como acompanhante do arquiduque Filipe de Habsburgo, convertido, apenas alguns anos depois, no monarca D. Filipe I de Castela (Felipe El Hermoso ou Filipe O Belo). O nobre flamengo deixou "memoryéz par escript" da sua deslocação ao santuário do Apóstolo junto com outros dois jovens cavaleiros, dando notícias pormenorizadas sobre acontecimentos, locais e pessoas. Os três abandonaram a comitiva em Burgos a 19 de fevereiro de 1502,

---

[81] LÓPEZ FERREIRO, Antonio, *Historia de la Santa A.M. Iglesia de Santiago de Compostela*. Santiago de Compostela: Seminario Conciliar Central, 1905, t. V, p. 198. Podem consultar-se mais pormenores em MORÁN CABANAS, Maria Isabel, "Peregrinação de D. Manuel I a Santiago: impacto social e literário na Corte portuguesa", in *Metrópolis. Santiago y Roma. 900 años de historia*. Santiago de Compostela: Xunta de Galicia, no prelo.

[82] Consulte-se, de facto, TAÍN GUZMÁN, Miguel, "El barroco compostelano, la Catedral de Santiago y el reino de Portugal: encuentros e intercambios", in *Barroco: actas do II Congresso Internacional do Barroco: Porto, Vila Real, Aveiro, Arouca*, Porto: Universidade do Porto, 2001, pp. 593-594.

chegando a cavalo a Castrojeriz no final da primeira jornada e, a partir daí, continuaram com rapidez o seu percurso. Na tarde de 5 de março chegaram, com efeito, ao seu destino e, ao dia seguinte, que era um domingo, assistiram à missa na cidade galega, na qual foram gentilmente recebidos em virtude da sua condição nobiliária e ligação ao séquito do mencionado governador dos Países Baixos.

No relato, editado por Louis-Prosper Gachard no tomo I da *Collection des voyages des souverains des Pays-Bas* (1876), o autor faz uma pormenorizada descrição do cerimonial, das relíquias e dos diversos espaços da catedral, atentando sobretudo na luxosa ornamentação do altar maior. Chama a atenção para as catorze imagens de prata dourada doadas por D. Álvaro de Luna, então condestável de Castela e grande mestre da Ordem de Santiago, a que já aludimos em páginas anteriores, e para uma rica cruz de ouro ornamentada com muitas pérolas e pedras preciosas e um fragmento da cruz do Nosso Salvador, oferecida por um rei de Escócia. Igualmente, despertam a sua admiração doze lâmpadas, presente do monarca francês Luís XI, e ainda outras dez doadas por outros insignes senhores, assim como "deux tours de château", que devem ser duas colunas do tabernáculo, e uma grande lâmpada de prata suspensa diante do corpo sagrado, obséquio do rei de Portugal:

> Le tabernacle, au-dessus, a de haut de XII à XIII pieds, et de large de X à XII, où sont plusieurs sculptures d'argent. Sur l'autel, il y a XIIII statues d'argent doré, données par don Álvaro de Luna, jadis connétable de Castille, et une très riche croix d'or, ornée des plusieurs perles et pierres précieuses, contenant en elle un morceau de la croix de Notre Sauveur, donnée par un roi d 'Écosse, et deux tours au château que donna un roi de Portugal, et une grande lampe d'argent, suspendue devant le saint, donnée par le dit roi. Et encore y pendent XII autres lampes, dont du roi de France Louis Xie, et X autres données par divers seigneurs[83].

A alusão a esse candeeiro pendurado no relato de uma visita acontecida em março de 1501 levou mesmo a pensar em duas hipóteses: - que D. Manuel I

---

[83] Citamos a partir da obra de RUCQUOI, Adeline / MICHAUD-FRÉJAVILLE, Françoise / PICONE, Philippe, *Le Voyage à Compostelle du Xe a XX siècle*. Paris: Robert Laffont, 2018, p. 351. Vejam-se também as paráfrases e comentários desta e doutras jornadas da viagem em PÉRICARD-MÉA, Denise, *Récits de pèlerins de Compostelle. Neuf pèlerins racontent leur voyages à Compostelle*. Mercuès: La Louve Éditions, 2011, p.p. 161-192.

entregasse efetivamente o presente em datas prévias à sua deslocação, pois o autor do relato lá o encontraria oito meses antes; - que a informação fornecida fosse acrescentada *a posteriori*, a partir de notícias obtidas mais tarde por Antoine de Lalaing sobre a peregrinação manuelina, o que tem sido considerado amiúde como o mais provável pela tradição bibliográfia. Lembre-se que inclusive se tem apontado para a possibilidade de não ser ele o que redige o seu diário, senão alguém a quem teria encomendado a sua escrita a partir dos dados que lhe seriam revelados. Na verdade, a prática de obsequiar a catedral com lâmpadas que permanecessem acesas em memória das visitas dos monarcas tinha-se já consolidado, tornando-se extraordinária a dimensão internacional que ganhou o altar maior como espaço "de especial significación simbólica en el que la realeza castellana y las restantes monarquias europeas –por ejemplo, la escocesa, portuguesa o francesa– buscarían asegurarse su visibilidad a través de las donaciones de los reyes"[84].

A liberalidade, junto com o poder e a devoção projetada numa cultura material que visa a permanência na memória, revela-se como um traço distintivo fundamental. No imaginário coletivo ficou assim definitivamente consolidada a ligação identitária de Santiago de Compostela ao rei D. Manuel I, a Portugal e ao Caminho Português. Em certo sentido, trata-se de um fenómeno análogo ao vivido no século X, quando os monarcas castelhanos se vincularam do ponto de vista identitário à peregrinação através do incremento da segurança e apoio de infraestruturas em vilas e cidades. Se a visita do Venturoso ao Apóstolo potenciou a devoção popular, em maior medida fortaleceu a identidade de um caminho luso, o que possui o valor acrescentado de ocorrer num período em que a peregrinação física em breve se verá afetada pelos postulados reformistas de Martinho Lutero, contrários a tal prática e à crença na mediação dos santos.

5.3. Identificação da comitiva: seis peregrinos (-poetas)

Acompanhou o monarca um reduzido grupo de seis indivíduos ligados aos âmbitos da nobreza e da Igreja que mereceram a sua confiança em termos

---

[84] NOGALES RINCÓN, David, *La representación religiosa de la monarquía castellano-leonesa: la capilla real (1254-1504)*. Tese de doutoramento defendida na Universidad Complutense de Madrid, 2009, p. 284.

IDENTIFICAÇÃO DA COMITIVA: SEIS PEREGRINOS (-POETAS)

políticos e pessoais e fizeram parte do seu círculo privado já desde os primeiros anos do seu reinado. Tendo chegado ao trono de modo inesperado, a etapa inicial do governo manuelino não esteve realmente marcada por uma dinâmica de relações equivalente à estabelecida na subida ao trono de príncipes herdeiros. Aliás, o alargamento invulgar das fronteiras lusas através de vários continentes (e a complexidade burocrática que tal fenómeno implicava) fez com que se tornasse preciso tomar medidas para contar com um número cada vez maior de apoiantes da Coroa. Na verdade, a escolha da comitiva vem constituir mesmo um exemplo ilustrativo de como D. Manuel I tratou de atingir um equilíbrio entre o favoritismo com respeito aos servidores de sempre e a promoção de novos vínculos com vistas a satisfazer as necessidades urgentes de fortalecimento do poder.

Lembre-se que, conforme a essência espiritual da viagem, o monarca percorreu parte do seu trajeto no anonimato, dispensando aparentemente a guarda montada. Tal facto, que o ajudaria a passar despercebido na Galiza, supunha um elevado grau de confiança nas figuras que vinham com ele e responsabilidades acrescidas de segurança, o que ficou bem refletido quando ordenou que um dos acompanhantes agisse como se ele fosse o próprio monarca e todos os restantes o obedecessem:

> Nesta romajem levou consigo ho Bispo da Guarda, dom Pedro, que era tambem Prior de Sancta Cruz de Coimbra, e dom Diogo Lobo baram Dalvito, dom Martinho de Castel Branco, dom Nuno emanuel seu garda mor, dom Antonio de Noronha seu scrivam da puridade, e dom Fernando segundo Marques de Villa Real, a quem el Rei mandou depois de fer em Galliza, por nam querer que se soubesse qual dos da companhia era, que todos acatassem como a sua pessoa (vol. I, cap. LXIV).

Dada a importância da poesia como exercício ou entretenimento na roda palaciana, apresenta um especial relevo revisitar a colaboração e/ou presença dos integrantes da comitiva em questão no *Cancioneiro Geral* de Garcia de Resende. Com efeito, cinco dos seus nomes aparecem registados na coletânea lusa ora como poetas (com maior ou menor produção) ora como destinatários dos versos compostos por outrem. Para além de traçarmos um breve perfil biográfico de cada um deles, atentando sobretudo na dimensão das suas ligações com o próprio D. Manuel I e as altas esferas da Corte, comentaremos algumas amostras significativas da sua obra recolhida na coletânea

103

lusa. Nesse sentido, repararemos sobretudo nos diálogos intertextuais que espelham cumplicidades, modos de lazer brincalhão e convenções de etiqueta que caraterizaram naquela altura o convívio cortesão.

5.3.1. D. Pedro Vaz Gavião, bispo da Guarda e prior de Santa Cruz

D. Pedro Vaz Gavião desempenhou, entre outros cargos, o de bispo da Guarda, cuja Sé conta com diversas representações do seu escudo com cinco gaviões postos em aspa. Foi ele que, em 1500, apenas dois anos antes da peregrinação a Compostela, reuniu o primeiro sínodo da diocese e tratou das suas primeiras constituições ordenadas de forma metódica e codificada. Exerceu também como membro do supremo tribunal de justiça do Desembargo do Paço, o que implicava reunir-se periodicamente com o rei para despachar petições. Porém, parece que a consideração e tratamento especial de familiaridade que D. Manuel I mostrou para com ele residiu sobretudo na função de vigário geral de Tomar, sede da Ordem de Cristo entre 1487 e 1496, pois a direção de tal ordem religiosa-militar esteve precisamente nas mãos da casa dos duques de Viseu-Beja desde inícios do século XV, a que o próprio monarca pertencia.

Foi o primeiro capelão-mor no reinado do Venturoso, ofício que implicava uma categoria superior na estrutura hierárquica, pois tinha dignidade episcopal e ocupava a presidência em celebrações litúrgicas, como batismos, casamentos, funerais etc. Como exemplo de demonstração da proximidade entre D. Pedro Vaz Gavião e o soberano, cabe lembrar, com efeito, a sua presença em duas ocasiões sumamente importantes para a visibilização e efetivação do poder régio e já comentadas em páginas anteriores: por um lado, durante o juramento de D. Manuel I e da sua primeira esposa D. Isabel como sucessores dos reinos de Castela e Aragão em 1498; por outro, durante a realização das exéquias fúnebres no templo da Batalha aquando da trasladação do corpo de D. João II do Algarve para aí em 1499.

Damião de Góis, quando menciona a sua romaria a Compostela em 1502 como acompanhante do rei, atribui-lhe o título de prior do Mosteiro de Santa Cruz de Coimbra, mas note-se que a sua nomeação para o desempenho de tal missão só aparecerá documentada mais tarde, no ano de 1507. Tal como tinha acontecido na Sé da Guarda logo da sua entrada nessa diocese, foi durante o seu priorado que se levaram a cabo importantes obras arquitetônicas no prédio da cidade do Mondego, algumas das quais mesmo ficariam sem terminar na data do seu falecimento, enquanto outras seriam alteradas ou substituídas. Uma particular menção merece, como já referimos acima, a reedificação dos túmulos de D Afonso Henriques e o seu filho D. Sancho, conforme o desejo expresso do Venturoso após ter comprovado *in situ* o lamentável estado de conservação em que se encontravam ambos.

D. Manuel I tornou-se, de facto, o grande protetor do mosteiro, que chegou a atingir o máximo ponto de poder e riqueza sob o seu reinado[85]. E é ali, num sepulcro com as armas dos Gaviões que se encontram os restos de D. Pedro, único membro da comitiva em questão de que não se recolhem versos no *Cancioneiro Geral*. Vale a pena, de facto, transcrever o seu epitáfio laudatório:

> AQUI JAZ D. PEDRO, BISPO DA GUARDA, PRIOR-MÓR D'ESTE MOSTEIRO, CAPELLÃO-MÓR DE EIREI D. MANUEL, O QUAL MANDOU FAZER A IGREJA E CAPITULO D'ESTA CASA, E OUTRAS MUITO BOAS OBRAS COM QUE SE ENOBRECEU; FALLECEU EM OS ANNOS DO SENHOR DE MDXVI EM OS XIII DIAS D' AGOSTO.

5.3.2. D. Diogo Lobo, barão de Alvito

D. Diogo Lobo, que exerceu as funções de vedor da Fazenda desde 1496, ostentou o título nobiliárquico de 2º barão de Alvito, herdado da família materna, e senhor das terras alentejanas de Oriola. O seu progenitor, João Fernandes da Silveira, pertencente ao Conselho de El-Rei, desempenhou os cargos de escrivão de puridade de D. Afonso V, chanceler-mor e vedor da Fazenda do que nessa altura ainda era príncipe D. João e mais tarde subirá ao trono sob o nome de D. João II. Sendo regedor da Casa da Suplicação, viajou como embaixador junto da Santa Sé e de diversos reis, príncipes e senhores, sendo nomeado barão de Alvito em 1475, ao contrair matrimónio com D. Maria Lobo, senhora de Alvito.

A tal estirpe pertenceu o castelo de Alvito (atualmente propriedade da Fundação da Casa de Bragança), cuja autorização para a construção e posse foi dada por D. Afonso V, mas as obras só se iniciariam durante

---

[85] MARTINS, Armando Alberto, "O rei D. Manuel I no Mosteiro...", pp. 239-252).

o governo joanino, em 1494, e se concluiriam no manuelino, dez anos depois – na parte superior da porta principal da fortaleza, levantada no município alentejano de Alvito (distrito de Beja) e destinada a uma dupla função habitacional e militar, pode ler-se, de facto, uma inscrição que informa de tais datas[86].

As ligações diretas e indiretas do Diogo Lobo com o património literário luso, assim como as de vários membros da sua família cujos nomes aparecem registados em textos do *Cancioneiro Geral*, revelam-se, como veremos, merecedoras de destaque. No tocante a ele próprio e do ponto de vista sócio-histórico, interessa-nos especialmente a sua figuração nas célebres justas de Évora com motivo do casamento do príncipe herdeiro em tempos de D. João II, tantas vezes aqui referidas e nas quais portava uma cimeira com um leão rompente. Na letra, tal como recolhida na coletânea de Garcia de Resende, põe-se de relevo a enorme força da fé do seu portador, capaz de superar todos os males:

O Barãao Dom Diogo Lobo trazia um liam rompente e dizia:

Com sus fuerças y mi fee
todos mis males dobree
(vol. III, nº 614)

Parece evidente que na série dessas letras e cimeras se recorre amiúde a motivos recriados em diversas coleções de empresas de Quinhentos e também nos *Emblemata* de Aciato. Lembre-se que a imagem do leão será a atribuída pelo biógrafo italiano Paolo Giovio ao capitão Hebrar Stuardo, "nacido de la sangre real de Scocia", no seu *Diálogo de las empresas militares y amorosas* (1551), ampla e rapidamente difundido e traduzido para as principais línguas da Europa. Assim sendo, deve notar-se que também na empresa de Ramiro II, desenhada por Francisco Gómez de la Reguera y Serna nas *Empresas de los Reyes de Castilla*, porventura concluídas à volta de 1632, se representa

---

[86] VALÉRIO, António João Feio, *O Paço dos Lobos da Silveira em Alvito - Notas de História e de Arte*. Alvito: Câmara Municipal, 1994.

um leão junto com um mote que diz "fecit potentiam in brachio suo"[87], remetendo para a energia divina que animaria o braço na guerra contra os infiéis. Na verdade, o animal em questão representou com frequência tanto a encarnação de Jesus Cristo, quanto a fortaleza do reino de Leão e dos seus líderes nos tempos da reconquista.

Se passarmos em revista o *corpus* literário do barão D. Diogo Lobo, comprovamos logo que a sua participação no *Cancioneiro Geral* se insere em textos coletivos. Neles dirige ora elogios a certas senhoras divas do Paço ora dardos críticos que visam aspetos aparentemente frívolos do dia a dia palaciano, sobretudo a falta de elegância no vestir. Quanto aos primeiros, cabe lembrar uma intervenção sua que foi incentivada precisamente pelo seu irmão por via paterna, Fernão da Silveira o Moço, de que depois trataremos, numa série organizada a modo de concurso poético com um prémio outorgado pela própria senhora que servia de inspiração: "De Fernam da Silveira que daa borcado pera ũu jibam a quem fezer milhor trova de louvor à senhora Dona Felipa de Vilhana e ha-de ser julgada por ela". Como tantos outros congéneres seus, o autor lança mão do tópico do indizível para louvar a beleza da dama nos seguintes termos:

Dom Diogo Lobo

Sois tam fermosa, tam linda,
que vos nam ouso dar gabo,
porque na cousa infinda
nam pod' homem ir oo cabo.
Mas porque nam com rezam
meu irmão culpa me dê,
nam lhe digo al senam
que darei outro jubam
a quem vos achar um sê.
(vol. III, nº 567)

---

[87] PENA SUEIRO, Nieves / LÓPEZ POZO, Sagrario, "FECIT POTENTIAM IN BRACHIO SUO", in *Symbola: divisas o empresas históricas*. A Coruña: BIDISO-SIELA (Online: https://www.bidiso.es/Symbola/divisa/11. Acesso a 14-01-2020). E, de novo, devemos remeter para ARAÚJO, Filipa Medeiros, "Letras e cimeras: emblemática...", pp. 473-489, onde se observam alguns exemplos do uso de empresas em Portugal a partir de motivos que evidenciam o domínio de técnica da composição numa fase prévia à teorização da *ars emblematica*.

E, entre as suas frechadas satíricas mais significativas, cumpre referir que se uniu como versificador a um grande conjunto de cortesãos que se mofam de um grande chapéu trazido de Castela a Portugal, aproveitando com engenho e agudeza a polissemia do vocábulo "gangorra" (cobertura de pano para a cabeça / doença venérea, sendo esse um dos nomes eufemísticos da sífilis): "Em tempos d'El-Rei Duarte, / dizem que foram usadas / mui grandes caperutadas, / mas nunca foram dest'arte" (vol. III, nº. 596), afirma Diogo Lobo[88]. Porém, tenha-se em conta que esta figura, no âmbito das troças, não aparece apenas em qualidade de autor, mas também como alvo de riso. Assim, por exemplo, nos versos dos "Porquês" redigidos por um poeta anónimo, Alvito torna-se "alvitonado": "Porque ò Lobo alvitonado / nam lhe sabemos amigo?" (vol. IV, nº 615). E, numa cantiga de D. Francisco de Portugal, o conde de Vimioso, aparece como um malvestido pelo uso duns bocais (extremidades das mangas forradas de pano) que lhe ficavam demasiado estreitos. Tão ridícula ficou a sua imagem com tal indumentária que parecia demandar logo trovas zombeteiras a quem a observar:

CANTIGA DO CONDE A ÜUS BOCAES DO BARÃAO, FORRADOS DE PANO E MUITO ESTREITOS

Ó mui estreitos bocaes,
em que nam ha duas quartas,
mais custosos soes que martas,
segundo vós demandaes
trovas fartas.

Estreitos, bem cerceados
naturaes par' este Outono,
proveitosos, despejados,
para pejarem seu dono.
Pois que tam justo calçaes
que vos fazem duas quartas,
por mal que vós pareçaes,
            (vol. II, nº 266)

---

[88] MORÁN CABANAS, Maria Isabel, "El mal castellano y el mal francés en el *Cancioneiro Geral*. Nuevos datos a la luz de la historia sociopolítica y n", *Revista de Literatura Medieval*, 36, 1, 2024 (Online: https://recyt.fecyt.es/index.php/RLM/article/view/100901/79208 Acesso a 3/08/2024). Trata-se de um dos macrotextos mais extensos da compilação, em que se foca o traje como aparente motivo pitoresco e os riscos de contágio na epidemia sifilítica que então ameaçava Europa.

IDENTIFICAÇÃO DA COMITIVA: SEIS PEREGRINOS (-POETAS)

Ainda muito mais atrevidas (e até escatológicas) são as trovas que fez o mesmo autor ao nosso poeta peregrino quando traz à memória a ocasião em que este padeceu um desagradável problema estomacal, provocado, segundo parece, pela ementa de uma ceia. Um dia em que navegava pelo Tejo de Almeirim a Lisboa na companhia do próprio D. Manuel I, tornou-se mesmo urgente deter o batel e que ele se deslocasse até às margens do rio noutro barco menor (uma servilha) para salvar tão embaraçosa situação:

TROVAS QUE FEZ O CONDE AO BARÃO, PORQUE, VINDO COM EL-REI D'ALMERIM PERA LIXBOA EM U BATEL, SE LHE DESTEMPEROU O ESTAMAGO E SAHI EM ÜA CIRVILHA A FAZER SEUS FEITOS EM ÜA LEZIRIA

Outra sua [do Conde do Vimioso, D. Francisco de Portugal]

Deixou o barco e as redes
por seguir o salvanor,
fez os milagres que vedes
ant'El- Rei nosso Senhor.
Quando o viram desfraldar,
o arraiz temeo a chea
e bradava:--Cea, cea,
cara vos ha-de custar!
     (vol. II, nº 268)

Por sua vez, o seu já mencionado irmão, Fernão da Silveira, escrivão de puridade e ativo em lutas em praças africanas e na batalha de Toro (1476), esteve implicado em 1484 na conspiração de Diogo, duque de Viseu e irmão do que alguns anos mais tarde seria o rei D. Manuel I de Portugal, contra D. João II. Pela sentença que o condenou, vê-se bem que foi um dos agentes principais da conjura, mas conseguiu escapar, primeiro para Castela, onde tinha estado algum tempo antes com o mencionado líder do atentado por causa das terçarias de Moura; depois, para a França, onde se protegeu até que o rei descobriu o seu paradeiro em Avinhão e ordenou matá-lo em 1489.

Na compilação de Garcia de Resende, em que também se destaca quer como autor de composições individuais e colaborador em textos coletivos quer como alvo de comentário doutros cortesãos, aparece apelidado de "o Moço", para distingui-lo do seu homónimo Fernão da Silveira, o Coudel-mor, uma das figuras com que precisamente dialoga nalguns dos seus poemas. Como acontece com a produção de Diogo Lobo, os seus versos giram sobretudo à volta de temas amorosos e lúdico-satíricos, tornando-se por vezes especialmente incisivos, como acontece quando pretende evidenciar o seu orgulho de ser português. Assim, durante certa permanência do duque D Diogo em Castela pelos assuntos diplomáticos acima mencionados, responde a um "rifam contra os portugueses" encontrado às portas do Paço e alusivo à contenda bélica de Toro, travada alguns anos antes, em 1476[89]. Embora já se tivessem firmado as pazes (Tratado de Alcáçovas-Toledo), Fernão da Silveira o Moço quis desinchar os ares de superioridade do reino vizinho, trazendo à memória, em termos jactanciosos, o desastre que este tinha sofrido em Aljubarrota:

ESTE RIFAM ESCREVERAM ŨUS CASTELHANOS À PORTA DO PAÇO EM CASTELA, ANDANDO LAA O DUQUE DOM DIOGO

Portugueses, mantengaos Dios
y vos guarde de las manos
de los crudos castelhanos.
Qual prazeraa más a vos:
¿chofres, o bofes, o levianos?

E Fernam da Silveira, como
a vio, escreveo estoutra ao pee, em reposta.

Fernão da Silveira [o Moço]

---

[89] Nem parece preciso lembrar que o motivo de tal conflito foi a sucessão ao trono de Castela após a morte de D. Henrique IV, a qual enfrentou o bando dos partidários de Juana la Beltraneja, que Portugal apoiou, e os da sua meia-irmã Isabel a Católica. Apesar de que se chegou a um desfecho indeciso do ponto de vista militar –a ala comandada pelo príncipe herdeiro D. João (futuro D. João II) conseguiu vencer, enquanto o mesmo não aconteceu com o exército do seu pai, D. Afonso V, o resultado veio traduzir-se numa vitória política para os Reis Católicos. Nesse sentido, cumpre lembrar a divulgação doutro caso em que o Moço mostrou abertamente o seu patriotismo em terras de Castela: D. Fernando, o Católico, depois de ouvir cantar na sua presença um romance sobre a derrota de D. Afonso V, pediu-lhe a sua opinião sobre tal assunto e ele respondeu sem pejo: "Senhor, muito bem está o Romance do pay; mas faça V. A. agora a mercê que mande cantar o vilancete do filho" (MORÁN CABANAS, Maria Isabel, "Castela e os castelhanos como alvo de troça no *Cancioneiro Geral* de Garcia de Resende (Lisboa, 1516)", in Rita de Cásio Miranda Diogo e outros, *4º Congresso Brasileiro de Hispanistas. Literatura Espanhola*. Rio de Janeiro: Universidade do Estado do Rio de Janeiro / Associação Brasileira de Hispanistas, v. 4, 2007, pp. 423-429. Disponível em https://hispanistas.org.br/wp-content/uploads/2021/07/Literatura_Espanhola-volume-IV.pdf Acesso a 3/11/2023.

> Castelhanos, mantengaos Dios
> y guarde de tal afruenta
> qual fue la d'Aljubarrota,
> onde meus e teus avoos
> ali chofres nos a vos,
> nos como lindos galanos,
> vos como putos marranos
> fuyendo delante nos,
> no vos valiendo las manos.
> (vol. I, nº 221)

E ainda cumpre fazer referência à presença de dois filhos de Diogo Lobo, 2º barão de Alvito, no *Cancioneiro Geral*. O seu primogénito, João Lobo, figura também representado em textos coletivos elaborados a modo de louvor às damas e com espírito galhofeiro, nalguns casos partilhando inclusive espaço com alguns familiares acima referidos. Mais uma vez fica assim evidenciada a cumplicidade entre a sua estirpe e o conde de Vimioso, que o implicou numa composição circunstancial alusiva ao seu parentesco conjugal, conforme se observa na rubrica: "Trovas que o Condo do Vimioso mandou de Santos a Dom Rodrigo de Crasto, que estava na Beira, per Dom Joam Lobo, seu genro, em que lhe manda novas de tres damas a que ele chama as tres Guiomares" (vol. I, nº 279).

Outro dos filhos, Rodrigo Lobo, sucedeu ao seu pai em títulos e funções, dado o falecimento prematuro do seu irmão mais velho. Foi barão de Alvito desde 1541, assim como desempenhou o cargo de veador da Fazenda desde 1525 até ao fim da sua vida. Deixando fora a sua atribulada vida política em décadas posteriores, deve dizer-se que era apenas uma criança aquando da deslocação do seu pai à Galiza como acompanhante do rei D. Manuel I e contaria com uns vinte e cinco anos em 1516, no momento da publicação do *Cancioneiro Geral*[90]. Considerando a sua juventude, cabe perguntar-se se será mesmo ele o autor identificado como Rodrigo Lobo em várias composições de amor e uma cantiga satírica dirigida a uma listagem de homens idosos e mulherengos na Corte. Entre estes, como veremos mais adiante e segundo o que se afirma noutras zombarias da coletânea lusa, figuraria precisamente Pero de Sousa Ribeiro, o poeta que celebrou em verso a chegada da peregrinação régia a Lisboa:

---

[90] FREIRE, Anselmo Braamcamp, *Brasões da Sala de Sintra*. Coimbra: Imprensa da Universidade, 1930, vol. 3, pp. 402-403.

DE DOM RODRIGO LOBO AAS DAMAS, PORQUE FIZERAM ŨU ROL DOS HOMENS QUE HAVIA PARA CASAR CORTESÃAOS E ACHARAM SESSENTA E ANTRE ELES IAM ALGŨS QUE PASSAVAM DOS SESSENTA.

Temos ja sabido cá
que pondes laa em ementa
os que passam de sessenta.
Tomastes cuidado certo,
pois nam é de muita dura,
qu' eles têm a morte perto
e vós vida mais segura.
Quem tevera tal ventura
qu' entrara lá na ementa
e fora jaa de setenta!
(vol. IV, nº 835)

Lembremos, por último, que na composição em que João Rodriguez de Sá descreve os escudos de armas de algumas das mais nobres linhagens do seu reino, detém-se nos Lobos de Alvito. Inspirando-se na heráldica, refere os cinco lobos figurados de tinta negra, que representam a família a que pertence o indivíduo que estreou o título de barão em Portugal no ano de 1475 das mãos de Afonso V: "Em campo de prata tal / cinco lobos figurados, / de negra tinta pintados / trazem os deste animal, / de suas armas chamados" (vol. II, nº 457).

5.3.3. D. Martinho de Castelo Branco, conde de Vila Nova de Portimão

D. Martinho de Castelo Branco recebeu promessa de ser nomeado conde de Vila Nova de Portimão por D. Manuel I em 1504, apenas dois anos depois da sua peregrinação. Mas já recebera previamente o senhorio com a jurisdição e os direitos reais dessa vila, assim como os de Santarém e os de morgadio da Póvoa de Santa Iria, em sucessão do seu pai, D. Gonçalo Vaz de Castelo Branco, a quem tinham sido outorgados por mercê de D. Afonso V. Educado para ser um fiel servidor da monarquia, durante esse reinado e com tão só uns quinze anos de idade, acompanhou o seu progenitor na batalha de Toro (1476) contra os castelhanos e, igualmente, participou da viagem que o referido monarca fez à França com vista a conseguir o apoio de Luís XI.

Também D. Martinho gozou do apreço e da admiração de D. João II, que lhe encomendou, entre outras funções ligadas à demonstração da magnificência da corte portuguesa, a organização de uma sala para as famosas bodas de Évora de 1490: "[o rei] ordenou de ter em seus paços casa apartada, que se chamava das festas em que se nam entendia de outro despacho, de que deu carrego a Dom Martinho de Castellbranco vedor de Fazenda, homem de muita confiança e a elle muyo aceito"[91]. Exerceu, com efeito, como vedor da Fazenda desde 1481 e, embora abandonasse tal cargo com D. João II para ocupar o lugar de governador da Casa do Cível de Lisboa, recuperou-o mais tarde, durante o governo de D. Manuel I, até que, por fim, o vendeu ao conde de Vimioso em 1516.

Tenha-se em conta que, naquela altura, era habitual a presença dos vedores da Fazenda nas audiências do soberano e até faziam parte do seu principal núcleo. É por isso que o Venturoso, que era defensor de um modelo de governo por conselho, não quis deixar de levá-los no séquito da sua peregrinação a Santiago de Compostela:

> Given that Manuel I was the advocate of a model of government through counsel, it is safe to say that he took with him to Santiago the very core of the kingdom's government – some of his personal favorites were also the main ministers. The members of treasury had control of the revenue and expenditure of the crown. The already demanding task became very complex with the emergence of the Portuguese empire and what came with it, mostly the organization of support structures and the imposition of royal commercial monopolies. That is why at least three individuals would be employed in this position at any one time. Two of those in service in 1502 were Martinho de Castelo Branco and Diogo Lobo. Both had six years of experience working with Manuel I, although the former had more experience, having served João II in the same position[92].

Na verdade, D. Diogo Lobo e D. Martinho de Castelo Branco não tiveram uma relação tão sumamente pessoal ou familiar com o Venturoso como outros

---

[91] VERDELHO, Evelina (ed), *Livro das Obras de Garcia de Resende*, p. 570
[92] PELÚCIA, Alexandra, "The private circle of an unexpected king: the first manifestations of favoritisms in the reign of Manuel I of Portugal", *Librosdelacorte.Es* 25, 2022, pp. 174-199 (Online: https://revistas.uam.es/librosdeacorte/article/view/14299. Acesso a 17-01-2024) Numa rubrica do *Cancioneiro Geral* anuncia-se uma "Trova que mandou Luis da Silveira a Joam Rodriguez [de Sá de Meneses], vindo com o Conde de Vila Nova de Santiago…" (vol. II, nº 482). Ora, o nome do que será genro do Conde não aparece nas crónicas nem na documentação relativa à peregrinação de 1502. Alude-se aí a uma viagem a Compostela realizada por ambos noutra data posterior? Vejam-se, nesse sentido, as observações sempre aguçadas de Ana María Sánchez Tarrío em A *pena e a espada: o Cancioneiro Geral e o humanismo na corte de D. Manuel*. Lisboa: Biblioteca Nacional, no prelo.

acompanhantes ao santuário da Galiza cujos percursos biobibliográficos mais adiante abordaremos. Ambos fizeram parte, isso sim, da roda de seguidores de D. João II na fase final da sua vida, quando se encontrava afastado da família e apenas se fazia atender por servidores muito próximos, alguns dos quais mostraram, em matéria de sucessão, certa predileção por D. Jorge de Lencastre, o seu filho extraconjugal e potencial concorrente na subida ao trono. Após a morte desse monarca, D. Manuel manteve com eles uma atitude oficialmente conciliatória e, de facto, os dois nobres foram ganhando cada vez maior relevo no seu governo e nas alianças políticas da época.

Resulta bem significativo que a D. Martinho lhe foram encomendadas funções de tanto prestígio e visibilidade nacional e internacional no governo manuelino como as duas seguintes: a participação na expedição do acolhimento à terceira esposa do soberano em 1518, D. Leonor de Áustria, sendo ele o primeiro a beijar as mãos da nova rainha; e a liderança como capitão-mor da frota que levou a Infanta D. Beatriz para Saboia em 1521, após o casamento por procuração desta com Carlos III de Saboia. Precisamente sobre a viagem até Nice, o enlace e os saraus que se realizaram, ele próprio escreveu, como testemunha direta do evento, uma carta que contém a primeira alusão encontrada até agora a Gil Vicente como figura bem conhecida (sem necessidade de fornecer mais dados ao leitor), a qual será mais tarde incluída no *Nobiliário da família de Castelo Branco* (1588) – este estaria então no auge da fama pelas suas representações teatrais, tendo já demonstrado a sua qualidade como artista plástico na primeira década do século ao elaborar a custódia do Mosteiro de Belém (1503-1506) com o primeiro ouro trazido da Índia[93].

---

[93] MOREIRA, Rafael, "O casamento da Infante Beatriz em Sabóia (1521) e a mais antiga alusão a Gil Vicente", *Anais de História de Além-Mar*, nº 21, 2020, pp. 349-382. Para comemorar esse adeus à princesa, o célebre dramaturgo compôs, de facto, a sua tragicomédia *Cortes de Júpiter*, representada no Palácio da Ribeira. Tal despedida foi também objeto de especial atenção por Garcia de Resende, que, na sua qualidade de assistente e repórter, a comenta pormenorizadamente no opúsculo *Ida da Iffante Dona Breatriz pera Saboya*, que se integrará no *Livro das Obras de Garcia de Resende* (1545). Aliás, cabe pôr em destaque a alusão a D. Martinho de Castelo Branco por Gil Vicente no seu *Romance à Aclamação de D. João III* (1521), em que é apresentado como um dos grandes da corte, pois desempenhou as funções de camareiro-mor do monarca aí homenageado. E nada menos que o humanista italiano Cataldo Parísio Sículo chegou a dedicar a este nobre, enfim, o poema laudatório *Verus Salomon Martinus* (1511).

IDENTIFICAÇÃO DA COMITIVA: SEIS PEREGRINOS (-POETAS)

No que diz respeito à sua presença como poeta no *Cancioneiro Geral*, aparece como aventureiro nas justas organizadas em Évora sob a figura de um amante submetido ao poder da fortuna a partir da imagem dos malmequeres. Lembrando o jogo de desfolhar a flor, os versos remetem disforicamente para o mal com que sempre fica o apaixonado:

O Conde de Vila Nova
levava üa mão com üs
malmequeres e dizia:

Cem mil destas desfojé,
mas fue mi ventura tal
que siempre quedo nel mal.
  (vol. III, nº 614)

Amiúde designado apenas como conde de Vila Nova, redigiu, entre outras composições de autoria individual, uma em que maldiz a proibição paterna da relação sentimental, motivo poético tradicional que não é habitualmente recriado na coletânea portuguesa. Conforme se indica na rubrica, o autor dedicou-a a uma dama com quem tinha andado de amores quando era jovem, misturando expressões de sofrimento pela separação, falta de arrependimento pela paixão experimentada e cólera perante a imposição alheia. Vale a pena transcrever alguns dos versos:

Que seraa, meu bem, de nós,
quando fará isto fim?
Vosso pai mandou a vós
e o meu matou a mim.

O vosso vos pôs defesa
que me nam deveis vós fala,
e o meu, qu' assi se cala,
certo é que lhe nam pesa.
O que fazem contra nós
queira Deos que haja fim,
o meu nam faz bem a vós,
o vosso matou a mim.

Onde farei triste vida,
ja serei sempre perdido,
porem nam arrependido

> de vos ter tam bem servida.
> Meu bem, que seraa de nós?
> Nam pode ir bem a mim,
> pois por querer bem a vós
> quis que fosse minha fim.
>
> (...)
>
> Dou ò deemo vosso pai,
> vós podês-lhe dar o meu,
> pois que polo caso seu
> convosco tam mal me vai.
> Ja sam ambos contra nós,
> *nam me deis tam triste fim,*
> pois que tudo estaa em vós,
> por mercê, olhai por mim.
> (vol. II, nº 249)

No que diz respeito à partilha de espaço poético em textos coletivos com outros cortesãos que também peregrinaram com D. Manuel I, deparamo-nos com declarações de galanteio perante as damas, por exemplo, num jogo floral à volta de D. Filipa de Vilhena que inicia Fernão da Silveira, já acima mencionado e em que interveio D. Diogo Lobo, barão de Alvito. Os versos de D. Martinho de Castelo Branco unem-se ao elogio das excelências da senhora, descrevendo-a em termos superlativos com relação a outras mulheres, mas introduzindo a exceção doutra dama chamada Guiomar, da qual se confessa completamente prisioneiro:

> Nam é cousa dovidosa,
> mas de todos conhecida,
> esta ser a mais fermosa,
> mais gentil, mais graciosa,
> desta vida.
> Muito manhosa sem par
> nam se sabe tal molher,
> salvo Dona Guiomar,
> qu' esta me pode matar
> e dar vida, se quiser.
> (vol. III, nº 567)

Da interação entre os colaboradores de Garcia de Resende e, de modo particular entre os poetas peregrinos a Compostela, sobressai outrossim a vasta série poética alicerçada no duplo sentido do vocábulo gangorra (chapéu em voga / doença venérea) que já comentámos noutra ocasião[94]. Intervém aqui o conde de Vila Nova com uns versos hiperbólicos sobre os materiais, o tamanho e o peso de tal elemento, que se revelará pernicioso para a saúde de qualquer indivíduo portador:

Do Conde de Vila Nova.

Ũus perguntam que teraa
de cera, linhas e pano,
mas se me eu nam engano
quatro quintais pesaraa.
Por isso antes traria
ũ piastrãao
na cabeça ou na mão
    (vol. III, nº. 596)

Encontramos igualmente o seu nome no *Cancioneiro Geral* como alvo de comentários brincalhões, sobretudo com insinuações de deslealdades dele próprio ou da dama, concorrendo como amante com o cortesão D. Gonçalo Coutinho. Assim, mofando-se das relações de um quarteto amoroso e da notícia que disto teve o próprio D. Manuel I, informa Pedro Homem nos seguintes termos:

PEDRO HOMEM A DOM GONÇALO COUTINHO

Soube El-Rei neste caminho
que se diz cá polas ruas
qu'andais vós e Dom Martinho
dous com duas.

O diabo nam achará
tal agudeza d'amores,
nem manha com que pinchará
tam rijo competidores.
Desviar deste caminho
que cá se diz polas ruas
que ũa ri de Dom Martinho
e de vós, duas.
    (vol. I, nº 173)

---

[94] MORÁN CABANAS, Maria Isabel, "El mal castellano y el mal francés…"

Como acontece com a linhagem dos Lobos, a família dos Castelo Branco também aparece referida em termos heráldicos nas trovas de João Rodrigues de Sá encabeçadas pelo elogio ao Venturoso como rei de Portugal. Ali faz-se referência ao seu escudo de armas, caraterizado por um leão de ouro rampante, de perfil ereto e repousado na sua garra esquerda. A figura, alusiva à bravura militar, encontra-se sobre um campo azul: "Onde se der campo franco / em novo mas dino estado, / rompente lião dourado / trarão os de Castel Branco, em campo azul assentado" (vol. II, nº 457), dizem os versos em que se joga com o termo "novo", remetendo precisamente para a condição de D. Martinho de Castelo Branco como conde de Vila Nova.

5.3.4. Nuno Manuel, guarda-mor

Nuno Manuel exerceu a função de almotacé-mor, responsável pelo abastecimento da corte, durante o reinado de D. Manuel I, sendo também membro do Conselho de El-Rei. Foi comendador e alcaide-mor de Idanha-a-Nova e senhor de Salvaterra de Magos, de que obteve doação de juro e herdade, com todos os direitos reais da vila e termo, em 1502, ano da visita ao Apóstolo Santiago. Damião de Góis, ao narrar a peregrinação, identifica-o como guarda-mor, mas só alguns anos depois da viagem à Galiza será investido em tal cargo, no qual continuará durante o governo de D. João III. Foi filho natural do carmelita D. João Manuel, também conhecido sob o nome de professo de Frei João de São Lourenço, que veio desempenhar, entre outros, os cargos de bispo de Ceuta (1445) e bispo da Guarda (1459)[95].

A sua mãe foi Justa Rodrigues (ou Rooz), mulher solteira ainda hoje de origem desconhecida e de cuja relação com o mencionado religioso nasceram Nuno Manuel e João Manuel, legitimados por Carta Real de D. Afonso V em 1475. Admitida nos paços do infante D. Fernando de Portugal, na vila de Alcochete, recebeu a encomenda de ser ama-de-leite do que subiria imprevisivelmente ao trono como D. Manuel I mais de três décadas depois. Na verdade, a confiança do monarca na sagacidade e diplomacia desta mulher chegou a ser tanta que mesmo a enviou à corte dos Reis Católicos para

---

[95] Antes disso e uma vez formado na vida religiosa no Mosteiro dos Carmelitas (1424-1432), sob a tutela do célebre Nuno Álvares Pereira, antigo Condestável de Portugal, chegou a representar o Regente D. Pedro, Duque de Coimbra, como embaixador em Hungria e no Vaticano com importantes missões.

tratar das negociações do seu casamento com D. Isabel, a infanta castelhana mais velha e recentemente viúva do príncipe D. Afonso, assim como para organizar o matrimónio de D. Jorge de Lencastre, filho extraconjugal de D. João II, com Beatriz ou Brites de Vilhena[96].

Embora com uma intensidade muito diferente, os nomes dos dois irmãos Manuel (Nuno e João) estão presentes no *Cancioneiro Geral* e até coincidem em contextos poéticos que visam nomeadamente a crítica à crise moral que domina o mundo coevo da Corte. Na verdade, o primeiro, integrante da comitiva da peregrinação a Compostela, apenas figura ali numa rubrica como destinatário de uns versos de Luís da Silveira em que se critica, conforme o motivo do *vanitas vanitatum*, a hipocrisia provocada pelos interesses materiais:

DE LUIS DA SILVEIRA A DOM NUNO MANUEL, ESTANDO COM EL-REI EM SINTRA E ELE EM LIXBOA

(...)

Esperança de proveito
faz fingir mil amizades,
mui cheas de seu respeito,
mui vazias de verdades.
O odio nam aparece,
o amor anda de fora,
est' ee o mundo d'agora,
guai de quem o nam conhece!
(vol. III, nº 513)

---

[96] DIAS, Aida Fernanda, *Cancioneiro Geral de Garcia de Resende-Dicionário...*, s.v. Parece que o apelido Rodrigues com que amiúde é citada se deve a um erro na leitura da abreviatura Rz ou Roz, a qual corresponderia ao antropónimo Roos, de origem flamenga. E, dada a orientação histórico-literária do nosso livro, não podemos deixar de lembrar aqui uma célebre cantiga castelhana cujo *íncipit* diz "Justa fue mi perdición", atribuída habitualmente ao poeta quatrocentista castelhano Jorge Manrique e cuja fonte de inspiração parece estar num mote do próprio frei João Manuel dirigido à sua amante, Justa Rodrigues, com quem teve os dois filhos de que acima falámos. Para uma identificação de personagens e a fortuna de tais versos no século XVI, consultem-se, entre outras, as hipóteses formuladas em VASCONCELOS, Carolina Michaëlis, "Justa fué mi perdición", *Círculo Camoniano*, nº 1/10, 1889-1890, pp. 293-299) e BOASE, "Justa fue mi perdición. The Context, Authorship and Abiding Popularity of a Courtly Canción", *Revista de Cancioneiros Impresos y Manuscritos*, nº 6, 2017, pp. 26-39.

O segundo, camareiro-mor e alcaide de Santarém, morreu prematuramente na corte dos Reis Católicos em 1499, quando fazia parte da embaixada enviada a Castela para tratar das já comentadas negociações de casamento do monarca luso com a sua segunda esposa, D. Maria. Alguns anos antes tinha tratado do primeiro casamento com a irmã mais nova desta, D. Isabel, e voltou a repetir a experiência, mas esta vez sem regresso. A produção literária que da sua autoria recolheu Garcia de Resende destaca-se tanto pela sua quantidade como pela variedade temática e formal. Representado na literatura castelhana como D. Juan Manuel, entre outros, no *Cancionero General* de Hernando del Castillo, revela-se como um dos poetas bilingues mais requisitados da coletânea lusa, tanto no versificar individual quanto no coletivo, deixando espelhar às vezes a cultura clássica que bebeu do ensino de Cataldo Sículo. Colaborou, por exemplo, nas célebres justas organizadas para celebrar o casamento de D. Afonso, reiteradamente trazidas aqui à colação (vol. III, nº 414) e foi ele quem iniciou a sátira à "gangorra" (chapéu / doença venérea), também aludida em várias ocasiões pelo elevado número de poetas que congrega, entre eles, alguns peregrinos a Santiago de Compostela (vol. III, nº 596)[97].

Para além dos seus versos de inspiração amorosa e satírica, sobressaem os redigidos em arte maior e a modo de pranto (vol. I, nº 132) perante o falecimento do príncipe herdeiro D. Afonso, a que já fizemos referência noutros capítulos, assim como outros de teor religioso e didático-moral. Con relação aos últimos, não podemos deixar de lembrar a "fala ou palavras moraes", texto endereçado ao seu próprio irmão de leite, D. Manuel I, que supõe um acérrimo ataque à hipocrisia e falta de equidade na justiça:

> Nunca vi antre privados
> verdadeira amizade,
> nem falar muita verdade
> òs em tratos enfrascados;
> nem serem mui aguardados
> dos galantes seus senhores,
> nem os muito sensabores
> que fossem mui avisados;
> nem homens mais enganados

---

[97] CABANAS, Maria Isabel, "El mal castellano y el mal francés..."

que os princepes e reis,
nem ser ũas mesmas leis
a grandes e a pequenos
(vol. I, nº 142)

D. João Manuel e D. Nuno Manuel gozaram das graças do rei, sem dúvida em virtude dos laços tão estreitos que os uniam a partir da sua amamentação em comum por Justa Rodriguez. Perante a morte precoce do primeiro, a amizade entre o soberano e D. Nuno tornou-se ainda mais próxima, daí que o soberano o escolhesse para integrar a comitiva da romaria à Galiza. O corpo do prematuramente falecido foi trasladado desde Granada e depositado em Setúbal, cidade em que a sua mãe, após ter conseguido a bula papal, tinha acabado de fundar o Mosteiro de Jesus, um dos primeiros exemplos de arte manuelina, para acolher as freiras franciscanas da Ordem de Santa Clara. E, anos mais tarde, também ela e o seu outro filho, D. Nuno Manuel, serão sepultados no jazigo familiar ali construído.

5.3.5. D. António de Noronha, escrivão de puridade

D. António de Noronha recebeu, por carta assinada precisamente em 1502, ano da peregrinação a Compostela, o ofício de escrivão da puridade ou secretário pessoal do monarca, responsabilizando-se assim pela gestão da sua documentação particular e dos assuntos mais reservados. Este cargo, que implicava uma relação muito próxima com D. Manuel I, tinha-lhe sido doado como dote de casamento pelo seu sogro, Diogo da Silva Meneses, 1º conde de Portalegre, uma das figuras de maior prestígio na Corte, sobretudo pela sua participação em guerras contra os mouros e contra os castelhanos durante o governo de D. Afonso V. Antes de ser homem da confiança do Venturoso, também o tinha sido de D. João II, que o nomeou governador da Casa do infante D. Manuel, duque de Beja e senhor de Viseu. Aliás, a sua implicação na administração régia no referido cargo de escrivão de puridade só finalizaria no reinado de D. João III, passando então para o seu cunhado, o celebérrimo humanista e eclesiástico D. Miguel da Silva - porém, em contrapartida, o destituído acabaria de receber o título de conde de Linhares, que se uniu aos de senhor de Pena Verde, senhor de Fornelos e senhor de Algodres.

Tendo em conta que o pai deste e doutro importante integrante da comitiva manuelina a Compostela foi D. Pedro de Meneses, 1º marquês de Vila Real e esposo de D. Beatriz de Bragança, cumpre lembrar, embora muito brevemente, o poder político que obteve a Casa de Vila Real ao longo de todo o Quatrocentos, devido sobretudo à sua participação militar em terras africanas, designadamente Ceuta, onde foram capitães vários membros desta estirpe (entre eles, os dois acompanhantes de D. Manuel I na sua peregrinação). O marquesado foi instituído por carta de D. João II em 1489 em benefício da figura referida, que ostentava já o título de 3º conde de Vila Real, condado que tinha sido criado em 1424 por D. João I, a favor do seu avô, também chamado D. Pedro de Meneses e primeiro governador português na mencionada praça africana[98]

A escolha para a inauguração de tal função político-militar está mesmo envolvida de uma auréola lendária e mitificadora. Segundo a tradição, num dia em que D. João I, após a conquista de Ceuta, estava a refletir sobre escolha de governadores, ele, então apenas um jovem que brincava de maneira distraída com uma bola e um pau de zambujeiro (oliveira silvestre) ou aleo, interveio inesperadamente. O moço aproximou-se do monarca e disse-lhe que, tão só com o que tinha na mão, ele seria capaz de proteger aquele lugar dos mouros, o que fez com que a referida planta se convertesse em insígnia de todos os futuros mandatários lusos de Ceuta e o madeiro utilizado por D. Pedro, que exerceu de capitão durante vinte e dois anos, se conservasse na igreja de Santa Maria da África – aliás, pode observar-se o termo "aleu" ou "aleo" no escudo de armas de Vila Real. Tal como sublinha Gomes Eanes de Zurara na sua *Crónica do Conde D. Pedro de Meneses*, D. João I, ao encomendar a este nobre a chefia ceutense, investiu-o de todas as competências que o próprio soberano possuía: "como Eu propiamente faria se presente fosse, com o qual poderees poer Officiaes assy de Justiça como de Fazenda e segundo vossa consciência podeis executar qualquer cousa que sentirdes por bem do comum dela" (Livro I, cap. VII).

---

[98] Para compreender o nascimento do marquesado de Vila Real e a trajetória de D. Pedro de Meneses (pai de dois peregrinos a Compostela na comitiva de D. Manuel I: D. António de Noronha e D. Fernando de Meneses), convém consultar a obra de Nuno Silva, *D. Pedro de Meneses e a construção da casa de Vila Real (1415-1437)*. Lisboa: Colibri, 2004. E, quanto à cronologia da carreira militar de António de Noronha, remetemos para MERGULHÃO, André, "D. António de Noronha e a capitania de Ceuta (1487-1500): uma aproximação cronológica ao seu governo", *Fragmenta Histórica*, nº 10, 2022, pp. 60-66.

IDENTIFICAÇÃO DA COMITIVA: SEIS PEREGRINOS (-POETAS)

O seu neto homónimo, D. Pedro de Meneses, ocupou uma posição de destaque durante os primeiros anos do reinado de D. Afonso V e, tal como tinham feito o seu pai e o seu avô, combateu na guerra de Marrocos, assumindo em 1460 a capitania de Ceuta. O citado monarca, alcunhado precisamente O Africano, mostrou-se sempre atento às suas opiniões em detrimento doutras, até tal ponto que lhe outorgou, dois anos mais tarde, o governo da cidade com poderes equivalentes aos que tinha possuído o infante D. Henrique. E a sua eficiente atuação no solo norte-africano resultou mesmo determinante para que o rei lhe permitisse deixar a capitania de Ceuta nas mãos de qualquer irmão ou filho seu, o que efetivamente viria acontecer (o seu irmão João de Noronha ocupou-se desta entre 1481 a 1487 e o seu segundo filho, António de Noronha, entre 1487 a 1500). Já no final do governo de D. Afonso V, este D. Pedro de Meneses participou das incursões régias em Castela em prol dos interesses de Portugal, contribuindo também assim para garantir a perpetuação da Casa de Vila Real, uma vez que, em 1476, conseguiu a aprovação de que pudesse legar todos os seus bens e privilégios a um filho varão. Perante a intensificação da presença lusa em Marrocos sob o reinado de D. João II com vista a dominar política e comercialmente o Magrebe, continuou a ser uma figura de extraordinário prestígio. Assim, elevando-se a categoria do condado de Vila Real a marquesado, D. Pedro de Meneses converteu-se no 1º marquês em 1489[99].

A capitania do seu segundo filho, D. António de Noronha, esteve marcada por um período em que este foi feito prisioneiro pelos muçulmanos até que se procedeu à sua troca por Alle Barraxa, alcaide de Xexuão e poderoso líder mouro detido pelos cristãos em Tânger:

> Ora, a primeira notícia de que dispomos a respeito de D. António de Noronha na praça de Ceuta está enquadrada, justamente, neste contexto de guerra que os lusos enfrentavam. Conforme a crónica [*Vida e feitos de D. João II*, de Garcia de Resende] no dia 3 de maio do ano de 1488, no comando de quarenta e cinco homens a cavalo, D. António deixou a segurança de Ceuta para, nas proximidades de Tetuão, fazer uma entrada em território inimigo. Corrido o campo e tendo adquirido um importante saque em gado e cativos, quando estava de retorno a Ceuta, o capitão acabou surpreendido por uma hoste inimiga de, aproximadamente, seiscentos e setenta homens. Em número muito inferior, D. António acometeu o inimigo, sendo derrubado do cavalo logo na primeira carga com dois golpes de espada no

---

[99] A cerimónia foi de tanta solenidade que Garcia de Resende lhe dedica, de facto, todo um capítulo na *Vida e feitos de D. João II* (cap. LXXIX).

rosto. As tropas cristãs acabaram dizimadas e o capitão de Ceuta, muito ferido, feito prisioneiro pelos muçulmanos.

D. António de Noronha permaneceu em cativeiro por cerca de seis meses, sendo solto, muito provavelmente, em novembro de 1488 (...).

Diz a fonte que, após deixar o cativeiro, D. António retornou a Ceuta, tendo, pouco tempo depois, ido ao reino. Embora não saibamos as razões para esta viagem, acreditamos que o capitão se tenha ausentado temporariamente da praça a fim de se recuperar dos longos meses de aprisionamento e, do mesmo modo, rever alguma de sua parentela mais próxima. Desconhecemos quanto tempo D. António permaneceu em território reinol, mas não demorou a retornar, visto que, no ano de 1490, já se encontrava novamente à frente da praça norte-africana[100].

Sabe-se que D. António deu o comando de uma armada enviada do Algarve em 1490 ao seu irmão mais velho e herdeiro do marquesado de Vila Real, D. Fernando de Meneses, que o sucederá na mencionada capitania vários anos depois. Este conquistará então a vila costeira de Targa, fazendo cavaleiros os seus dois irmãos mais novos, D. Henrique e D. Diogo de Noronha, ao final do combate, prática que era habitual entre a nobreza lusa. Na verdade, a implicação nas praças africanas e as vitórias das tropas que lutaram sob o seu comando fizeram com que D. António e D. Fernando, os dois peregrinos a Compostela, recebessem grandes louvores e obtivessem importantes recursos económicos, resultado de mercês régias e atividades de saque dos cristãos contra os mouros. Aliás, aos laços sanguíneos que os ligavam a D. Manuel I, do qual eram primos, uniram-se não só os de comunhão política através da sua trajetória em Ceuta, mas também pelo apoio na sucessão do trono em detrimento de D. Jorge de Lencastre, o filho natural D. João II. Convertido em rei de Portugal, o Venturoso não demorará em mostrar a sua gratidão e retribuirá todos os favores recebidos mediante uma reorganização da nobreza que supôs a promoção dos cortesãos que lhe tinham demonstrado maior lealdade.

Embora D. António de Noronha não esteja representado como autor no *Cancioneiro Geral*, deparamo-nos com informações sobre a sua vida numa composição de João Gomes de Abreu datada de 1498. O poeta dá notícias sobre as atividades que o acompanhante na peregrinação manuelina fez a

---

[100] MERGULHÃO, André, "D. António de Noronha e a capitania de Ceuta (1487-1500)", p. 26.

D. Duarte de Meneses quando este estava em Saragoça com D. Manuel I e a sua primeira esposa, D. Isabel, para serem oficialmente nomeados herdeiros daquele reino. Como acontece amiúde neste tipo de novas rimadas sobre os nobres mais famosos da Corte, um tom essencialmente brincalhão domina os versos dedicados a D. António de Noronha. Este aparece caraterizado, entre outros aspetos, pelo uso do tecido chamado "ruão" (linho de alta qualidade procedente da cidade francesa de Ruão, embora o termo talvez faça aqui referência a um cavalo de pelagem alazã cereja, muito apreciado na época) e pela sua paixão pela já citada Joana da Silva, que se converterá na sua esposa: "O Noronha do ruam / é da Silva namorado, / a Candea d'Aragam / foi por ela apodado (vol. IV, nº 711)[101].

Diga-se, por último, que toda a rede de nexos familiares por via consanguínea ou conjugal que inclui os Noronha, os Meneses e o marquesado de Vila Real inclui-se como objeto de comentário na composição de João Rodriguez de Sá sobre as linhagens mais antigas e ilustres de Portugal (vol. II, nº 457). Neste sentido, além das alusões a elementos e cores heráldicas, até se passam em revista várias gerações, sublinhando sobretudo a sua implicação nas referidas conquistas africanas com o conseguinte processo de evangelização.

5.3.6. D. Fernando de Meneses, 2º marquês de Vila Real

Já vimos que a biografia de Fernando de Meneses, irmão do D. António de Noronha acima focado, está também ligada diretamente ao governo de Ceuta. Como comentámos acima, a sua primeira experiência nesse sentido aconteceu quando partiu uma frota desde o Algarve sob o seu comando, a qual estava formada por cinquenta barcos, adequadamente apetrechados com numerosos combatentes, cavalos, mantimentos e armas. Após o êxito da tomada de Targa, não se deu por satisfeito e, pouco tempo depois, em colaboração com os capitães de Alcácer-Ceguer e Tânger, tomou a cidade de Samice (topónimo correspondente à atual Samsa ou Zem-zem), sucesso militar a que se seguiram outros que o tornaram merecedor de generosas mercês. Na verdade, o vazio documental quanto a conflitos bélicos,

---

[101] Quanto à alcunha "Candea d'Aragão", poderá remeter metaforicamente para um elogio, já que, em sentido literal, designa um tipo de valiosa candeia usada para rezar procedente desse reino, conforme se explica em DIAS, Aida Fernanda, *Cancioneiro Geral de Garcia de Resende-Dicionário...*, s.v.

sobretudo nos últimos anos do século XV e inícios de seguinte, parece refletir uma relativa estabilidade que contrasta com um intenso programa tanto de construção ou renovação de fortificação de praças já conquistadas quanto de planificação do urbanismo, para o que D. João II e D. Manuel I forneceram avultadas somas de dinheiro.

A satisfação com o proceder de D. Fernando de Meneses foi de tal ordem que, possuindo o senhorio da vila de Alcoutim, no Algarve, com todas as rendas, direitos e jurisdições através da sua união conjugal com Maria Freire, o Venturoso criou para ele o condado de Alcoutim, elevando a categoria do seu título nobiliárquico com doação de juro e herdade a fim de que os primogênitos da Casa de Vila Real também o adquirissem[102]. Mas as benesses régias não se limitaram a isso, pois foram-lhe concedidos os senhorios de Valença do Minho, Caminha e Valadares, assim como o título de conde da primeira das vilas citadas e a possessão dos direitos reais de Viana da Foz do Lima e Monção. O seu património viu-se progressivamente aumentado e D. Fernando de Meneses acabou por se converter no único detentor das terras do alto Minho e titular da terceira Casa que maiores rendas recebia em todo o reino.

Ele agiu mesmo como o principal representante da Casa de Vila Real já nos primeiros anos do governo do Venturoso, participando de atos oficiais de especial transcendência. Foi, por exemplo, uma das pessoas que o monarca escolheu para integrar a comitiva que se deslocou a Valença de Alcântara em 1497, aquando do recebimento de D. Isabel, viúva do príncipe D. Afonso e filha dos Reis Católicos, como sua esposa. E destaque-se também que D. Fernando assistiu com solenidade à trasladação dos restos de D. João II para o Mosteiro da Batalha em 1499, ano em que o seu pai, D. Pedro de Meneses, faleceu. Mas a cumplicidade entre D. Manuel I e o seu primo ficou especialmente posta de relevo na visita feita ao túmulo do Apóstolo Santiago em 1502. Com a intenção de passar despercebido durante grande parte da sua viagem, o monarca deu instruções para que

---

[102] Para uma abordagem pormenorizada desta figura, devemos remeter especialmente para PESSANHA, Fernando, *D. Fernando de Meneses, Capitão de Ceuta, 1º Conde de Alcoutim e 2º Marquês de Vila Real*. Olhão: Gente Singular, 2019, p. 31.

todos tratassem o 2º marquês de Vila Real como se fosse a sua pessoa e acatassem estritamente todas as suas ordens[103].

Quanto à sua presença no *Cancioneiro Geral*, tal como outros que acompanharam o rei a Compostela, participou como aventureiro nas justas eborenses organizadas por ocasião do casamento do príncipe D. Afonso com a princesa Isabel. Nessa ocasião trouxe um farol como símbolo do norte orientador a remeter para a dama cuja luz seguia:

> *Dom Fernando, filho do Marquê[s],*
> *trazia üu farol e dizia a letra:*

> En el mar de mi deseo,
> viendo su lumbre segui
> a elha y dexé a mi.
> (vol. III, nº 614)

Para além de tal representação poética, a coletânea lusa recolhe apenas a sua colaboração em dois textos coletivos dirigidos em louvor a duas senhoras da Corte. Uma é D. Beatriz de Vilhena, alcunhada a Perigosa, perante a qual assume o papel de um suplicante amador: "Pois o vosso mal tomamos / por desencaso per'anos, / remédio dai-no-los vós, / que o bem nós vo-lo damos" (vol. III, nº 574) e a outra é D. Margarida Freire, que o leva à perturbação de não saber o que dizer: "Eu quisera-me calar, / e nam me pude sofrer / e também nam sei dizer / quanto se deve falar" (vol. III, nº 580). Aliás, numa das composições reunidas por Garcia de Resende em que a sua figura aparece evocada, Duarte da Gama, aposentado em sua casa, sublinha a sua falta de ambição, declarando que já nem se lembra de senhorios nos seguintes termos: "Não me lembra Portalegre, / Vila Real nem Valença" (vol. III, nº 540).

Para acrescentar apenas outra brevíssima nota relativa à ligação de D. Fernando de Meneses com a cultura literária, cabe referir que foi um dos destinatários da correspondência do célebre Cataldo Sículo, tal como, entre outras ilustres figuras do âmbito civil, o rei D. Manuel; D. Jorge, filho bastardo de D. João II; alguns cavaleiros poetas do *Cancioneiro Geral*, como o insigne Pedro Homem; e outros membros da Casa de Vila Real. Foi a ele

---

[103] GÓIS, Damião de, *Crónica do Felicíssimo Rei D. Manuel*, I, p. 144.

que o mencionado precetor siciliano, estabelecido em Portugal desde finais do século XV, enviou a epístola em defesa do latim humanístico contra os ataques que recebia dos que só conheciam o latim bárbaro, a qual aparece incluída no primeiro dos volumes das *Epistolae et orationes quaedam Cataldi Siculi* (1500). E lembre-se também que este se encarregou da educação dos seus filhos, alguns dos quais sobressaíram pelos seus conhecimentos e destrezas em língua latina, nomeadamente D. Pedro de Meneses e D. Leonor de Noronha[104].

---

[104] Veja-se, nesse sentido, RAMALHO, Américo Costa, "Cataldo no reinado de D. Manuel I (1495-1521)", in *III Congresso histórico de Guimarães D. Manuel e a sua época*. Guimarães: Câmara Municipal de Guimarães, 2001, pp. 49-55.

CAPÍTULO 6

Celebração poética com "Alta Rainha Senhora / Santiago por nós ora"

> Atté chegar a Lisboa, onde achou [D. Manuel I] a Rainha nos paços de Sanctos ho Velho, de quem, e de toda ha corte foi reçebido com muita alegria.
>
> DAMIÃO DE GÓIS

6.1. O autor como "fidalgo velho e honrado" no *Cancioneiro Geral*

6.1.1. O nome de Pero de Sousa Ribeiro: identificação e nexos familiares

Não dispomos ainda de dados incontestáveis acerca da coincidência dos nomes Pero de Sousa Ribeiro e Pero Sousa como referência a um único e mesmo autor do *Cancioneiro Geral*, mas há uma circunstância que nos pode permitir supô-lo. Trata-se do modo sucessivo em que aparecem ali reunidos os textos: sob epígrafes em que ocorre a forma extensa (com dois apelidos) e imediatamente depois a abreviada (apenas com um), entremeando-se por vezes breves indicações de continuação da autoria das composições através do possessivo "sua"[105]. Quanto às seis primeiras rubricas da compilação lusa que

---

[105] Uma análise minuciosa da sua distribuição nos fólios do fac-símile da edição de 1516 e das atribuições autorais, em comparação com o volume de índices d'*El Cancionero del siglo XV* preparado por Brian Dutton, encontra-se em SOUSA, Sara Rodrigues de, "Pero de Sousa Ribeiro, poeta do *Cancioneiro Geral* de Garcia de Resende", in Cleofé Tato (ed.), *¿Qué se fizo aquel trobar?. La poesia de Cancionero ayer y hoy*. A Coruña: Universidade da Coruña, 2023, pp. 199-210. Dissociamos da nossa figura, isso sim, o cavaleiro "Dom Pedro de Sousa", cuja invenção e letra na celebração do casamento do príncipe D. Afonso se recolhe na coletânea lusa (vol. III, 614) e que foi alcaide-mor de Beja e, bastante mais tarde, em 1525, inauguraria o título de conde do Prado por decisão de D. João III.

remetem para o poeta, observe-se que são internas, pois inserem-se no seio do já comentado macrotexto do Cuidar e Sospirar que lhe serve de fachada ou pórtico, à maneira de uma contenda versificada sobre a forma mais sincera da expressão amorosa (introspeção ou cuidado *versus* extroversão ou suspiro). A maioria destas são explicativas e ora dizem respeito a uma participação a favor da segunda via de comunicação sentimental com intenção afirmativa ou defensiva contra as opiniões contrárias, ora anunciam as contestações de Nuno Pereira, o líder do bando oposto:

- De *Pero de Sousa Ribeiro*, ajudando o sospirar (vol. I, nº 1)
- *Sua* a Nuno Pereira (vol. I, nº 1)
- Cantiga *sua* em favor do sospirar (vol. I, nº 1)
- De Nuno Pereira à dita senhora, em que pede por estas copras de *Pero de Sousa* lhe dêm a seguinte pena (vol. I, nº 1)
- Sua a *Pero de Sousa*, porque disse que os sospiros tinham mäaos com que se matavam e que fosse vender o cuidado a outra feira (vol. I, nº 1)
- *Sua* à dita senhora, em que faz por sua parte o feito concruso (vol. I, nº 1)

Tanto nessas rubricas como noutras abaixo transcritas, que acompanham textos em que a voz do autor é a única ou é a incitadora dos versos, não nos deparamos, à diferença do que é prática bastante habitual no *Cancioneiro Geral*, com qualquer informação sobre títulos ou funções. A imediatez do tema tratado nos versos não deixa, isso sim, de ficar sublinhada com menções a destinatários do círculo palaciano, lugares e circunstâncias que os inspiraram:

- DE *PERO DE SOUSA RIBEIRO* AA SENHORA DONA MARIA DE MENESES, ESTANDO PARA CASAR (vol. III, nº 576)
- DE *PERO DE SOUSA RIBEIRO* A ESTES CASADOS ABAIXO NOMEADOS, QUE ANDAVAM D'AMORES E PARTIA-SE EL-REI COM A RAINHA PERA ALMEIRIM (vol. III, nº 613)
- DE *PERO DE SOUSA RIBEIRO* AO BARAM, PORQUE LHE FAZIA CABANAS ÜA CAPA BORLADA DE MALMEQUERES (vol. IV, nº 730)
- CANTIGA DE *PERO DE SOUSA RIBEIRO* (vol. IV, nº 731)
- DE PERO [DE] SOUSA A DONA MARIA D'EÇA (vol. IV, nº 732)
- DE *PERO DE SOUSA* A DOM FERNANDO PEREIRA, ANDANDO AMBOS COM ÜA DAMA E NÜ CAMINHO FORAM ACHAR ÜA SUA AZEMELA COM Ü REPOSTEIRO D' ARMAS ALHEAS (vol. IV, nº 733)
- VILANCETE QUE FEZ *PERO DE SOUSA*, QUANDO EL-REI NOSSO SENHOR VEO DE SANTIAGO, QUE FEZ O SENGULAR MOMO EM SANTOS, O QUAL

VILANCETE IAM CANTANDO DIANTE DO ENTREMES E CARRO EM QUE IA SANTIAGO (vol. IV, nº 734)

Também, nos registos do seu nome como participante (e não promotor) em composições coletivas, nenhum outro dado se fornece relativamente ao nosso poeta além do seu nome na solução mais longa:

- DE DOM RODRIGO DE MONSANTO AO MONGI COM CAPELO DE DOM MARTINHO DE TAVORA [em segundo lugar intervém *Pero de Sousa Ribeiro*] (vol. III, nº 591)
- DE FERNAM DA SILVEIRA QUE DAA BORCADO PERA ŨU JIBAM A QUEM FEZER A MILHOR TROVA DE LOUVOR À SENHORA DONA FELIPA DE VILHANA E HÁ-DE SER JULGADO PER ELA [em quarto lugar intervém *Pero de Sousa Ribeiro*] (vol. III, nº 567)

E exatamente o mesmo se observa nos casos em que figura apenas como destinatário dos versos:

- DOM JOAM DE MENESES E DOM JOAM MANUEL A *PERO DE SOUSA RIBEIRO*, PORQUE ENTRANDO NA CAMARA DO PRINCIPE LHE PROMETEO DE DIZER DELES E NAM DISSE (vol. I, nº 27)
- DO COUDEL-MOOR FRANCISCO DA SILVEIRA A *PERO DE SOUSA RIBEIRO*, SOBRE LOUÇAINHAS QUE MANDAVA FAZER SECRETAS E FORAM ACHADAS NA JUDARIA, PORQUE ELE NAM SAHIA DE LAA (vol. III, nº 601)[106]

Partindo da consideração de que sob a alternância no uso de um ou dois apelidos se esconde uma única identidade, cabe manter que o poeta cortesão Pero de Sousa Ribeiro foi o filho segundo do casamento entre D. Branca da Silva e D. João Rodrigues Ribeiro ou de Vasconcelos (também com um ou outro nome de família aparece citado na documentação), cavaleiro que ostentou o título de 3º senhor de Figueiró dos Vinhos e Pedrogão, no atual distrito de Leiria. Por seu turno, este era filho de Rui Vasques Ribeiro, 2º senhor de Figueiró dos Vinhos e Pedrogão e descendente de um dos mais destacados combatentes na batalha de Aljubarrota. E, diga-se também, este seu avô paterno foi casado com Violante de Sousa, ligada familiarmente à Ordem de Cristo e à rainha D. Leonor Teles. Por via materna, o nosso autor era

---

[106] O itálico é nosso nas quatro listagens de rubricas.

neto de D. Rui Gomes da Silva, alcaide-mor de Campo Maior e Ouguela e de sua mulher, D. Isabel de Meneses, filha bastarda de D. Pedro de Meneses, 1.º conde de Vila Real e 1.º capitão de Ceuta, de que já falámos em páginas anteriores. A sua mãe foi, por conseguinte, irmã de duas grandes figuras religiosas em Portugal: Santa Beatriz da Silva e o Beato Amadeu de Portugal[107].

Pero de Sousa Ribeiro nasceu por volta de 1440 e casou-se com D. Joana de Lemos, filha de D. Maria de Azevedo e Gomes Martins de Lemos, alcunhado o Moço, fidalgo que fez parte do Conselho de D. Afonso V e distinguido por este como senhor da Trofa, de Pampilhosa e da terra de Álvaro, na comarca da Covilhã, recebendo os seus respetivos direitos de juro e herdade. Além dele, os seus pais tiveram outros seis filhos, sendo o primogénito, Rui Mendes de Vasconcelos, o herdeiro do senhorio, que passaria depois aos seus descendentes. Em benefício do autor incluído na compilação resendiana instituíram uma capela e trespassaram uma importante tença que lhe foi confirmada por carta a 12 de maio de 1487, sendo já então fidalgo da casa de El-Rei D. João II. À morte da mãe, a citada D. Branca da Silva, herdou, junto com alguns outros bens de diferente valor, duas propriedades rurais na vila de Ansião. E do seu progenitor recebeu os direitos da feira de Moita Santa e a quinta de Santiago da Guarda, a qual D. Afonso V tinha outorgado ao seu avô e aos seus descendentes com todas as rendas, pertenças e direitos. Mais tarde, o mesmo monarca transformaria essa doação em couto de honra, privilégio que foi confirmado por D. João II, em 1486, e, por D. Manuel I, em 1497, ano em que tinha passado já às mãos de Pedro de Sousa Ribeiro. Tratava-se de um espaço que incluía uma casa com torre de planta quadrangular que se elevava a três andares, sendo esse herdeiro o responsável por toda uma série de reformas que viriam ser continuadas anos mais tarde pelo seu primogénito, Simão de Sousa Ribeiro[108].

No entanto, Pero de Sousa Ribeiro trocou parte dos seus bens pela alcaidaria-mor do Pombal, operação que acabaria por ser reconhecida como prejudicial

---

[107] Uma revisão dos antepassados de Pero de Sousa Ribeiro encontra-se em MORENO, Humberto Baquero, *A batalha de Alfarrobeira. Antecedentes e significado histórico*. Coimbra: Biblioteca Geral da Universidade, 1980, pp. 933-957. E com uma breve compilação de dados fornecidos pela tradição biográfica também nos deparamos em SOUSA, Sara Rodrigues de, "Pero de Sousa Ribeiro, poeta do *Cancioneiro Geral...*", pp. 202-203.

[108] Acerca de dados mais específicos quanto às suas possessões e às mercês que lhe fez o monarca D. Manuel I, pode consultar-se a revisão de PORTELA, Miguel, "A implantação regional dos Sousas na Estremadura", in Pedro Redol e Saul António Gomes (coords.), *A capela dos Sousas no Mosteiro da Batalha*. Batalha: Município da Batalha, 2012, pp. 15-16.

para os seus interesses económicos, pelo que viria a ser recompensado ainda com uma outra importante tença por ordem de D. Manuel I datada de 1501. A figura em questão foi mesmo a responsável pelas obras da fortificação românica dessa vila, que até então não tinha sido objeto de reformas notáveis. As melhoras foram efetuadas em prol do serviço residencial e em detrimento do defensivo, já que os mecanismos bélicos, com a introdução da pólvora, tinham-se transformado e avançado radicalmente. O interior do castelo de Pombal (que o mestre dos templários, Gualdim de Pais, tinha mandado construir por volta de 1156 e cuja possessão passou depois à Ordem de Cristo) ficaria assim destinado a morada do alcaide-mor da vila, destacando-se ainda hoje os janelões manuelinos rasgados nos muros. Aliás, abriu-se uma porta voltada para o núcleo populacional, por cima da qual se colocaram as armas da vila de Pombal, à qual D. Manuel I revogou antigos privilégios e lhe concederia um novo foral em 1512.

Quanto à data da morte de Pero de Sousa Ribeiro, que exerceu as funções de membro do Conselho de El-Rei e foi nomeado comendador da Ordem de Cristo. tem-se reiterado amiúde a existência de um possível erro quanto ao ano de 1502, presente no epitáfio da sua campa, situada na capela do Santo Sepulcro da igreja de Santa Maria do Castelo de Pombal. Ali seria sepultada também a sua mulher, Joana de Lemos, assim como o seu filho Simão de Sousa Ribeiro com a sua esposa Catarina Henriques. Este espaço foi, com efeito, "local de tumulação da família dos Sousa Ribeiro, que foram alcaides do castelo e comendadores da vila de Pombal, e que vieram a ser mais tarde condes e marqueses de Castelo Melhor"[109], título criado pelo monarca Filipe II de Portugal em 1611. Entre as explicações da correção apontada, sobressai a que se alicerça sobretudo na data posterior dos versos brincalhões do *Cancioneiro Geral* que dirigiu a modo de apodo a vários casados que andavam de amores em Almeirim, dos quais receberia as respetivas respostas (vol. III, nº 613).

Uma leitura atenta de tal composição leva-nos a conceder-lhe certo grau de fiabilidade a determinados dados biográficos dispersos num conjunto de réplicas e contrarréplicas rimadas. É verdade que, tendo em conta as margens cronológicas em que se inserem as vidas dos cortesãos que aí interagem, não resulta muito fácil estabelecer uma datação totalmente precisa. Porém, certos pormenores explicitados nos versos parecem revelar-se bastante significativos

---

[109] PORTELA, Miguel, "A implantação regional dos Sousas na Estremadura", p. 18.

para chegar a uma conclusão aceitável nesse sentido: as alusões a títulos e ligações matrimoniais que se registam entre apodo e apodo; as repetidas chamadas de atenção sobre a avançada idade do alvejado para participar de atividades lúdicas e amorosas, motivo sobre o qual refletiremos especialmente mais abaixo; e a identificação do período em que a família real portuguesa esteve a residir no paço almeirinense do Ribatejo.

Lembre-se que as extraordinárias coutadas de caça, as proximidades do Tejo e o fácil acesso a Lisboa por via fluvial converteram o paço acastelado, que D. João I tinha mandado construir já entre 1411 e 1423 em Almeirim, num espaço escolhido por excelência pela dinastia de Avis. Por um lado, a corte de D. João II passou ali vários meses em reiteradas ocasiões (concretamente nos anos de 1482, 1483, 1484 e 1488); por outro, o Venturoso aumentou e melhorou as condições de alojamento do local, o qual acabou por desempenhar a função de uma espécie de Sintra de inverno nos alvores de Quinhentos. As intrigas cortesãs e os amores forjados nos serões misturavam-se com a resolução dos mais complexos e ambiciosos negócios, tanto que "Em Almeirim (diria um rethorico) punha Cupido a sua aula, e tinha El-Rei o seu despacho"[110]. Durante um surto de "pestelença" sofrido em Lisboa entre 1505 e 1506 o rei partiu com a Corte para Almeirim e, precisamente à volta desse período, caberia fixar a morte de Pero de Sousa Ribeiro. Porém, algumas pesquisas históricas recentes parecem permitir estabelecer mais tarde tal datação, já que, no tombo dos Bens e Direitos que a Ordem de Cristo tinha em Pombal, o seu nome aparece citado num documento de 1508 como possuidor de certas propriedades[111].

---

[110] CASTILHO, Júlio de, *Lisboa Antiga (Bairros orientaes)*. Lisboa: Academia Real das Sciências, 1890, p. 29.

[111] Sabe-se que "Pêro de Sousa Ribeiro, possuía as rendas, direitos e a pensão de dois tabeliães da vila de Pombal, excetuado o pão, e pagando-se-lhe, também, uma tença, com o hábito de Cristo, de 20 moios de pão (15 de trigo e 5 de segunda), mais outros 10 moios de pão meado, tudo avaliado em 92910 reais. A esta soma era-lhe descontado o valor de 18.793 reais, para ordinárias que lhe cumpria pagar. D Manuel I fizera-lhe mercê, de 15 mil cruzados e 59.016 reais aos quais somavam 1948 reais de pensão dos tabeliães. A 27 de Março de 1508, no Tombo dos bens e direitos que a Ordem de Cristo tinha em Pombal, Pêro de Sousa Ribeiro era possuidor de: 'Hũum pedaço desta terra estaa posto em vinha cavadura de quatro homens e a traz emprazada Lopo Estevez per prazo feito per Pero de Sousa Ribeiro em que elle he a primeira pessoa e paga de foro em cada hũum ano dous almudes de vinho aa bica e hũum par galinhas per Natal'" (PORTELA, Miguel, "A implantação regional dos Sousas na Estremadura", p. 17).

Portanto, também resultaria admissível situar os versos do *Cancioneiro Geral* sobre as aventuras almeirinenses em que se sublinha a longevidade do autor em 1510. D. Manuel I aloja-se ali todo esse ano e nas primeiras semanas do seguinte, protegendo-se de um novo surto de "pestelença" ou reincidência da anterior. Assiste em tal residência, de facto, à representação do *Auto de Fé* de Gil Vicente nas matinas do Natal:

> Diga-se, desde já, que a corte manuelina permaneceu todo o ano de 1510 no Ribatejo, particularmente em Almeirim, e que desta vila conduziu todos os assuntos da Coroa até meados de Janeiro de 1511. Como se sabe dos itinerários régios, as residências temporárias da corte fluíram por vários paços realengos, com predomínio para os de Lisboa, Sintra, Almeirim, Abrantes e Évora. Há razões para isso: se não por imperiosa necessidade sanitária causada pelos frequentes surtos epidémicos (um deles haveria de vitimar o próprio D. Manuel), o mais certo era que a itinerância coincidisse com a amenidade do clima de acordo com as estações do ano, com a actividade venatória ou com outras motivações de carácter pessoal, não raro coincidentes com fases importantes de empreitadas patrocinadas pela Coroa[112].

Não podemos deixar ainda de chamar a atenção para o facto de Pero de Sousa Ribeiro ser irmão de Diogo de Sousa, bispo do Porto entre 1496 e 1505 e arcebispo de Braga desde o ano de 1506 até à sua morte[113]. Aliás, fora cónego em Évora em tempos de D. Afonso V, deão da Capela Real no governo de D. João II e confessor da segunda esposa de D. Manuel I, a rainha D. Maria, que receberá cerimoniosamente o monarca aquando do seu regresso da peregrinação a Compostela. Nascido também porventura em Figueiró dos Vinhos, realizou estudos preparatórios em Évora e

---

[112] BILOU, Francisco, "Uma empreitada decorativa no paço de Almeirim em 1511 e o pintor João de Espinosa, «mestre da pintura» do rei", in *Património Artístico no Alentejo Central. Obras, mestras e mecenas, 1516-1604*. Lisboa: Colibri, 2016, pp. 11.

[113] Por sua vez, as irmãs tornaram o nosso poeta cunhado de figuras também tão relevantes da cultura portuguesa como Duarte Galvão, cronista-mor do reino de Portugal e autor da *Chronica do Muito Alto e Muito Esclarecido Príncipe D. Afonso Henriques, Primeiro Rey de Portugal*, e Jorge de Aguiar, prestigioso colaborador do *Cancioneiro Geral*.

superiores nas universidades de Lisboa, Salamanca e Paris, formação que, unida ao seu espírito precursor e empreendedor, o levará a ganhar grande celebridade, destacando-se nos âmbitos das letras, da pedagogia e mesmo do urbanismo. Como prestigiosa figura da época, fez parte das embaixadas de obediência enviadas pela Corte aos pontífices de Roma, tanto da dirigida ao papa Alexandre (1493), como da realizada perante o papa Júlio II (1505) – lembre-se que é habitual associar a chegada dos navios desta última com a entrada dos primeiros afetados de um surto de "pestelença" em Portugal, o qual obrigou, como já referimos acima, à deslocação da Corte a Almeirim.

A sua obra *Constituições*, editada no Porto em 1497, é a quinta impressa em língua nacional. Nela recolhe as diretivas que tinha fixado no sínodo episcopal convocado um ano antes sobre a vida dos eclesiásticos e dos leigos da diocese. E, apenas um mês depois de se tornar arcebispo de Braga, realizou um novo sínodo, cujas constituições, estabelecidas a partir das anteriores, representam um dos testemunhos mais ricos do poder pastoral no Portugal da época. Já no que diz respeito à planificação urbanística, lembre-se que foi este prelado o responsável pelo alargamento extramuros da cidade do Minho com novas construções eclesiásticas e destinadas a fins públicos. Assim, durante o governo de D. João III, o sucessor do Venturoso no trono, D. Diogo de Sousa vira a empenhar-se na fundação de um grande colégio de teologia com todas as disciplinas de humanidades e ciências, projeto que se consolidará em 1531, um ano antes do seu falecimento. No seu túmulo, situado na Capela da Piedade da catedral de Braga, deparamo-nos com o seu corpo jazente com vestes pontificais e mitra sobre a tampa e a gravação dos seguintes dados genealógicos e biográficos:

> AQVI IAZ DO(m) DIOGVO DE SOVSA ARCEBISPO DE BRAGA FILHO DE JOÃ(o) ROIZ DE VAS / CO(n)CELOS S(enh)OR DE FIGVEIRO E DO PEDROGAO E DE DONA BRA(n)CA DA SILVA SVA MOLHER / O QVAL EL REI DO(m) IOÃO SEGVNDO MA(n)DOV POR E(m)BAIXADOR A ALEXA(n)DRE PAPA SEXTO / A LHE DAR SVA OBEDIENCIA E EL REI DO(m) MANOEL TE(n)DO O FEITO CAPELAO MOR DA RAI / NHA DONA MARIA SVA MOLHER O MA(n) DOV DAR SVA OBEDIENCIA AO PAPA IVLIO SEGVN / SO E EL REI DO(m) IOÃO O TERCEIRO O FEZ CAPELÃO MOR DA RAINHA DONA CATHERI / NA SVA MOLHER O QVAL FEZ ESTA CAPELA PERA SVA SEPVLTVRA VIVEO LXX / E II ANNOS E FALLECEO A XVIIII DIAS DO MES DE IVNHO DA ERA DE 1532.

6.1.2. Integração do autor como paciente e agente no rimar palaciano: temática em foco
6.1.2.1. Relações interpessoais e lúdico-satíricas
6.1.2.1.1. Confidências na câmara do príncipe D. Afonso

Tanto as rubricas quanto os versos da compilação resendiana situam reiteradamente Pero de Sousa Ribeiro num quadro de relacionamento direto e íntimo com a família real. É isto o que podemos observar, por exemplo, numa cantiga satírica atribuída à dupla inspiração de D. João Meneses e D. João Manuel, dois dos mais destacados poetas daquela altura, e alusiva à sua estreita confiança com o príncipe Afonso, o filho de D. João II morto prematuramente em 1491. A acreditarmos no que dizem os versos, o autor em questão entrava na sua câmara e conversava e mexericava com ele, circunstância que fez com que os dois cortesãos mencionados suspeitassem do tema, manifestando o temor de serem criticados lá dentro e não favorecidos nas suas conversas, tal como, segundo parecem indicar as rubricas, lhes tinha prometido. Ambos, num tom zombeteiro e brincalhão, reconhecem que também eles praticam a coscuvilhice ou a maledicência e conhecem bem os perigos que tal ação acarreta:

> DOM JOAM DE MENESES E DOM JOAM MANUEL A PERO DE SOUSA RIBEIRO, PORQUE ENTRANDO NA CAMARA DO PRINCIPE LHE PROMETEO DE DIZER DELES E NAM DISSE.
>
> Se vós laa dizeis de nós
> o que cá de vós dizemos,
> rezam é que nam entremos.
> E direis que por medrar
> sabemos mui bem fazer
> cos de dentro: nam dizer,
> cos de fora: mormurar.
> Se taes somos com' a vós,
> confessamos, conhecemos
> qu' ee rezam que nam entremos.
> (vol. I, nº 27)

Tornam-se assim evidentes a estreita relação existente entre os versificadores e o nosso alvejado com o príncipe e o clima de cumplicidade em que se inserem as recriminações dos dois autores da cantiga. D. João de Meneses, do ramo Meneses-Castanhede, foi, de facto, o aio e mordomo do jovem D. Afonso, interveio como um dos mantedores nas justas de Évora e até o acompanhava quando sofreu a queda do cavalo que o levaria à morte na ribeira de Santarém. Por sua vez, D. João Manuel viria a desempenhar mais tarde as funções de camareiro-mor de D. Manuel I, título com que amiúde aparece citado no *Cancioneiro Geral*, onde, entre outros textos da sua autoria, sobressai uma lamentação em arte maior perante a tragédia principesca (vol. I, nº 132) que cobriu de luto o reino e inspirou uma abundante produção literária de cariz consolatório aquém e além das fronteiras lusas. Como em páginas anteriores já temos reparado nas alusões feitas à dor do então duque D. Manuel (futuro D. Manuel I) como tio do falecido, cabe lembrar agora a trova inicial dessa composição, em que a tristeza é assumida pelo autor em primeira pessoa: "A lagrimas tristes, a tristes cuidados, / a graves angustias, a mortal dolor, / tu t' apareja, discreto leitor, / lendo mis lhantos tan amargurados. / Mortales singultos, sospiros dobrados, / dad fim a mi vida, que es pena mayor, / y quebren mis ojos, pues viran quebrados" (vol. I, nº 132).

6.1.2.1.2. Da judiaria a Almeirim: vaidade e longevidade

Também no *Cancioneiro Geral* nos deparamos com um poema de D. Francisco da Silveira, o Coudel-Mor, dedicado às louçainhas, ou trajes com luxuosos ornamentos bordados para ocasiões de gala, que Pero de Sousa Ribeiro mandaria elaborar em segredo pelos alfaiates na judiaria e que pretendia exibir com especial orgulho. Conforme se indica na rubrica explicativa que acompanha os versos, embora o vaidoso cortesão quisesse manter o sigilo sobre a procedência destes, o facto de não sair de lá provocou logo a suspeita de todos, tornando-se alvo de sátira num tom narrativo que se aproxima paródica e humoristicamente ao do romanceiro tradicional. Eis, com efeito, as reiteradas alusões a presságios e sinais diversos (o céu nublado, o sol ensanguentado, o grito de uma judia, o correr das estrelas, o tremor da terra etc.) perante a sua aparição pública:

> Algũa cousa ha-de ser
> nesta somana algũ dia,
> segundo vai o mexer
> na judaria.
>
> O ruje-muje é tanto
> sem conto apuridar:
> em ũs enxergais espanto

e outros de canto em canto
de riso a rebentar.
Cordeal cous' haa-de ser
nesta somana algũ dia,
polos sinaes que fui ver
na judaria.

Eu vi Maçoude embuçado,
vós vede que cous'eest' ee,
d'um olho escalavrado
vir em som dessimulado
dizendo: - Vinha d'um pee.
Vi outro maralecer
vi gritar ũa judia,
alfaramiz vi prender
naquele dia!

O ceo andava trovado
e a noite fez trovam,
sol sahio ensanguentado,
ver o dia nevoado
me fez gram maginaçam.
Ũa estreela vi correr,
a terra toda tremia,
ora vede o qu' haa-de ser
naquele dia.
      (vol. III, nº 601)

O autor insiste nos indícios de perigo e amostras de temor e, ao mesmo tempo, no prazer de ver o personagem ataviado de tal guisa, declarando na última estrofe que "minha será a alegria / o dia qu'houver de ser / a galania". As intervenções doutros poetas cortesãos dirigidas a Pero de Sousa Ribeiro vão-se sucedendo com reiteradas referências às gargalhadas que provocaria a sua excêntrica imagem entre as mulheres judias e, sobretudo, entre as que integravam a donzelaria da rainha. É perante estas últimas que o alvejado pretende causar o maior espanto, daí a pressão que exerceu nos alfaiates da judiaria, aos quais obrigou a trabalhar até em dias sagrados. Observe-se, por exemplo, o tom hiperbólico de D. Diogo da Silveira:

As damas têm jaa tomadas
par' esta cousa janelas
e andam tam abaladas,

que sam cheas as estradas
e terreiro para vê-las.
Milhor fora nunca ser
vestido de tal valia,
qu' andarem todos a ver
o que sae da judaria.
(vol. III, nº 601)

Encerrando a série de intervenções rimadas, figura a cantiga da senhora D. Mecia Henriquez, que prognostica humoristicamente a morte por grande riso de quem encontrar Pero de Sousa Ribeiro trajado de modo tão extravagante:

Cantiga de Dona Mecia Anriquez
a estas louçainhas.

Quem vio nunca louçainha,
que, antes que s'acabasse,
que as damas da Rainha
de riso todas matasse.

E vede o que seraa
o dia do parecer
ou quem entam poderaa
escapar de nam morrer.
Quant'eu digo, mana minha,
que seraa bem quem achasse
lugar a par da Rainha
que o riso a nam matasse.
(vol. III, nº 601)

Tenha-se em conta que, apesar da existência de bairros separados para judeus e cristãos no Portugal desta altura, as relações comerciais entre uns e outros eram mesmo um facto quotidiano:

> La judería, barrio exclusivamente habitado por israelitas, era asiduamente frecuentada por cristianos que [...] recurrían a los servicios de artesanos y profesionales judíos altamente capacitados. En las Trovas do Coudel-mor Francisco da Silveira e Pero de Sousa Ribeiro, leemos acerca de los servicios encomendados a judíos, entre ellos el de "mandar fazer urnas louçainhas"[114]

---

[114] FAINGOLD, Reuven, "Judíos y conversos en el teatro portugués pre-vicentino. *La Farsa do Alfaiate* en el *Cancioneiro Geral* de Garcia de Resende", *Sefarad*, nº 51, pp. 23-50.

Aliás, como já assinalámos acima, no *Cancioneiro Geral* não só sobressaem as alusões à vaidade de Pero de Sousa Ribeiro, mas também à sua vontade de sedução, apesar da idade avançada. É precisamente este o traço mais destacado na resposta que recebeu de um numeroso grupo de cortesãos casados "que andavam de amores" e de que ele se tinha mofado porque, perante a iminente partida do rei com a rainha para Almeirim, se esforçavam em exibir certos trajos ou complementos de moda com vista a ter o maior sucesso na conquista das damas. Entre os visados, cujos nomes aparecem explicitados em rubricas, cabe lembrar alguns dos que acompanharam o rei D. Manuel I a Compostela, pondo-se assim de relevo, mais uma vez, a cumplicidade entre todos eles nos momentos de lazer. Em primeiro lugar, tais zombarias focam, com efeito, o marquês de Vila Real, reparando na sua obsessão por sedas coloridas e por complementos de moda, como mangas e atacas, quer dizer, cordões ou fitas. Nos versos a ele dedicados alude-se ironicamente, de facto, à satisfação que de tudo isso tem a sua esposa (ou seja, D. Maria de Freire, aqui nomeada como "Marquesa") e até o próprio autor, a quem dá fáceis pretextos para rir:

> O primeiro entremes
> em que quero começar
> seraa o senhor Marquês,
> entam dahi altracar.
> O qual des que passou Maio
> ategora, qu' ee Setembro,
> todo seu braço e nembro
> tem mais mangas qu'oo Sampaio.
>
> Tem atacas, tem madeixas,
> tem sedas de muitas cores
> e de todos seus favores
> a Marquesa nam tem queixas.
> E tem, a meu parecer,
> mais mangas per'Almeirim,
> mas se tal acontecer,
> mal por ele, bem por mim.
>   (vol. III, nº 613)

Para o barão de Alvito, outro nobre que peregrinou à Galiza em 1502, reserva-se uma descrição minuciosa do seu trajar com referências a peças, a tecidos e a ornamentações com lavores. Casado naquela altura com D. Joana de Noronha (a sua primeira esposa) ou com Leonor de Vilhena (a segunda), foi também alvo de zombaria de Pero de Sousa Ribeiro nos seguintes termos:

> Guardava per'oo Baram,
> que tem feitos vestidos,
> e começo no gibam,
> senhores, é de tecidos.
> Ora vede que pelote
> lhe pode em cima lançar,
> haa-de ser de chamalote
> e ha-o de debrũar.
>   (vol. III, nº 613)

O conde de Vila Nova de Portimão, D. Martinho de Castelo Branco, é outro dos acompanhantes de D. Manuel I na sua peregrinação jacobeia que Pero de Sousa Ribeiro inclui na listagem dos indivíduos casados que merecem ser alvo de zombaria. O poeta dedica a este cortesão, unido conjugalmente a D. Mécia de Noronha, duas estrofes em que insiste na enorme quantidade de motivos que fornece como objeto de mofa:

> Dom Martim de Castel Branco
> tem tanto pera falar,
> que creo que haa-de aguar
> ou ficar ja sempre manco.
> E juro por Deos dos celos
> que estaa bem espiado
> e visto qu'ee conselhado
> polo de Vascoconcelos (*sic*)

Outra a ele

> Tem mui grande aparelho
> par'homem nele trovar,
> alem de desconfiar
> jaz em vestido vermelho.
> E tem mais que eu nam calo,
> nem era pera calar,
> qu'ham-d' ir ele e Dom Gonçalo
> ũ polo outro falar.
>   (vol. III, nº 613)

Aliás, os versos a ele dirigidos apresentam certo interesse do ponto de vista biográfico a partir das duas menções que contêm. Quanto a Vasconcelos, trata-se porventura de Jorge de Vasconcelos, o provedor das armadas e dos armazéns no governo de D. Manuel I desde 1501, cuja residência sabemos que se encontrava, como a de outras figuras com altos cargos na Corte (incluída uma de Pero de Sousa Ribeiro), situada em Porta de Oura[115]. E, no que diz respeito a Dom Gonçalo, parece poder identificar-se com D. Gonçalo Coutinho, fidalgo da casa real de ilustre linhagem, também ele colaborador de Garcia de Resende noutros textos coletivos em que dialoga com os nossos poetas-peregrinos, como já apontámos em páginas anteriores. Finalmente, os versos concluem com referências metaliterárias que apontam precisamente para o autopanegírico do empenho no trovar, tão incisivo que leva o autor a temer as represálias dos afetados:

> Outros haveraa casados
> que se querem namorar,
> mas eu os leixo folgar,
> que os nam dou por achados.
> E por mais nam s'alongar
> a obra que vai crecendo,
> quero-me logo louvar,
> que pus nela tal trovar
> que me vou todo tremendo.
>   (vol. III, nº 613)

Estas chegarão, com efeito, à maneira de respostas rimadas que se recolhem no *Cancioneiro Geral* sob a epígrafe "Destes casados abaixo nomeados e doutros solteiros a Pero de Sousa Ribeiro em pago destas trouas, que fez por seus pecados, e começa logo Joam Fogaça em nome do corregedor da corte, com o pregam que manda lançar" (vol. III, nº 613). Nelas, para além de alusões a modos de vestir e gestos de vaidade em todos os espaços e espetáculos (jogos de canas, serão ou terreiro), sobressaem as referências à grande quantidade de

---

[115] Conhecida vulgarmente como Arco do Ouro, foi uma antiga porta da cidade de Lisboa, situada na muralha fernandina, cuja demolição teve lugar em 1753. Acerca de tal lugar pode consultar-se, entre outros, CASTILHO, Júlio de, *A Ribeira de Lisboa: descrição histórica da margem do Tejo desde a Madre de Deus até Santos-o-Velho*. Lisboa: Imprensa Nacional, 1893, pp. 54-63 e pp. 189-192.

anos que o alvejado já teria vivido na altura. Entre os poetas que peregrinaram a Compostela é D. Martinho de Castelo Branco, conde de Vila Nova de Portimão, que contesta com especial ênfase, insistindo no riso que provoca com os seus jeitos nos salões palacianos: "Faz mil geitos nũ serão / com que faz a gente rouca / de rir e nam ja em vão". Por sua vez, o barão de Alvito alude humoristicamente a medidas jurídico-administrativas que foram tomadas por ordem real ("Mandou El-Rei na fazenda") sobre tenças, padrão ou dinheiro entregue pelo tesoureiro para determinar se na Corte poderá andar.

Do mesmo modo, outros versificadores atingidos pelas frechadas de Pero de Sousa Ribeiro vingam-se dele focando sempre a sua longevidade e conseguinte inaptidão para a galantaria. Assim, por exemplo, João Rodriguez Pereira, chama-lhe "já pousentado" e D. Diogo dirige-se a ele como um indivíduo que já sobreviveu à sucessão de três reinados (os de D. Afonso V, D. João II e D. Manuel I, pois nasceu aproximadamente em 1440) e até se atreveu a seduzir duas gerações de mulheres. É por isso que lhe aconselha descansar antes do que trovar ou namorar:

> Vós de tantos filhos padre,
> vós que ja tres reis lograstes,
> s'enfadastes sua madre
> como na filha cuidastes?
> Pois já soes o derradeiro
> daquele tempo primeiro,
> compre-vos mais repousar
> que trovar nem namorar,
> Pero de Sousa Ribeiro
> (vol. III, nº 613)

Manuel de Noronha, lembrando o título de Cavaleiro da Ordem de Cristo que Pero de Sousa Ribeiro ostentava, mofa-se das múltiplas ocasiões em que foi objeto de riso pelas suas veleidades e das *estoreas* que dele se poderiam contar:

> Se tevessemos memoreas
> pera tudo nos lembrar,
> ha nele cem mil estoreas
> notaveis pera contar:
> É de Cristos cavaleiro,
> muitas vezes foi zombado
> por geitos, trajos, coçado,

Pero de Sousa Ribeiro.
(vol. III, nº 613)

E ainda, nessa série jocosa do *Cancioneiro Geral* sobre a fama das excentricidades de Pero de Sousa Ribeiro ao longo da sua extensíssima vida, recolhem-se alguns versos postos em voz feminina. Vale a pena transcrever, de facto, os atribuídos a uma entidade autoral representada como as "donzelas da Infanta", a qual declara com ironia sentir pena do "fidalgo velho e honrado" nascido em Figueiró dos Vinhos:

> Havemos dele gram doo,
> fidalgo velho e honrado,
> em triste dia minguado
> naceo ele em Figueiroo.
> Logo disse ũ feiticeiro
> que havia num Janeiro
> ũ gram trabalho passar,
> que er'escusado criar
> Pero de Sousa Ribeiro
> (vol. III, nº 613)

Aliás, outra intervenção é apresentada sob a responsabilidade das "damas da Rainha Dona Lianor" (ou seja, a chamada Rainha Velha, pois, mesmo já viúva, continuou a manter grande relevância na Corte, daí o sobrenome com que ficou conhecida). Num discurso zombeteiro e até escatológico remete-se aqui para um "triste de Pero de Sousa" com secreção ocular e bucal e que, apesar de tudo, não deixa de coquetear no paço:

> A todas muito nos pesa
> por assi ser esta cousa,
> triste de Pero de Sousa
> que tomou tam maa empresa!
> Com seu olho remeleiro
> e na mão o seu babeiro,
> cá o viamos entrar
> antes do demo tomar
> Pero de Sousa Ribeiro.
> (vol. III, nº 613)

Enquanto a rainha aparece identificada, não acontece o mesmo com a infanta, mas cabe supor que se trata de D. Beatriz, mãe de D. Manuel I, que faleceu a

30 de setembro de 1506, já que eram ainda crianças de poucos anos naquela altura as duas filhas do Venturoso: a infanta D. Isabel, nascida em 1503, e a infanta D. Beatriz, nascida um ano depois. Na verdade, parece que um confronto pormenorizado dos versos com os dados histórico-biográficos nos permite apontar, em termos crono-espaciais, para a referida estada da Corte em Almeirim de 1505 até janeiro de 1506 (repare-se que nos versos das donzelas da Infanta transcritos acima se menciona precisamente o primeiro mês do ano).

Mas não é apenas nestes macrotextos de intencionalidade lúdica e risonha que Pero de Sousa Ribeiro foca os que "maus trajos e envenções fazem", cuja importância assinala o organizador do *Cancioneiro Geral* no seu Prólogo, trazendo a colação a figura do alfaiate e a sua condição de judeu. É isto o que acontece também, de facto, quando se mofa da capa do barão (entenda-se o barão de Alvito, um dos nobres que acompanhou D. Manuel I na sua visita a Compostela), a qual foi feita por um costureiro de origem hebraica chamado Cabanas e designado pejorativamente como "perro arrenegado" (vol. IV, nº 730) - o castelhanismo "perro", junto com a forma genuína "cão", foi aplicado às minorias religiosas de judeus e mouros na Idade Média e regista-se amiúde como termo integrante em construções fraseológicas e pleonásticas[116].

Os malmequeres, que apareceram num cenário tão prestigioso como o das justas reais em Évora (vol. III, nº 614), sendo exibidos por D. Martinho de Castelo Branco, conde de Vila Nova de Portimão e peregrino a Compostela, tornam-se agora objeto de mofa. Contribuindo para enfatizar a sua intencionalidade trocista e para a exibição do seu próprio engenho como versificador, Pero de Sousa Ribeiro lança mão, entre outros, dos dois seguintes recursos: 1. A colocação das palavras recriminatórias na boca do individuo que fez o lavor de bordado; 2. A exploração semântica a partir da homonímia de "malmequeres" com referência às flores e com o sentido de "não me aprecias". Eis a cantiga em questão:

---

[116] Na sátira da coletânea lusa destaca-se, com efeito, a presença de vocábulos de natureza zoomórfica importados do castelhano e inspirados nas espécies porcina (marrano) e canina (perro) como impropérios para judeus e mouros, cuja funcionalidade se analisa, sob uma perspetiva comparatista e multidisciplinar, em MORÁN CABANAS, Maria Isabel, "Zoomorfismo e castelhanismo na discriminação étnico-religiosa e sexual do *Cancioneiro Geral*: marrano, perro e perra", in Maria Cristina Álvares e Sérgio Sousa (eds.), *Limiares Homem/Animal na literatura e na cultura da Idade Média*. Berlin, Bern, Bruxelles, New York, Oxford, Warszawa, Wien: Peter Lang, 2023, pp. 285-298.

DE PERO DE SOUSA RIBEIRO AO BARAM, PORQUE LHE FAZIA CABANAS
ŪA CAPA BORLADA DE MALMEQUERES.

Que mal me queres, Cabanas,
que senreira teens comigo,
que tanto pano me danas,
sendo sempre teu amigo?

D' envençam de malmequeres
estav' eu bem descuidado,
mas tu, perro arrenegado,
pagarás o que fizeres.
Sempr' este foste, Cabanas,
juguetas mui mal comigo,
pois estas obras que danas
trazem-no riso consigo.
  (vol. IV, nº 730)

Perante tal situação, é Francisco de Silveira que se une à zombaria, assumindo o papel do alfaiate judeu chamado Cabanas e responsabilizando da extravagância unicamente ao Barão, que não se sabe vestir e carece de qualquer talento para a galantaria, daí o inevitável riso que provoca:

Francisco da Silveira por parte de Cabanas.

— Senhor, porque vos queixaes?
Para que sam tais oufanas?
Se vos mal entretalhais
para qu' ee culpar Cabanas?
Tendes condiçam estranha,
erraes a galantaria,
entam quereis que nam ria
a de Mendanha[117].
  (vol. IV, nº 730).

---

[117] Faz-se referência aí, em particular, a uma senhora de apelido Mendanha, talvez a esposa do João de Meneses, que já vimos interagir com Pero de Sousa Ribeiro (vol. I, nº 27), mas resulta complexa a sua identificação. Porém, fácil é comprovar que, embora hoje não alcancemos a compreender completamente o espírito dos gracejos, os autores do *Cancioneiro Geral*, unidos por uma vasta rede de conexões social e cumplicidades, entendiam-nas e apreciavam-nas.

Aliás, Pero de Sousa Ribeiro intervém na mofa de D. Rodrigo de Monsanto, que foi capitão de Tânger, à indumentária de D. Martinho de Tavora, que desempenhou essa mesma função militar em Alcácer-Seguer. Este atreveu-se a acrescentar um capelo a um sobretudo chamada mongil, espécie de túnica talar, e usou-o como se fosse um rico vestido, merecendo humorísticas recriminações. Apesar do prazer que lhe causou ver a extravagância do traje, o alcaide-mor de Pombal manifesta, no tom hiperbólico que carateriza este tipo de composições, a firme decisão de não querer já nenhuma ligação com o seu portador: "D'hoje mais lhe ponho o selo / de meu parente nom ser" (vol. III, nº 591). Impõe-se, enfim, a salvaguarda da dignidade como galante!

Tem sido reiteradamente sublinhado o valor do *Cancioneiro Geral* como fonte informativa das relações interpessoais e das suas vicissitudes no dia a dia da Corte e estas ficam bem demonstradas através das participações de Pero de Sousa Ribeiro e dos poetas que acompanharam D. Manuel I a Compostela. Nelas encontramos um grande repositório de dados através de contínuas interpelações que nos deixam sentir o latejar multiforme da vida portuguesa. Ao lado de campos semânticos como o da alimentação, o da música, o da dança ou o doutros passatempos palacianos (cartas, jogos de dados etc.), nos textos da compilação sobressai particularmente um elevado número de referências à vestimenta. Múltiplas peças, acessórios do traje e lavores aparecem ali mencionados, junto com diversas matérias-primas (tecidos, peles e tintas), destacando-se assim o valor da coletânea como ilustração das dimensões atingidas pelo fenómeno da moda nos finais do século XV e inícios do seguinte.

6.1.2.1.3. *Reclamações e autoidentificação como cavaleiro da Ordem de Cristo*

Numa ocasião encontramos Pero de Sousa Ribeiro a denunciar D. Fernando Pereira, o seu concorrente ou competidor como pretendente da mesma dama[118],

---

[118] Conforme os nobiliários, Fernando Pereira talvez seja o fidalgo que, alcunhado como o Espelho, exerceu as funções de capitão da fortaleza da Mina e cujo primogénito, João Pereira, tomaria posse da capitania de Goa em 1533. Foi casado com D. Isabel de Meneses, irmã de Jorge de Melo, anadel-mor (ou capitão-mor) dos besteiros de D. João II (MORAIS, Cristóvão Alão de, *Pedatura Lusitana: nobiliário das famílias de Portugal*. Porto: Livraria Fernando Machado, vol. II, 1943-1948, pp. 61-63).

segundo parece indicar a rubrica que acompanha os versos. O motivo é o roubo de uma azêmola, quer dizer, uma besta de carga, a qual estava coberta com um reposteiro ou pano com um distintivo de particular prestígio: a cruz grega de cor vermelha que representa a Ordem de Cristo, de que ele era cavaleiro. Como podemos ver abaixo, tal discurso acusatório destaca-se tanto pelo seu registo coloquial quanto pelo seu tom irado:

> DE PERO DE SOUSA A DOM FERNANDO PEREIRA, ANDANDO AMBOS COM ŨA DAMA E NŨ CAMINHO FORAM ACHAR ŨA SUA AZEMELA COM Ũ REPOSTEIRO D' ARMAS ALHEAS
>
> Achámos-t'um reposteiro
> com cruz de Cristos no meo,
> que te nam custou dinheiro,
> mas tam certo como es feo,
> é alheo.
> Se o mandaras fazer,
> fora verde e lionado,
> ou tu mentes no cuidado
> em que m'eu vejo morrer.
> Compr'outro do teu dinheiro
> das cores de quem receo,
> qu'eu ja bem creo qu'es feo,
> mas descreo
> de ser teu o reposteiro.
> (vol. IV, nº 733)

Tendo em conta o assunto da composição, cabe perguntar se as tonalidades verde e leonada (cor loira escura, semelhante à do pelo de leão) se poderão ligar, em certa medida, aos valores simbólicos que possuem na lírica quatrocentista quanto ao estado anímico do amante: esperança, a primeira, e dor, a segunda. Ou, mais provavelmente, farão referência a outras ordens religioso-militares, em particular a de Avis, cujo distintivo é uma cruz florida, de esmalte verde, perfilada de ouro? Seja como for, note-se que estes versos constituem uma significativa amostra de marcada inspiração circunstancial, vocação dialógica e natureza lúdica que carateriza a obra versátil do alcaide-mor de Pombal no *Cancioneiro Geral*, com certa propensão para uma dramaticidade embrionária.

6.1.2.2. O amante experiente e sofredor

Como já comentámos em páginas anteriores, Pero de Sousa Ribeiro participa também na contenda sobre casuística amorosa com que se abre a vasta compilação de Garcia de Resende. Lembre-se que tal debate se inicia à volta de uma pergunta sobre qual atitude supõe uma amostra mais verdadeira do tormento que sofre o coração que ama: será o cuidar (a introspeção absoluta) ou o suspirar (a manifestação externa da dor através das exalações que procedem da alma)? Tudo se alicerça ali à maneira de um processo judicial conforme as regras do direito como campo de um saber perfeitamente codificado e apropriado para organizar a multiplicidade das vozes intervenientes (com personagens reais e fictícias) e a duplicidade de perspetivas. O nosso alcaide-mor de Pombal apresenta-se como defensor da autenticidade da segunda das reações servindo-se da sua própria experiência como indivíduo apaixonado. Afirma que os suspiros não podem ser comparados com nenhuma outra manifestação de amor em termos de sinceridade, pois não permitem descanso nem conforto algum a quem os padece: "E porque o sei tam bem, / digo, como quem o sabe / que cuidados cousas tem / que no sospirar nam cabe" (vol. I, nº 1). Considera-os superiores como representação da tristeza derivada da paixão e não admite qualquer outra opinião em sentido diferente:

> Nam queira ninguem falar
> em falar tam escusado
> como dizer qu' o cuidado
> é igual do sospirar.
> O cuidado é gram prazer,
> que prazer é ter espaço
> em qu' homem possa dizer:
> - Quanto mal nisto a mim faço!
> E por isto escusar
> deve qualquer namorado
> de dizer que o cuidado
> é igual do sospirar.
>   (vol. I, nº 1)

Nuno Pereira, o seu opositor direto em tal debate, chega mesmo a pedir condena para quem sustente essa argumentação, solicitando humoristicamente uma albarda para Pero de Sousa Ribeiro pela burrice do seu discurso. A discussão vai-se estendendo e, enquanto no primeiro julgamento vencem os defensores do suspirar, no segundo dita-se sentença a favor do cuidado. Estabelecem-se então as punições e a obrigação de correr com as custas do processo aos que se manifestaram como advogados do suspirar e fizeram declarações tão erradas como as do nosso autor. Propõe-se que nem ele (nem os que pensam como ele, que são "reos culpantes") encontrem consolo algum nas faces das damas que servirem, orientando-se as palavras para o campo de um erotismo com desejos insatisfeitos:

> Brito, Barreto, concordantes
> na sentença do entrejo,
> sempre sejam boons andantes,
> na cama nunca possantes
> e tenham grande desejo.
> E por maior pena deles,
> tambem de Pero de Sousa,
> as damas jaçam com eles,
> e chegando-se par' eles,
> desejando bem a cousa.
> (vol. I, nº 1)

Tal *disputatio* poética, próximo do *partimen* medieval criado a partir de um dilema sobre assunto sentimental e com base na doutrina aristotélica da ligação entre corpo e psique, chega a envolver-se de magnificência e luxo por várias vias: a da paixão concebida como patologia, recorrendo a considerações de teor médico-fisiológico e psicológico; a das vozes que, real ou ficticiamente, se deixam ouvir com ostentação e dialética versificatória mediante a sucessão de afirmações e refutações; e a da imagética relativa aos tribunais da Corte. Na verdade, estamos perante um exercício literário inserido no âmbito da sociabilidade palaciana, com posicionamentos mutáveis segundo as circunstâncias. Assim, apesar do protagonismo atingido por Pero de Sousa Ribeiro como defensor do suspiro nesse macrotexto coletivo do *Cancioneiro Geral*, noutras cantigas da sua autoria individual lamenta-se precisamente da desesperação que lhe provoca o cuidado. Numa delas insiste, de facto, em que tal sintoma da sua paixão por uma dama o acabará por matar:

> Aperfia meu cuidado
> comigo sem me deixar,
> tanto que seraa forçado,
> se dura, de me matar.

> Nunca me deixa tristeza
> de a ter tenho rezam,
> pois vejo meu coraçam
> contra mim em tal firmeza.
> Faz-me ser desesperado
> tal vida sem esperar,
> tanto que seraa forçado,
> se dura, de me matar.
>   (vol. IV, nº 731)

A sua voz autorizada como amador experiente levou-o a exalçar a sinceridade de quem suspira na célebre contenda, mas ainda noutra cantiga independente traz à colação a sua prática como sofredor em silêncio, reconhecendo que até ao presente dissimulou os seus sentimentos. Só após a sua partida do paço se atreveu a revelar abertamente a identidade da mulher que tanto amou em segredo (identificada como "minha senhora d'Eça" nos versos e "Dona Maria d'Eça" na rubrica que os acompanha). Dada a imediatez que carateriza a produção do *Cancioneiro Geral*, esta seria logo reconhecida por todos os cortesãos coetâneos, mas hoje, sem a explicitação de mais dados, não conseguimos descobrir a que senhora da nobre família dos Eça se refere:

> A que meu descanso empeça
> tempo é de a nomear,
> oo minha senhora d' Eça,
> parti-me sem vos falar!
>
> Se neste paço andava,
> senhora, sem vos servir,
> andava porque cuidava
> qu'era servir-vos mentir.
> Mas nunca a ninguem aqueça
> convosco dessimular,
> oo, minha senhora d' Eça,
> parti-me sem vos falar!
>   (vol. IV, nº 732)

Precisamente quanto ao tema do segredo na linha do amor cortês ou *fin'amors* medieval, cabe lembrar que, entre outros casos da lírica galego-portuguesa, os trovadores Garcia Martins e Pero da Ponte (Cancioneiro da Vaticana 1186) dialogaram sobre o que deve fazer o amante que não consegue silenciar por mais tempo o seu sofrimento, inclusive sabendo que a ousadia da revelação lhe poderá causar grande pesar. Enquanto o primeiro acredita que o apaixonado tem de ter a ousadia de declarar a sua coita, o segundo confessa que lhe faltará sempre coragem para isso. Afinal recorre-se ao monarca (com certeza, Afonso X, em cuja corte se compôs a maior parte das tenções) para que julgue ambos os posicionamentos, evidenciando-se assim como estas disputas "constituíam jogos artísticos, nos quais cada interlocutor tentava exibir o seu engenho e talento na arte de trovar"[119].

Da sua sinceridade ainda deseja fazer gala Pero de Sousa Ribeiro quando participa com uma trova numa espécie de certame poético incentivado por Fernão da Silveira e cujo tema é o louvor de D. Filipa de Vilhena. Estabelecendo-se como prémio um luxuoso tecido e tendo como juíza a referida dama, o nosso autor refere a supremacia desta sobre qualquer outra. Porém, declara, perante os outros quinze poetas que com ele concorrem (entre eles, alguns membros da comitiva manuelina a Compostela), que apenas quer o seu amparo e não a gratificação material:

> Nam quero tirar ninguem,
> quero-vos tudo leixar,
> que bem sei que podeis dar
> e ficar
> com mais do que todas tem.
> Ũa mercê me fareis,
> se me virdes namorado,
> senhora: que m'empareis,
> pois falo desenganado
> sem querer nenhum borcado!
> (vol. III, nº 567)

Noutra composição de Pero de Sousa Ribeiro desenvolve-se o motivo do casamento da senhora como fonte de dor para os pretendentes perante a perda de liberdade do galanteio a partir da imagética bélica, comum na tradição lírica

---

[119] MORÁN CABANAS, Maria Isabel, "A expressão de amor em debate: cuidar *versus* suspirar no *Cancioneiro Geral* de Garcia de Resende", in Mercedes Brea (ed.), *La expresión de las emociones en la lírica románica medieval*. Alessandria: Edizioni dell'Orso, 2015, pp. 343-360.

do amor cortês, mas aqui tratado de modo singular[120]. Recorre-se, de facto, à expressão "levantar bandeira" para referir o que o poeta quis fazer e que as núpcias impedirão, vendo-se obrigado a "baixar a bandeira". A inspiradora da cantiga, Dona Maria de Meneses, apresenta-se como uma *dame sans merci*, cuja indiferença se sente como crueldade e provoca uma grande perturbação ou "guerra" nos sentimentos do poeta:

> Em tudo nova maneira
> tomou meu bem d'acabar,
> em levantando a bandeira,
> comprio logo de baixar.
>
> Que perder a liberdade
> que tinha quem a mim tem
> nam sei como nem por quem
> a tantos faz crueldade.
> É guerra grande, inteira,
> qu'a mim haa-de guerrear,
> pois fui levantar bandeira,
> que comprio logo abaixar
>   (vol. III, nº 576)

O texto, que infelizmente não tem sido ainda objeto de uma pormenorizada atenção pela crítica, torna-se realmente bastante original no tratamento do tema, recorrendo a voz poética à sua própria experiência, pois declara ter sido já casado e conhecer, portanto, os males de tal estado: "Sei o mal do casamento / porqu'üa vez ja casei, / tenho dor, tenho tormento, / porque nam no encantoei" (vol. III, nº 576), estendendo a sua reflexão e a analogia da bandeira levantada *versus* abaixada à outra estrofe. Embora no *Cancioneiro Geral* a maioria dos apaixonados aceite de modo masoquista a coita de amor, outros se rebelam veementemente perante a crueldade feminina, sobretudo quando as damas dão preferência a um rival ou mesmo casam com ele. Quando estas são obrigadas por imposição paterna ou monárquica apenas cabe chorar e pedir compaixão, mas quando aceitam as bodas por própria vontade, os poetas declaram a sua

---

[120] Este e outro texto da autoria de Gonçalo Mendes Sacoto, em que nos deparamos com o jogo vocabular estabelecido entre "guerra" como substantivo comum e "da Guerra" como o nome da mulher inspiradora (vol. III, nº 551), figuram entre os de maior destaque na exploração da metáfora militar no *Cancioneiro Geral*.

ira, inclusive mediante o *topos* do *invicem flebis*, que condena a dama a sofrer o que o amante tem padecido, apelando mesmo à justiça divina.

Porém, o foco de comentário neste texto coletivo promovido por Pero de Sousa Ribeiro é exclusivamente a queixa pela perda. Em primeiro lugar, um camareiro-mor, provavelmente D. João Manuel, completa a imagem da bandeira abaixada com a recorrência à superstição ao declarar que "Nam parti com boas aves / e com pee ezquerdo entrei". Em segundo, D. Diogo de Almeida, o prior de Crato, hiperboliza o discurso através da comparação do seu desespero com a destruição do mundo, da qualificação da beleza da dama com o adjetivo "guerreira" e da denúncia do casamento de D. Maria de Meneses como "lei tam contra lei", mas sublinhando que se esta não é confirmada pelo rei causará grande confusão "e quem abaixou bandeira / torná-la-ia a levantar" (vol. III, nº 576)[121]. Assim, a composição sobressai não só pelos recursos expressivos utilizados pelo nosso alcaide-mor de Pombal, mas também pelos outros dois autores que lhe seguem com a inserção e adaptação particular de fórmulas expressivas do âmbito militar e da fortuna às circunstâncias sociais da vida na Corte.

6.2. Os versos "Alta Rainha Senhora / Santiago por nós ora"

6.2.1. Tema e identificação definitiva de personagens em interação

Na composição inserida na celebração do regresso da peregrinação de D. Manuel I a Lisboa confluem a devoção religiosa e a temática amorosa sob o espírito lúdico dominante em toda a obra de Pero de Sousa Ribeiro. Nesse sentido, podemos dizer que os seus versos se aproximam, em certa medida, das simbioses sacro-profanas que se registam, em tom hiperbólico,

---

[121] Tenha-se em conta a intensa política de casamentos levada a cabo na época, quer entre famílias portuguesas quer entre portuguesas e castelhanas, destinada sobretudo a garantir a paz com o reino vizinho. Assim, no *Cancioneiro Geral*, registam-se advertências sobre o risco que corre quem se apaixonar por alguém cujo matrimónio tinha sido já negociado por instâncias superiores. Para uma análise das atitudes mostradas perante os matrimónios das senhoras na coletânea lusa, pode consultar-se, entre outros, MORÁN CABANAS, Maria Isabel, "Conflitos amorosos no *Cancioneiro Geral*: pragas de despeito contra a mulher casada", in Armênia Maria de Souza e Renata Cristina de Sousa Nascimento (orgs.), *Discursos, conflitos e temporalidades*. Cachoerinha: Fi, 2024. Disponível em http://www.editorafi.org Acceso: 03/08/2024.

em toda a poesia quatrocentista peninsular. Mediante um discurso redigido à maneira de oração ou súplica e posto na boca dos cortesãos que acompanham o monarca a Galiza, pede-se, com efeito, uma intercessão dupla: a do santo cujos restos se visitaram e a da senhora que ocupava naquela altura o trono de Portugal. Assim, as figuras do Apóstolo Santiago e da rainha D. Maria, segunda esposa de D. Manuel I e filha dos Reis Católicos, aparecem situadas ao mesmo nível, facto que revela tanto ousadia como permissibilidade, dado o ambiente festivo em que se inscreve a composição:

> Alta Rainha, Senhora,
> Santiago por nós ora.
>
> Partimos de Portugal
> catar cura a nosso mal,
> se nos Ele e vós nam val,
> tudo é perdido agora.
>
> Pois que somos seus romeiros
> e das damas tam enteiros,
> cessem jaa nossos marteiros,
> que nunca cessam ü hora.
>
> Pedimos a Vossa Alteza,
> em qu' estaa nossa firmeza,
> que nam consinta crueza
> neste seram oos de fora.
>
> Aqui nos tem ja presentes
> de nossos males contentes,
> pois nom valem aderentes,
> hoje nos valei, Senhora.
> (vol. IV, nº 734)

O pedido liga-se ao contexto da sedução palaciana, visando a libertação do sofrimento que a constante indiferença das damas provoca nos amadores. A partir da exortação do mote ("Alta Rainha, Senhora, / Santiago por nós ora"), estes confiam a sorte das suas relações à fé que lhes inspiram os dois seres superiores em questão, assistindo-se assim a uma divinização ou sacralização da rainha. Os cortesãos autonomeiam-se peregrinos ("romeiros" é concretamente o termo utilizado no texto) que partem de Portugal à procura de salvação do mal de amores. E a lembrança do martírio que nunca cessa, dada a "crueza" das damas *sans merci*, contrasta com a satisfação e confiança que sentem os sujeitos, declarando-se abertamente contentes com seu regresso à Corte. Presentes já nos serões e com o temor de serem rejeitados como quem vem de fora, encomendam diretamente a sua acolhida pelas senhoras aos dois melhores auxiliadores. Se o santo os recebeu em Santiago de Compostela, é agora a rainha a quem prestam lealdade (repare-se, com efeito, no significativo par de rimas" Alteza" / "firmeza") que os espera em Lisboa. A voz poética coletiva, que representa os membros da comitiva da romaria, solicita a proteção de ambos (conscientes de que qualquer outro intermediário não poderá socorrê-los: "pois nam valem aderentes")[122].

Na verdade, a proliferação de modismos e fórmulas de procedência religiosa tornou-se extraordinária na lírica peninsular de finais da Idade Média e inícios da Renascença, recorrendo a todo um leque de possibilidades de acomodação de orações, ritos, passagens da Bíblia e conceitos teológicos a contextos eróticos. A construção de tal escrita a partir do imaginário piedoso e dos seus modelos estruturais foi já um procedimento habitual na divinização da mulher na obra dos trovadores provençais a partir da relação estabelecida entre o serviço amoroso e o culto sagrado. E a síntese em questão tem provocado, de facto, uma acesa polémica na tradição crítica, a qual a entendeu como um atentado contra o bom gosto e o respeito à fé cristã. Esta chegou a ligá-la quer ao desconcerto dos conversos na sociedade cristã e à sua conseguinte confusão de hierarquias espirituais quer às paródias irreverentes dos goliardos e da literatura francesa, apesar de que nos cancioneiros quatrocentistas quase nunca se acompanham de notas satíricas – ao contrário, envolve-se amiúde de uma atmosfera de solenidade[123].

---

[122] Interpretamos o termo "aderentes" com o sentido apontado por Aida Fernanda Dias: "Aquele ou aquela que está ligado a alguém por afinidade, dependência ou amizade; protector; o que serve de empenho" (*Cancioneiro Geral de Garcia de Resende-Dicionário*...s.v.).

[123] Para uma revisão bibliográfica de argumentações e pareceres sobre essa *religio amoris* e a sua projeção poética através dos séculos cabe remeter para GERLI, E. Michael, "Eros y agape: el sincretismo del amor cortés en la literatura de la baja Edad Media castellana", in Evelin. Rugg – Alan. M. Gordon (eds.), *Actas del Sexto Congreso Internacional de Hispanistas*. Toronto: University of Toronto, 1980, pp. 316-319. E, quanto a uma antologia da reescrita de textos religiosos em chave profana nas literaturas românicas da Idade Média e do Renascimento com atualização bibliográfica, consulte-se especialmente GERNET, Folke, *Parodia y contrafacta en la literatura medieval y renacentista*. San Millán de la Cogolla: Fundación San Millán de la Cogolla, 2009, 2 vols.

Perante a controvérsia levantada, vieram a surgir afinal posicionamentos conciliatórios que vincularam o fenómeno ao desenvolvimento de uma mudança de orientação vital como sintoma de uma crise de ortodoxia cristã e reflexo de valores que entraram em fermentação, mas sem intenção crítica nem ofensiva. Da metáfora mais singela chega-se a analogias como a da paixão do amador com a do próprio Cristo e a adaptações tão exigentes como as de partes da Missa, Mandamentos, Salmos Penitenciais etc., as quais constituem verdadeiros *contrafacta* eróticos. Ora, os versos de Pero de Sousa Ribeiro afastam-se doutras apropriações complexas e pormenorizadas, recorrendo apenas à fórmula da prece num contexto lúdico-festivo e à junção sacro-profana (em particular, sacro-monárquica) a partir de um mote em que se invoca o Apóstolo e a rainha D. Maria como Senhora, significativamente em rima com a forma verbal "ora"[124].

Parece igualmente pertinente deter-nos aqui nas surpreendentes hesitações da tradição bibliográfica com respeito à identidade dessa personagem apelada como mediadora junto a Santiago, tendo-se mesmo apontado de modo despropositado -por incoerências cronológicas- para figuras como a soberana D. Isabel de Aragão, esposa de D. Dinis. Como já comentámos em páginas anteriores, a Rainha Santa deslocou-se a Compostela no mês de julho de 1325, ano em que ficou viúva, o que pode ser considerado como uma ação piedosa em prol da sua própria alma e do seu marido. No entanto, o monarca, embora tenha doado uma importante quantidade de dinheiro à Sé de Compostela, não chegou nunca a visitar o túmulo do Apóstolo. Foi apenas ela que viajou de Coimbra à Galiza como devota peregrina e realizou generosas oferendas à basílica jacobeia, deixando um forte impacto na memória coletiva. Tanto é assim que "no norte do país é difícil encontrar uma paróquia de Santiago que não reivindique que ela passou por ali"[125].

---

[124] As referências à peregrinação como prática persistirá em referências literárias e espetaculares, entroncando com as cantigas trovadorescas e com a presença de elementos fortemente dramáticos na narrativa litúrgica e na prédica da Idade Medieval ligada ao Apóstolo e à capital galega, tal como defende Maria do Amparo Tavares Maleval, *O teatro medieval e seus congêneres em Santiago de Compostela (séculos XII_XIII)*. Niterói: Xunta de Galicia / EDUFF, 2021, pp. 112-175.

[125] CUNHA, Arlindo de Magalhães Ribeiro, "A devoção e a peregrinação jacobeias em Portugal", *Ad Limina*, vol. 2, nº 2, 2011, p. 105.

E, como carece de qualquer rigor a identificação da "Alta rainha soberana" do texto de Pero de Sousa Ribeiro com D. Isabel, afastam-se também da realidade os estudiosos que, na esteira de Teófilo Braga, apontam a possibilidade de que a figura aludida seja uma personagem diretamente ligada à família real, mas não uma rainha: D. Filipa de Lencastre, de Odivelas ou de Coimbra, a filha do infante D. Pedro, duque de Coimbra e regente de Portugal entre 1439 e 1448, e de D. Isabel de Urgel (e neta, portanto, do rei D. João I, o da Boa Memória, e D. Filipa de Lencastre). Após a morte do seu pai na batalha de Alfarrobeira pelas tropas de D. Afonso V, dedicou-se à educação da sua sobrinha e filha deste monarca, a infanta Joana (também chamada Santa Joana Princesa, embora apenas reconhecida oficialmente pela Igreja como Beata). A jovem, após várias negociações de casamento frustrados com vários membros das monarquias europeias, ingressou no Convento de Jesus de Aveiro, pertencente à ordem dominicana feminina. Por sua vez, D. Filipa, com autorização do papa Sisto IV e embora sem professar, entrou no mosteiro cisterciense de Odivelas, onde se entregou ao estudo, à escrita de tratados espirituais e políticos e, sobretudo à tradução de obras religiosas para o português.

Perante a falta de saúde que padeceu a sua sobrinha em determinada altura, ela quis estar ao seu lado e prestar-lhe assistência no seu último transe, deslocando-se para Aveiro junto à própria abadessa de Odivelas e um grupo de treze freiras de tal comunidade, que a acompanharam na viagem. Segundo declara Soror Margarida Pinheiro, que partilhou espaço intramuros com as duas mulheres em questão e a quem amiúde se atribui a autoria da *Crónica da Fundação do Mosteiro de Jesus de Aveiro* e do *Memorial da Infanta Santa Joana, filha del Rei Dom Afonso V*, D. Filipa prometeu, perante o falecimento da Infanta, "ir ao jubyleu de Sanctiago que esse mesmo anno era e corria e determynou partyr e ir logo com toda sua gente que trazia. E assinado ho dia e espidindo sse [...] partyo sse pera sua Romarya"[126]. A 14 de maio de 1490 empreenderia, com efeito, a peregriação a pé para orar perante o túmulo do Apóstolo, realizando todo o trajeto com as religiosas que vieram com ela desde Odivelas nesse ano jubilar:

---

[126] MARTINS, Mário, *Peregrinações e Livros de Milagres na nossa Idade Média*. Lisboa: Brotéria, 1957, p. 121.

> [...] determinou a senhora Dona Felippa por ser anno de jubileu em Santiago visitar a Igreja do Sagrado Apostlo. Fez a romaria a pé com as companheiras que levava, admirando a todos, os que vião empreender tão comprida viagem, com tanto discommodo. Não duvido que fizesse a romaria pela alma da sobrinha defunta.
>
> Passados alguns meses nesta ocupação, chegou ultimamente a Odivelas, aonde continuou os exercícios costumados[127]

Seguindo as hipóteses de Teófilo Braga e sem uma leitura minimamente atenta da rubrica e dos versos, as confusões relativas à interpretação, identificação de personagens e data de elaboração do texto de Pero de Sousa Ribeiro chegaram a persistir quase até hoje em estudos que focam a compilação de Garcia de Resende em geral ou aspetos da (para)teatralidade cortesã nos finais da Idade Média e alvores da Renascença[128]. Não dispomos de qualquer prova documental que demonstre que D. João II tenha sido peregrino a Santiago de Compostela: definitivamente, ele não é o rei recebido com alegria à sua chegada a Lisboa nem a romaria da sua tia D. Filipa em 1490 tem a ver com o conteúdo do vilancete compilado por Garcia de Resende. Como já vimos em capítulos anteriores, é fácil verificar através das crónicas e da documentação que no texto se faz referência a D. Manuel I e a D. Maria, com quem tinha casado em segundas núpcias e de quem tinha tido um filho havia apenas alguns meses, o futuro D. João III. É ela que o espera e o recebe num cerimonial festivo em que se interpreta a prece rimada.

A propósito dos assuntos mais abordados no género poético-musical do vilancete cultivado na Península Ibérica, cumpre distinguir os cinco seguintes vetores: o amoroso-cortesão, com elogios hiperbólicos à dama como expressão de uma paixão idealizada e convencional; o pastoril, com

---

[127] BRANDÃO, Francisco, *Conselho, e voto da Senhora Dona Felippa filha do Infante Dom Pedro*. Lisboa: Officina de Lourenço de Anveres, 1643, p. 46.

[128] De modo bastante excecional e até precursor entre os investigadores, Anselmo Braancamp Freire suspeitou da teoria exposta por Teófilo Braga, afastando-se dela e qualificando explicitamente as suas notícias como "fantasiosas" (*Vida e obras de Gil Vicente, 'Trovador, Mestre da Balança*. Lisboa: Revista Ocidente, 1944), porém estas continuaram a ser divulgadas com assiduidade. Deparamo-nos com o erro de datação, por exemplo, em abordagens como a de Duarte Ivo Cruz, que declara: "Em 1490, entretanto, foi apresentado outro momo, para o qual Pêro de Sousa compôs um belo vilancete" ("O espectáculo teatral na época de D. Manuel I", in *III Congresso Histórico de Guimarães...*, p. 346).

diálogos de amor entre pastores; o amoroso-popularizante, com vozes masculinas ou femininas que desenvolvem motivos do repertório folclórico tradicional; o sociopolítico, que parte sobretudo de circunstâncias particularmente ligadas a entretenimentos do paço; e o religioso, com cantos em louvor da Virgem e das festas do Natal. Porém, amiúde nos deparamos também, dentro desse quadro geral, com casos de hibridação a partir da interação de dois ou mais dos filões citados. Assim, quanto à composição de Pero de Sousa Ribeiro, podemos dizer que se destaca o cruzamento de vários deles, particularmente do amoroso-cortesão, do sociopolítico e do religioso.

Aliás, do ponto de vista estilístico, já reparámos acima na confluência do tom lúdico com o de súplica através da recorrência a uma hipérbole sacro-profana que se alicerça tanto na junção das apelações a Santiago com as da rainha D. Maria, quanto na perífrase "Alta Rainha Senhora". De tal sintagma parece lícito fazer, com efeito, uma leitura em chave polissémica: como alusão à esposa do rei peregrino a Compostela e como invocação à Virgem Maria, habitualmente representada mediante essa tríade de vocábulos na tradição literária medieval e na iconografia do gótico (a partir do século XIII os artistas amiúde mostram a sua imagem com insígnias regias, rodeada de um séquito de anjos e santos e com uma resplandecente coroa colocada sobre a sua cabeça pelas mãos do próprio Deus).

6.2.2. Intertextualidades: a festa do Natal de 1500 com a participação de D. Manuel I e D. Maria

No percurso das pesquisas efetuadas sobre o poema em questão, deparamo-nos com um documento que resulta imprescindível trazer aqui à colação pelas coincidências existentes entre ambos de vários pontos de vista. Trata-se de uma carta original e autógrafa de Ochoa Álvarez de Ysásaga, que ostentou, entre outros títulos e cargos, os de comendador da Ordem de Santiago, embaixador dos Reis Católicos em Portugal e, concretamente durante o período de 1502 e 1509, foi secretário da sua filha D. Maria, convertida em rainha de Portugal pelo seu matrimónio com D. Manuel I. A missiva, conservada no Arquivo de Simancas (Leg. 367, f. 19), descreve as festas organizadas no Paço Real de Lisboa no Natal de 1500, ano das bodas régias e apresenta, como veremos, um extraordinário interesse pela sua minuciosidade quanto à cenografia, figurinos e roteiro de atuações.

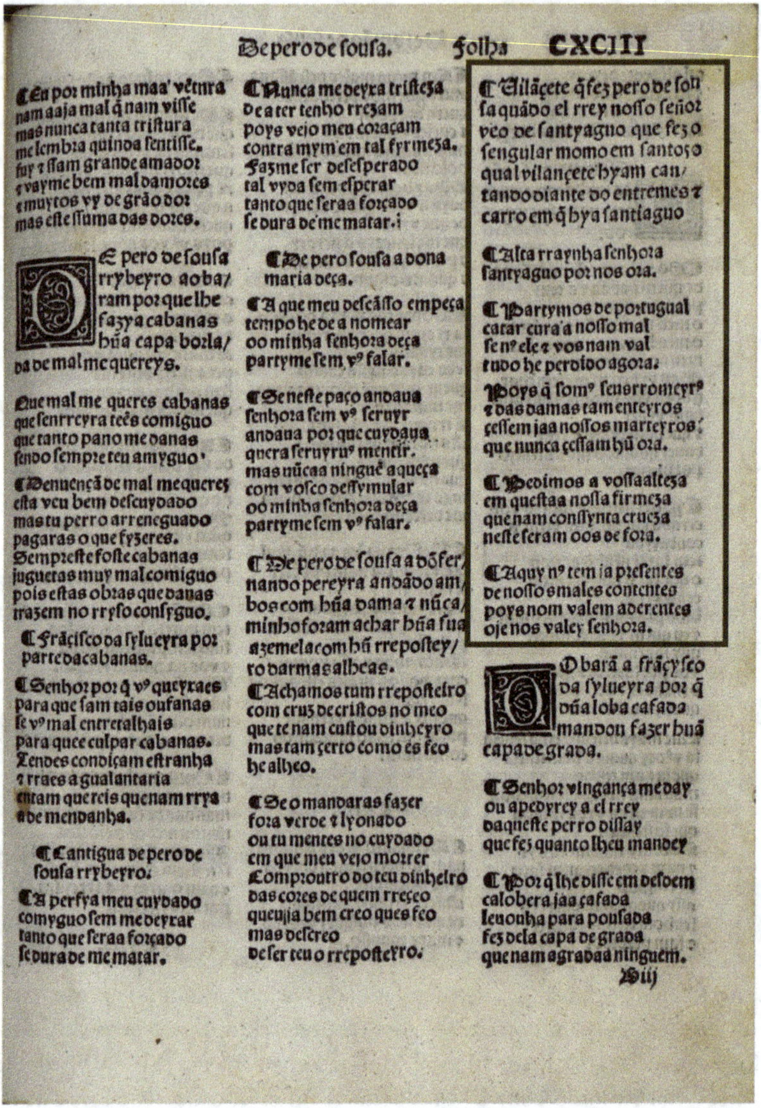

De pero de ſouſa. Folha CXCIII

¶ Eu por minha maa' vẽtura
nam aaja mal q̃ nam viſſe
mas nunca tanta triſtura
me lembra quinda ſentiſſe.
fuy ẽ ſſam grande amador
ẽ vayme bem mal damores
ẽ muytos vy de grão dor
mas eſte ſſuma das dores.

E pero de ſouſa rrybeyro ao baram porque lhe fazya cabanas hũa capa borlada de mal me quereys.

Que mal me queres cabanas
que ſenrreyra tees comiguo
que tanto pano me danas
ſendo ſempre teu amyguo.

¶ Denuençã de mal me queres
eſta veu bem deſcuydado
mas tu perro arrenegado
pagaras o que fyzeres.
Sempre eſte foſte cabanas
jugueras muy mal comiguo
pois eſtas obras que danas
trazem no rryſo conſyguo.

¶ Frãçiſco da ſylueyra por parte da cabanas.

¶ Senhor por q̃ vꝰ queyraes
para que ſam tais oufanas
ſe vꝰ mal entretalhais
para quee culpar cabanas.
Tendes condiçam eſtranha
ẽ traes a gualantaria
entam quereis que nam rrya
a de mendanha.

¶ Cantigua de pero de ſouſa rrybeyro.

¶ A perfya meu cuydado
comyguo ſem me deyxar
tanto que ſeraa forçado
ſe dura de me matar.

¶ Nunca me deyxa triſteza
de a ter tenho rrezam
poys vejo meu coraçam
contra mym em tal fyrmeza.
Fazme ſer deſeſperado
tal vyda ſem eſperar
tanto que ſeraa forçado
ſe dura de me matar.

¶ De pero ſouſa a dona maria deça.

¶ A que meu deſcãſſo empeça
tempo he de a nomear
oo minha ſenhora deça
partyme ſem vꝰ falar.

¶ Se neſte paço andaua
ſenhora ſem vꝰ ſeruyr
andaua porque cuydaua
que era ſeruyru ꝰ mentir.
mas nũca a ninguẽ aqueça
com voſco deſſymular
oo minha ſenhora deça
partyme ſem vꝰ falar.

¶ De pero de ſouſa a dõ fernando pereyra andãdo ambos com hũa dama ẽ nũca minho foram achar hũa ſua azemela com hũ rrepoſteyro darmas alheas.

¶ Achamos tum rrepoſteiro
com cruz de criſtos no meo
que te nam cuſtou dinheyro
mas tam çerto como és feo
he alheo.

¶ Se o mandaras fazer
fora verde ẽ lyonado
ou tu mentes no cuydado
em que meu vejo morrer
Compr outro do teu dinheiro
das cores de quem rreçeo
que ja bem creo que es feo
mas deſcreo
de ſer teu o rrepoſteyro.

¶ Vilãçete q̃ fez pero de ſouſa quãdo el rrey noſſo ſeñor veo de ſantyaguo que fez o ſengular momo em ſantos o qual vilançete hyam cantando diante do entremes ẽ carro em q̃ hya ſantiaguo

¶ Alta rraynha ſenhora
ſantyaguo por nos ora.

¶ Partymos de portugual
catar cura a noſſo mal
ſe nꝰ ele ẽ vos nam val
tudo he perdido agora.

Poys q̃ somꝰ ſeus rromeyrꝰ
ẽ das damas tam enteyros
çeſſem jaa noſſos marteyros
que nunca çeſſam hũ ora.

¶ Pedimos a voſſa alteza
em queſtaa noſſa firmeza
que nam conſſynta crueza
neſte ſeram oos de fora.

¶ Aquy nꝰ tem ja preſentes
de noſſos males contentes
poys nom valem aderentes
oje nos valey ſenhora.

O barã a frãçyſco da ſylueyra por q̃ hũa loba caſada mandou fazer hũa capa de grada.

¶ Senhor vingança me day
ou apedyrey a el rrey
daqueſte perro diſſay
que fez quanto lheu mandey

¶ Por q̃ lhe diſſe em deſdem
ca lobera jaa caſada
leuou ha para pouſada
fez dela capa de grada
que nam agradaa ninguem.

Hiij

Figura 4: Vilancete "Alta Rainha, Senhora", de Pero de Sousa Ribeiro, no *Cancioneiro Geral*. Lisboa: Hermã de Cãpos, 1516, fól. CXCIII (Fonte: Biblioteca Nacional de Portugal, cota bpe-res-0233).

Ali passa-se em revista, com extraordinário pormenor, todos os passos e comportamentos do casal, atentando nos seus gestos, trajes e complementos, assim como nos seus manjares, interpretações musicais que para ele foram interpretadas e pessoas que o acompanhavam em cada momento. Entre as últimas, sobressaem as esposas do marquês de Vila Real e do barão de Alvito, dois cavaleiros que peregrinarão a Compostela com o monarca dois anos depois, as quais desejavam conhecer as damas da rainha, pois suspeitavam que os seus maridos serviam duas destas e por tal motivo não lhes prestavam a elas a devida atenção: "no hasian caso delas y el caso porque se sienten ellas es que el marques sirve à Doña María de Cardenas y el varón á Doña Leonor de Millán[129].

Ochoa de Ysásaga detém-se particularmente na preparação e execução do espetáculo natalino, que se baseou sobretudo em momos com grandes invenções apresentadas ao som de trombetas: "con grand estruendo como para la fiesta que se esperaba"[130]. A primeira figuração descrita é a de um horto de encantamento com frondosa vegetação onde estava uma árvore caraterizada como um ser de gigantescas dimensões e horrenda fisionomia, com três cabeças, seis mãos e uma cauda. E é nesse quadro de ficção que, perante D. Manuel I, o cortejo de damas de D. Maria entrega à rainha um escrito que dizia o seguinte:

> Estando en Itiopia en nuestro huerto damore Sagrado guardado por el Dragon usando de aquel poder que por los Dioses nos fué otorgado de dar remedio á todos los verdaderos amadores vino á nos lo pidir un príncipe tan enamorado que el so he comparacion de si mismo porque la grandeza de sua pena es mayor que nosa sabeduria y porque en tua alteza que he merecedor de seus amores está o remedio deles é no en nós o tracemus aqui á te pidir que o quieras remediar porque á tua soygecion estima mays estar, que á todos seus Señorios é todos os cavalleros de sua compañia en poder de tuas damas é uoso sean soygetos é sendo coza tan nova

---

[129] Seguimos a transcrição que se inclui em VARNHAGEN, Francisco A., *Florilégio de Poesia Brazileira*. Lisboa: Imprensa Nacional, 1850, pp. 369-380. Pode consultar-se também o já clássico estudo de RÉVAH, Israel Salvatore, "Manifestations théâtrales pré-vicentines: les Momos de 1500", *Bulletin d'histoire du théâtre portugais*, nº 3, 1952, pp. 91-105 e, para uma comparação com o cenário cenográfico de peças natalinas de autores como Gil Vicente ou Juan del Encina, cumpre remeter, por exemplo, para SÁNCHEZ-HERNÁNDEZ, Sara, "*Ut pictura theatrum*: escenografía navideña en el teatro de Juan del Encina y Gil Vicente", *Studia Aura*, nº 13, 2019, pp. 333-359.

[130] VARNHAGEN, Francisco A., *Florilégio de Poesia Brazileira*, p. 373.

aquela que á todas podian dar remedio o viren pidir a ty por ver una princesa de tanta escelencia ouvemos por probeyto a perda deste poder á te pidimus que nos lo queras otorgar por que o traballo deste camiño se torne en muyto seu é noso descansa e teu servicio[131].

Torna-se evidente a analogia, em termos temáticos e léxico-discursivos, do espetáculo régio do Natal de 1500 com o poema "Alta Rainha Senhora, / Santiago por nós ora" de Pero de Sousa Ribeiro. Observe-se que em ambos os textos se pede à alta soberana remédio para os verdadeiros amadores e se vem procurar *in situ* a sua proteção ou mediação. Aliás, durante a representação do primeiro, apareceu o monarca rodeado dos principais cavaleiros da Corte, todos ocultos sob máscaras e cimeiras entre grande estrondo de músicas e danças que eles próprios interpretaram. Dirigiu-se ao estrado que se tinha instalado para a ocasião e a sua mulher, descobrindo logo a sua identidade, levantou-se e aproximou-se dele, tirando-lhe "la caratula y el bonete" e, com grande prazer, fizeram-se mútuas reverências. Os dois cônjuges participaram ativamente na festa e D. Maria acabou por receber outro escrito da mão de quatro cavaleiros "echos momos muy lucidos con sus caratulas" e com uma nova petição de proteção e mediação na sedução das damas:

> M.^{to} alta é m^{to} escelente.
> Reyna é m.^{to} poderosa Señora.
>
> Veimos á este Seran
> Cada un por sua dama
> É vimos a sin razon
> Que se fas a quen ben ama
> É tornamos á pidir
> Por merced á vosa Alteza
> Que nos de a quen nos fiz venir
> Para que de prazer á tal tristeza[132].

Ainda um cavaleiro apareceu a seguir perante a soberana como embaixador de Cupido, levando um gigante encadeado y "detrás del tres momos muy losidos

---

[131] VARNHAGEN, Francisco A., *Florilégio de Poesia Brazileira*, p. 705.
[132] VARNHAGEN, Francisco A., *Florilégio de Poesia Brazileira*, p. 707.

con sus caratulas". Este, declarando saber que o seu marido tem determinado fazer guerra aos inimigos, revela os seus desejos de o favorecer e pede-lhe, em contrapartida, a sua ajuda para evitar que os cortesãos caraterizados não sofram por causa das suas damas: "e te pide que mandes á las damas de estos tres suyos á que mas que á todos debe por buennos amadores que sus cruezas en ellos no usen porque sino se emendon, muy presto seran culpadas en su muerte y el los tera perdidos"[133].

Porém, nesta imprescindível comparação não é apenas a demanda de proteção de amadores, num cenário em que D. Manuel I e a sua esposa D Maria se tornam simultaneamente protagonistas ativos e alvos de homenagem, que salta à vista. À analogia discursiva entre o espetáculo de Natal de 1500 e a interpretação do vilancete composto na receção do monarca quando chega de Compostela soma-se a presença do marquês de Vila Real e do barão de Alvito em ambas as ocasiões, o que talvez permita identificar o primeiro como ponto de partida ou fonte de inspiração do segundo e inclusive apontar para Pero de Sousa Ribeiro como o responsável pela autoria de um e outro texto. Tais coincidências revelam-se ainda muito mais significativas quando a celebração continua com a encenação de "ocho romeros que iban á Santiago con sus bordones y conchas en um bergantín fecho artificialmente", os quais desembarcam e entregam ao rei um escrito que dizia:

> Las nuevas van tan crecidas
> Rey Santo de tu pasage
> Que siendo por nos sabidas
> Fecha la pelegrinagen
> Te ofrecemos las vidas
> Á seguirmos tu viaje
> Sabe que nuestra tencion
> En esta guerra que tant'amas
> Que es servirmos las dos damas
> De las muy famosas Enrriquez y de Millan[134].

Como afirma Eugenio Asensio: "Qué guerra era aquella que se planeaba lo sabemos por los romeros de Santiago (…). Se trataba nada menos que de la reconquista de Jerusalén, quimera favorita de soberanos soñadores

---

[133] VARNHAGEN, Francisco A., *Florilégio de Poesia Brazileira*, p. 708.
[134] VARNHAGEN, Francisco A., *Florilégio de Poesia Brazileira*, p. 710.

y noveleros"[135]. Nem é preciso lembrar que não só os nobres solteiros da Corte, mas também os casados se empenhavam na conquista das damas de princesas e rainhas, destacando-se nesse sentido o marquês de Vila Real, um dos que visitaria o sepulcro do Apóstolo em 1502. Durante os festejos motivados pelo nascimento do primogénito de D. Manuel I e D. Maria, este chegaria a endividar-se pelos gastos que fez para impressionar a sua amada. Tanto foi a fama das suas despesas na sedução que chegou a ser comentada pelo cronista Gaspar Correia e pelo embaixador veneziano Lunardo di Cà Masser quando esteve em Lisboa nos inícios do século XVI: "Uno marquexe, che si chiama Villa Real, el qual è zerman cusin de questo Sereníssimo Re, el qual è pocho reputado in corte per esser legiero de cervello, et più tosto acusato per pazo che altarmente"[136].

Enfim, tornam-se mais do que evidentes os entrecruzamentos dos versos que fazem parte dos momos do Natal de 1500 no Paço Real de Lisboa e os da chegada de D. Manuel I da peregrinação à Galiza sob várias dimensões. Diga-se, outrossim, que em ambos os casos nos encontramos com idênticas personagens: os mesmos fidalgos e as mesmas "famosas damas" da rainha D. Maria por eles pretendidas, cujas cumplicidades seriam conhecidas publicamente no estreito círculo palaciano, como se pode observar na carta de Ochoa de Ysásaga. Nela explicita-se, entre outros, o já referido nome de Leonor de Milá y Aragão, bisneta de D. Juan II, rei de Aragão, que contraiu matrimónio com D. Nuno Manuel, 1º senhor de Salvaterra de Magos e integrante da comitiva a Compostela[137].

---

[135] "De los momos cortesanos a los autos caballerescos de Gil Vicente", in *Estudios Portugueses*. Paris: Fundação Calouste-Gulbenkian, 1974, p. 30.

[136] SÁ, Isabel dos Guimarães, *Duas irmãs para um rei: Isabel (1470-1498) e Maria (1482-1517), filhas dos Reis Católicos*. Lisboa: Círculo de Leitores, 2012, p. 136.

[137] Também no teatro já plenamente consolidado do século XVI nos depararemos com a peregrinação integrada num ambiente profano a partir das intrigas amorosas ou casamentos secretos que originam as deslocações, como acontecerá no anónimo *Auto de Vicente Anes Joeira* ou na *Comedia Eufrosina*, de Jorge Ferreira de Vasconcelos (CAMÕES, José, "Prefácio", in MALEVAL, Maria do Ampara Tavares, *O teatro medieval e seus congêneres em Santiago de Compostela...*, p. 16).

6.2.3. Tradição trovadoresca galego-portuguesa de peregrinação régia e encontro amoroso

A partir dessa presença de Santiago como figura de peregrinação e ser invocado na qualidade de intermediário de amores no *Cancioneiro Geral* pelos próprios romeiros, torna-se pertinente lembrar brevemente as referências ao Apóstolo registadas nos cancioneiros manuscritos galego-portugueses. Ele é o único santo que aparece aí mencionado até em três ocasiões, sempre no discurso de cantigas de amigo de trovadores de origem galega, nas quais a jovem apaixonada se situa perante o Apóstolo:

- "Ai Santiago, padron sabido" (Cancioneiro da Biblioteca Nacional 843 / Cancioneiro da Vaticana 429), de Pai Gomes Charinho;
- "Por fazer romaria, pug'en meu coraçon" (Cancioneiro da Biblioteca Nacional 663 / Cancioneiro da Vaticana 265), de Airas Fernandes Carpancho
- "A Santiag'en romaria vem" (Cancioneiro da Biblioteca Nacional 874 / Cancioneiro da Vaticana 458), de Airas Nunes.

Enquanto na composição de Pai Gomes Charinho a donzela se dirige a Santiago como padroeiro reconhecido e lhe pede que traga de volta o seu amado sem alusões diretas ao santuário, nas outras duas menciona-se tanto a deslocação em romaria ("fazer romaria" ou "vir em romaria"), quanto a vinda do soberano, o que revela uma intencionalidade propagandística. D. Sancho IV de Castela (1284-1295) realizaria, de facto, uma viagem a Compostela na segunda metade de 1286, a qual estaria motivada por questões políticas e a vontade de cumprir uma promessa feita durante a campanha contra os muçulmanos que tinha acontecido no ano anterior.

O primeiro dos trovadores, presumivelmente natural de Pontevedra, acompanhou-o na peregrinação jacobeia, circunstância que provavelmente tenha inspirado os seus versos. A partir de então ficaria na Galiza, desempenhando aqui importantes funções, como a de meirinho-mor e almirante do mar. O exercício desta última parece ter repercutido, com efeito, na frequência do tema marinho na sua produção poética e na criação de uma série de imagens ligadas a tal campo semântico, bastante originais no âmbito da lírica galego-portuguesa. Quanto ao refrão da cantiga em que se menciona Santiago, cumpre lembrar que dialoga com outro texto do mesmo género e da mesma autoria cuja voz feminina exprime a sua satisfação porque o amigo leva no navio as flores ("As frores do meu amigo / briosas van no navio", Cancioneiro da Biblioteca Nacional 817 / Cancioneiro da Vaticana 401), elemento inusitado no espaço marítimo e interpretável como sinal de amor – torna-se lícito pensar, inclusive, numa referência de tipo biográfico ou talvez heráldico, já que a sua mulher pertencia à nobre família dos Aldao Maldonado, cujo brasão ostentava, pelo menos em séculos posteriores, cinco flores-de-lis[138]. Aliás, a presença das torres de Jaén parece revelar a influência de versos tradicionais relativos às guerras entre cristãos e mouros pela sua posse, não apresentando uma relação direta com a reconquista dessa cidade andaluza, acontecida quatro décadas antes:

> Ai, Santiago, padron sabido,
> vós me adugades o meu amigo!
> *Sobre mar ven quen frores d'amor ten,*
> *mirarei, madr', as torres de Geen.*
>
> Ai, Santiago, padron provado,
> vós me adugades o meu amado!
> *Sobre mar ven quen frores d'amor ten,*
> *Mirarei, madr', as torres de Geen.* (B843 / V429)

No que diz respeito ao texto de Airas Fernandes Carpancho, caberia pensar que a alusão a Santiago aponta para o culto prestado em qualquer pequena igreja das muitas existentes na Galiza sob tal nome, mas a documentação histórica situa o autor no âmbito catedralício. Pertencente a uma linhagem cujos ascendentes tinham laços de parentesco com o primeiro arcebispo, Diogo Gelmires, os seus pais foram sepultados às portas da Sé e tinham

---

[138] Veja-se COTARELO Y VALLEDOR, Armando. "Cancionero de Payo Gómez Chariño", *Boletín de la Real Academia Española*, 16, 1929, p. 485. Trata-se de uma lenda registada em diversas crónicas e nobiliários, segundo os quais o avô desta dama conseguiria tal divisa ao obter a vitória num duelo estabelecido com Guilherme, duque de Normandia e sobrinho do rei D. Filipe da França, para reparar uma ofensa. O vencedor reclamaria como recompensa ou prémio aquilo que seria brasão e divisa dos seus descendentes: cinco das flores que o monarca francês exibia no seu escudo de armas. Este conceder--lhas-ia, mas lembrando-lhe que estavam sendo "maldonnées" A partir de então, o protagonista mudaria o seu apelido para Maldonado.

propriedades imobiliárias na cidade e nas proximidades[139]. Quanto à jovem da sua cantiga, para além de sublinhar euforicamente a dupla oportunidade que lhe proporcionará a visita ao Apóstolo (fazer oração e ver o amigo), declara que, se as condições climatológicas forem favoráveis e a sua mãe não for, quererá andar muito feliz e parecer ainda mais formosa:

> Por fazer romaria, pug' en meu coraçon,
> a Santiag', un dia, por fazer oraçon
> *e por veer meu amigo log' i.*
> E se fezer tempo, e mia madre non for,
> querrei andar mui leda, e parecer melhor,
> *e por veer meu amigo log' i.*
> Quer' eu ora mui cedo provar se poderei
> ir queimar mias candeas, con gran coita que ei,
> *e por veer meu amigo log' i.* (B663 / V265)

Igualmente, embora não se conheça com total exatidão a terra de origem de Airas Nunes, a documentação relaciona-o com a corte do rei D. Sancho IV e a familiaridade com o entorno eclesiástico de Santiago de Compostela fica bem evidenciada em certas referências dos seus versos. Nesse sentido, interessa-nos lembrar a sua denúncia de falta da Verdade como princípio ético em espaços em que seria completamente esperável, como os albergues dos peregrinos, numa das suas composições satíricas mais célebres, cujo *incipit* diz "En Santiago, seend' albergado" (B 871, V 455). E, quanto a sua cantiga de amigo alusiva à próxima visita do monarca em romaria, deparamo-nos com uma donzela que manifesta à sua mãe o seu entusiasmo perante tal facto. O contentamento chega-lhe, de novo, por uma dupla via: ver pela primeira vez, o rei e encontrar-se com o seu amigo, que o acompanha na deslocação à Galiza:

---

[139] Como se pode comprovar em SOUTO CABO, José António / VIEIRA, Yara Frateschi, "Para um novo enquadramento histórico-literário de Airas Fernandes, dito Carpancho", *Revista de Literatura Medieval*, nº 16, pp. 221-277. Sobre este e outros autores da lírica medieval ligados a Santiago de Compostela pela documentação ou pelas menções explícitas das suas cantigas a pontos dessa área geográfica, vejam-se VIEIRA, Yara Frateschi, MORÁN CABANAS, Maria Isabel e SOUTO CABO, José António, *O amor que eu levei de Santiago. Roteiro da lírica medieval galego-portuguesa.* Noia: Toxosoutos, 2012; VIEIRA, Yara Frateschi, MORÁN CABANAS, Maria Isabel e SOUTO CABO, José António, *O caminho poético de Santiago. Lírica galego-portuguesa.* São Paulo: Cosac Naify, 2015; ou o nosso site roteiroliricamedieval.gal (acesso a 03/08/2024).

> A Santiag'en romaria ven
> el-rei, madr', e praz-me de coraçon
> por duas cousas, se Deus me perdon,
> en que tenho que me faz Deus gran ben:
> ca veerei el-rei, que nunca vi,
> e meu amigo que ven con el i. (B874 / V458)

Apesar das óbvias distâncias cronológicas e tipológicas com respeito ao vilancete de Pero de Sousa Ribeiro no *Cancioneiro Geral*, cumpre remeter aqui para esta tríade de cantigas galego-portuguesas, em que o Apóstolo aparece poeticamente implicado na temática amorosa como intercessor ou pretexto para o encontro com o amigo e onde se descobre certa vontade de exaltação desta viagem régia, cujo itinerário conhecemos[140]. Tenha-se em conta que os monarcas castelhanos não visitavam a Galiza desde o rei D. Fernando III, que o tinha feito em 1232, pois à medida que se sucediam os avanços da reconquista, o centro de interesse deslocava-se em direção ao sul. Passadas já mais de cinco décadas desde então, tornava-se mesmo necessário garantir a fidelidade dos vassalos galegos com uma nova visita à sua terra.

---

[140] Destaca-se, nesse sentido, a sua passagem por Ourense e Pontevedra até chegar a Compostela a dia 1 de setembro do citado ano, desviando-se a localidades do norte durante o seu regresso a Castela. Entre os assuntos alheios à devoção jacobeia de que se ocupou D. Sancho IV durante a sua estada na Galiza, sobressaem, de facto, a concessão de foros e privilégios ou o restabelecimento das sedes de Lugo e Compostela: "Esta segunda, que había estado vacante desde el conflicto que enfrentó, en 1273, al arzobispo Gonzalo Gómez con Alfonso X, fue ocupada por su nuevo titular, fray Rodrigo González, durante la segunda mitad de 1286 - el primer documento en el que figura como arzobispo está fechado el 2 de octubre -. Este último prelado contó con el apoyo del nuevo rey, a pesar de que los problemas en torno a la sede santiaguesa debieron de prolongarse durante algún tiempo, ya que López Ferreiro hace notar que, todavía a comienzos de 1287, fray Rodrigo no había sido consagrado o, en su defecto, lo habría sido *in absentia*" (GUTIÉRREZ GARCIA, Santiago, "Las cantigas de santuario y la peregrinación de Sancho IV a Santiago", in Mercedes Brea (ed.), *Pola mellor dona de quantas fez nostro Senhor. Homenaxe á Profesora Giulia Lanciani* (pp. 277-290). Santiago de Compostela: Centro Ramón Piñeiro para a Investigación en Humanidades, 2009. Online: http://www.vallenajerilla.com/berceo/gutierrezgarcia/cantigasdesantuario.htm#_ftn30. Acesso a 14/01/2023).

6.2.4. Tipologia do vilancete que "iam cantando": singularidades estruturais

Embora fique longe das nossas pretensões abordar aspetos tipológicos e descritivos do vilancete (português) / *villancico* (castelhano) dentro do sistema literário ibérico da tardia Idade Média, parece pertinente expor aqui algumas breves considerações. É certo que a canonização deste género poético-musical aparece amiúde atribuída ao castelhano Juan del Encina, mas também o é que não resulta possível assinar-lhe uma paternidade segura. Na verdade, o seu nascimento não está ligado a um autor específico, já que nele confluem diversos modos e registos ao longo do tempo não só na Península Ibérica, mas em toda o espaço românico, destacando-se a sua tendência para a experimentação formal e o aperfeiçoamento das técnicas de composição, que se baseiam sobretudo em repetições e encadeamentos que levam à dilatação semântica. Sob tal designação reúnem-se, com efeito, textos constituídos por um mote (núcleo inicial ou prelúdio) e uma ou mais estrofes com função amplificadora e exegética (glosas), mas com variadas tipologias.

Tal como acontece no estudo do percurso seguido por outros géneros poéticos desde a sua fase fundacional até ao momento da sua consolidação, a tensão constante entre o zelo nominalístico e a vacilação terminológica afetou a definição de vilancete, suscitando árduos debates entre os investigadores. O nome, testemunhado pela primeira vez apenas no século XV e pertencente à família léxica procedente do latim *villa*, remete para umas coordenadas socioculturais contrapostas às da Corte e revela uma conotação popular que nem sempre aparece refletida no plano temático-expressivo dos textos:

> Tal vez, precisamente por la coloración estilística del lexema villancico, la crítica ha orientado los estudios hacia el filón popular, propiciando una característica unívoca del género que no se apoya en la praxis poética contemporánea. Del análisis de los textos seleccionados emerge un cuadro complejo de relaciones entre lírica culta y lírica tradicional: la mayoría de los villancicos revela de hecho una sensible hibridación entre los dos repertorios temático-expresivos y el carácter artificioso y amanerado de algunas composiciones popularizantes muestra de forma evidente la raíz cortesana. Estas observaciones no implican, obviamente, la negación de la existencia de una lírica popular vehiculada por la tradición oral; esta debió de circular generalmente bajo la forma de breves fragmentos líricos

(...) luego retomados por los autores cultos como preludio de composiciones estróficas técnicamente complejas[141].

O vilancete da tradição escrita, embora alicerçado no património lírico-folclórico, adscreve-se ao círculo palaciano a partir de uma reelaboração temática, léxica e estilística, acabando por adaptar-se ao património da cantiga de amor de Quatrocentos até perder a conotação popular de uma fase primitiva. Como já assinalou Pierre Le Gentil, estamos perante um "genre raffiné" em que se chega a evidenciar a preocupação erudita dos seus cultivadores, que o integram nos meios cultos: "il ne pouvait manquer de se confondre peu à peu avec la chanson d'amour et, en fait, il ne s'en distingue biêntot plus parfois ni par le ton, ni par le contenu"[142].

Quanto às melodias, tenha-se em conta que o aproveitamento levado a cabo pelos músicos da corte também não foi meramente passivo, já que o repertório herdado passou também por uma espécie de enobrecimento e acomodação ao âmbito da música polifónica cortesã. A história da emergência desta poesia na consciência literária da época liga-se à importância cada vez maior que a música vai adquirindo no ambiente faustoso, sendo o género do vilancete, criado nos inícios da segunda metade do século XV, fruto da hibridação entre poesia e melodia (sublinhe-se, de facto, que na rubrica dos versos de Pero de

---

[141] TOMASSETTI, Isabella, *Mil cosas tiene el amor. El villancico cortés entre Edad Media y Renacimiento*. Kassel: Reichenberger, 2008, p. 168. Lembre-se que, enquanto alguns estudiosos defendem a derivação da forma apocopada de *villan* com acréscimo de sufixo, outros advogam por uma derivação do advérbio *villance* com o sentido de "à maneira de vilãos", resultado de um processo de evolução linguística análogo ao do vocábulo *romance*. As ocorrências mais antigas figuram em rubricas de dois cancioneiros manuscritos datados entre 1460 e 1470 e de especial relevo no marco da lírica ibérica: o *Cancionero de Herveray des Essarts* e o *Cancioneiro de Estúñiga*, registando-se respetivamente sob as formas *villancillo* (*unicum* na história do género) e *villancete*, estranha no âmbito castelhano, mas presente na tradição catalã e aragonesa e vastamente difundida no quadro lusitano como *vilancete*.

[142] LE GENTIL, Pierre, *La poésie lyrique espagnole et portugaise à la fin du Moyen âge: les thèmes, les genres et les formes*. Rennes: Philon, 1949-52, vol. 2, p. 261. Na altura da publicação da presente obra, encontra-se em fase de revisão o projeto *Repertório métrico do Cancioneiro Geral de Garcia de Resende*, que visa a identificação e classificação das formas da coletânea lusa, assim como a apresentação das suas respetivas origens e evoluções e que será publicado no Repositório Institucional da UFC - Universidade Federal do Ceará por Geraldo Augusto Fernandes.

Sousa no *Cancioneiro Geral* se diz explicitamente que os "iam cantando")[143]. Ora, a ausência de documentação escrita de toadas populares medievais e a complexa fenomenologia da tradição musical não permitem uma explicação rigorosa e torna realmente difícil qualquer hipótese reconstrutiva.

A abundância de esquemas no *corpus* quatrocentista ibérico revela, em geral, a plasticidade e o poder catalisador de inovações e virtuosismos formais. No que diz respeito à compilação de Garcia de Resende, registam-se por volta de cinquenta textos apresentados em rubricas como vilancetes, oito de autoria anónima e os restantes atribuídos a dezanove cortesãos devidamente identificados, observando-se bastante variação na prática compositiva de cada um deles. Lidera a lista Jorge de Resende, de cuja pena se recolhem nove (ou seja, quase 20% do total) e seguem-no Henrique da Mota, com cinco; João de Meneses, com quatro individuais e dois em colaboração com Aires Telez; Manuel de Goios, com quatro; Garcia de Resende, com três; Diogo Brandão, Dom Pedro de Almeida e o conde do Vimioso, com dois; e um amplo grupo formado por António Mendes, Bernardim Ribeiro, Diogo de Melo, Duarte de Resende, Fernão Brandão, Gonçalo Mendes Sacoto, João da Silveira, Pero Vaz, Rui Gonçalves de Castelo Branco e o nosso Pero de Sousa Ribeiro, apenas com um.

Comprova-se logo, portanto, que o vilancete não constitui uma prática dominante em nenhum dos casos e não constitui mais do que uma experiência única na produção da maior parte dos seus autores, assim como que só os versejadores com mais trajetória literária se atrevem a compô-lo[144]. Embora pareça que inicialmente o termo em questão se tenha reservado apenas para os versos que constituem o núcleo inicial, quer dizer, o mote (que poderia ser composto pelo próprio autor, por algum outro célebre poeta ou mesmo resgatado da tradição após se ter esquecido o nome do autor original), mais tarde passaria a designar a totalidade da composição. A partida de uns versos alheios poderia contribuir para exalçar ou diminuir a glória tanto de quem os

---

[143] BELTRÁN, Vincenç, "Estribillos, villancicos y glosas en la poesía tradicional: intertextualidades entre música y literatura", in Cesc Esteve, *El texto infinito: tradición y reescritura en la edad media y el renacimiento*. Salamanca: Semyr, 2014, pp. 21-63.

[144] SOUSA, Sara Rodrigues de, "Nuevas aportaciones para el estudio del Vilancete en el *Cancioneiro Geral* de García de Resende", in Antonia Martínez Pérez e Ana Luísa Baquero Escudero (eds.), *Estudios de literatura medieval: 25 años de la Asociación Hispánica de Literatura Medieval*. Murcia: Universidad de Murcia, p. 832.

elaborou como de quem os aproveitou, mas também foi habitual a prática de lançar mão destes sem uma preocupação sistemática pela sua identificação[145]. As múltiplas possibilidades do ato de glosar testemunham bem a liberdade inerente ao versificar palaciano e a ausência de normas estritas quanto ao modo de processamento da divulgação dos textos. E, quanto ao esquema compositivo, também são diversas as vias exploradas pelos autores: ora adotam fórmulas já existentes ora se deixam levar pela vontade da inovação, tornando-se difícil descobrir uma estratégia comum ou dominante. Em relação ao vilancete de Pero de Sousa Ribeiro, constituído por um mote de dois versos (originais ou tomados doutrem) e duas glosas de quatro versos, observa-se um par de irregularidades que o fazem sobressair estruturalmente como caso verdadeiramente excecional no *Cancioneiro Geral*. Nesse sentido, convém recolher aqui as seguintes reflexões de um ponto de vista contextual e comparativo:

1. A combinação de vilancete 2+4×4×4 constitui mesmo um *unicum* na coletânea portuguesa, em que também podemos observar outras duas fórmulas utilizadas apenas uma vez por autor conhecido: 3+7×5, por Henrique da Mota, e 3+4×9, por Garcia de Resende. Todas as restantes foram cultivadas em diferentes ocasiões, sendo o esquema 3+7, formada por mote e uma só glosa a mais habitual na compilação, pois está presente em vinte casos[146]. Porém, como se comprova no repertório de quase um milhar de textos castelhanos e portugueses estudado por

---

[145] Ou isso cabe deduzir dos testemunhos textuais, embora não tenhamos certeza de se tal lacuna de informação provém do desinteresse dos produtores ou do compilador. A propósito dos critérios que determinariam a identificação ou não identificação da autoria, encontramo-nos perante várias hipóteses: o compilador não saberia quem teria escrito o vilancete original ou, embora sabendo-o, decidiria omiti-lo? E, no último caso, seria por despiste? por erro?, por acaso?, por considerar tal dado evidente?, por vingança pessoal?, por conhecer apenas a origem de uma minoria e o desejo de uniformizar a informação apresentada? Devemos ter em conta a possibilidade de que os textos glosados fizessem parte de um patrimônio oral sujeito a variações territoriais ou linguísticas e, portanto, seria mais difícil a sua identificação como citação (SOUSA, Sara Rodrigues de, "Nuevas aportaciones para el estudio del Vilancete" p. 834).

[146] SOUSA, Sara Rodrigues de, "Nuevas aportaciones para el estudio del Vilancete", p. 833. Os traços versificatórios da produção de Pero de Sousa Ribeiro, e em particular os deste texto, em que se alia a poesia à *performance*, são ainda atentamente revisitados pela mesma autora em "Pero de Sousa Ribeiro, poeta do *Cancioneiro Geral*...", p. 208.

Isabella Tomassetti[147], o modelo de Pero de Sousa Ribeiro, que se revela singular no *Cancioneiro Geral*, apresenta um considerável número de ocorrências na lírica castelhana. Estas recolhem-se maioritariamente nos testemunhos sem indicação do autor, mas, quando se assinala, sobressai o nome de Juan del Encina, a quem se atribui a consolidação ou canonização do género, ao lado doutros como Juan de Anchieta, Francisco de Peñalosa e Francisco de la Torre, três dos maiores expoentes da polifonia religiosa e profana de finais do século XV.

2. Quanto ao cultivo da redondilha e rima pareada do mote "Alta rainha senhora / Santiago por nós ora" (xx), deve dizer-se que se revela habitual no vilancete, mas a sequência rimática das quatro estrofes que conformam o texto (aaax) constitui uma prática extravagante de Pero de Sousa Ribeiro no *Cancioneiro Geral*. E mesmo se observarmos o seu registo no âmbito peninsular, comprovamos logo que não são muitas as vezes em que aparece tal esquema, fazendo-o sobretudo em textos de autoria desconhecida ou da pena de Pedro Manuel de Urrea, o senhor de Trasmoz, em cujo *corpus* operístico ecoam as influências de Juan del Encina[148].

Cumpre ter em conta ainda, embora seja de passagem e salvas as devidas distâncias entre eles e Pero de Sousa Ribeiro, que esses dois autores castelhanos trouxeram o fenómeno da peregrinação à sua produção literária. Lembre-se que Juan del Encina, o primeiro por ordem cronológica, após ter sido ordenado sacerdote, celebrou a sua primeira missa em Jerusalém. Unindo-se à expedição de Fradique Enríquez de Ribera, marquês de Tarifa e cavaleiro da Ordem de Santiago, fez com ele o caminho marítimo de Veneza a Terra Santa, em que investem mais de quatro meses. De tal visita conservamos, por um lado, o relato em prosa do marquês, *Libro de viaje a Jerusalém* (título que aparece no manuscrito da primeira redação); por outro, conhecemos sete composições de Juan del Encina, entre as quais se destacam alguns *villancicos* e o poema de arte maior, *Tribagia*, cujo título se explica como a junção de *tribos* (via) e *agia* (santa), configurando-se assim a modo de um ciclo poético. Aliás, as obras de ambos os peregrinos foram divulgadas num mesmo volume, inicialmente por decisão do próprio marquês em 1521 e

---

[147] TOMASSETTI, Isabella, *Mil cosas tiene el amor*, p. 168.
[148] TOMASSETTI, Isabella, *Mil cosas tiene el amor*, p. 168.

depois dos impressores. O nobre andaluz quis que, do mesmo modo que as viagens físicas tinham sido realizadas em companhia, os testemunhos destas viessem à luz conjuntamente.

E, no que diz respeito à fortuna da *Tribagia*, devemos sublinhar que, enquanto a crítica lhe atribuiu um lugar marginal tanto no *corpus* encinesco como no género a que pertence (talvez pela extensão da restante produção poética, musical e teatral do autor e/ou pela notoriedade referencial do seu tratado teórico *Arte poética castellana*), o seu sucesso foi mesmo notável:

> Ahora bien, frente a esta marginalidad elaborada a partir de elementos "externos" (el carácter periférico de la obra desde su soporte inicial, ajeno al Cancionero), elementos literarios ("bajo valor artístico"), y biográficos (falta de "verdadera" espiritualidad), la *Tribagia* fue precisamente la obra de mayor éxito editorial de Encina. Si su restante producción cayó en el olvido, su relato de peregrinación, junto al del Marqués de Tarifa, siguió editándose durante casi tres siglos: 1521 (Roma), 1580 (Lisboa), 1606 (Sevilla), 1608 (Lisboa), 1733 y 1786 (Madrid)[149]

Quanto a Pedro Manuel de Urrea, senhor de Trasmoz, discípulo nalguns aspectos literários de Juan del Encina e pertencente a uma das principais famílias da nobreza aragonesa, iniciará em agosto de 1517 uma longa viagem a Roma, Jerusalém e Santiago de Compostela, a qual se estenderá até maio de 1519. Quatro anos após o regresso, converteria tal experiência vital em matéria literária sob o título de *Peregrinación de las tres casas sanctas de Jherusalem, Roma y Santiago* – o rótulo da capa original da obra, que foi publicada em Burgos em 1523, está quase mutilado, mas torna-se possível reconstruí-lo a partir da rubrica da "Tabla primera", índice em que se anuncia a enorme quantidade e variedade de assuntos tratados. O livro em questão apresenta-se, com efeito, como uma miscelânea que contém debates doutrinais sobre teologia e dogmas católicos; transcrições em alfabeto latino de preces litúrgicas; descrições de

---

[149] DOMÍNGUEZ, César, "Un relato de viaje de Juan del Encina: la *Tribagia* y su llamada a la *Recuperatio Terrae Sanctae*", *Revista de Literatura Medieval*, nº 11, 1999, p. 218. Aliás, sobre vários aspectos da prosa da peregrinação a Jerusalém pelo marquês de Tarifa relativos a observações sobre as terras visitadas, a variantes da tradição manuscrita e a uma possível atribuição de passagens a Juan del Encina, veja-se BELTRÁN, Vincenç, "Juan del Encina, el marqués de Tarifa y el viaje a Jerusalén", in Fernando Carmona e Antonia Martínez Pérez, *Libros de viaje: Actas de las Jornadas sobre "Los libros de viaje en el mundo románico"*. Murcia: Universidad de Murcia, 1996, pp. 73-86.

paisagens naturais, artísticas e humanas das terras por que passou (Saragoça, Barcelona, Roma, Veneza, Creta, Rodas, Jerusalém, Nápoles, Leão e Santiago); cartas a figuras dos poderes político e eclesiástico da época; versões versificadas de textos evangélicos; e vários poemas de diversa natureza (laudatórios à maneira de prece, circunstanciais, erótico-sacros, elegíacos etc.).

Entre essas composições rimadas, cuja análise atenta parece revelar que foram redigidas durante a viagem, constituindo, portanto, uma espécie de "cancioneiro da peregrinação", destacam-se precisamente as estrofes dedicadas ao Apóstolo Santiago e escritas quando o autor chegou à cidade de Compostela:

> Santiago, buen patrón,
> por quien somos convertidos,
> en quien todos los nacidos
> tienen mucha devoción,
> en el tiempo que heregía
> tenía España de ynfieles,
> tú con santa fantasía
> nos hiziste en san[c]to día
> cristianos justos y fieles.
>
> Pues por ti soy convertido
> yo, pues que soy español,
> tengo tu lumbre por sol
> pues por Dios fueste escogido.
> Christo, nuestro Redemptor,
> te encomendó nuestra España
> como haze el rey señor
> capitán conquistador
> para ganar tierra estraña.
>
> (...)
>
> Pues tú, Santiago, amado
> del divinal Redemptor,
> yo vengo muy pecador,
> tú me libra de pecado.
> Tú ruega a la Trinidad
> no sea mi alma perdida
> pues puso su humanidad
> por quitar nuestra maldad
> en gente desconocida.
>
> Fin

> Yo ruego con devoción
> con mi poca penitencia
> que resciba yo yndulgencia,
> y[n]dulgencia y contrición.
> Y quando parta de aquí,
> de tu casa santa y buena,
> los santos pas[s]os que di y
> las reliquias que vi
> me salven sin pas[s]ar pena[150].

Embora o autor declare em mais de uma ocasião a sua obediência à Igreja, descobrem-se na obra certas manifestações de uma excessiva heterodoxia. Assim, um dos possíveis motivos da sua proibição pelo Santo Ofício foi, sem dúvida, a versificação dos evangelhos que acima referimos, manipulando o texto sagrado à procura de efeitos estéticos no discurso poético:

> En realidad, la versificación de los evangelios de Urrea va en contra de algo tan elemental desde el punto de vista religioso como la sacralidad del texto bíblico, que ya hacía discutible la mera traducción a las lenguas romances. El señor de Trasmoz va mucho más allá y no duda en manipular el texto sagrado con finalidades puramente poéticas, subordinadas en muchos casos a las necesidades métricas de la composición[151].

A censura proibiu o livro de Pedro Manuel de Urrea na sua integridade já no primeiro índice inquisitorial de 1559, o que contribuiu para o seu silenciamento, até tal ponto que chegou a considerar-se perdido. Passados quase cinco séculos a partir da sua primeira vinda a lume, a notícia da existência de um exemplar na biblioteca municipal de Grenoble e a publicação da nova edição da *Peregrinación de las tres casas sanctas de Jherusalem, Roma y Santiago* no ano de 2008 vieram a confirmar a importância do seu autor como uma das mais importantes figuras do panorama literário de Castela nos alvores da Renascença.

6.2.5. Local do canto: Santiago o Maior em Santos-o-Velho

Conforme se indica na rubrica do *Cancioneiro Geral*, a representação do espetáculo poético-musical organizado à volta do regresso de D. Manuel I da sua peregrinação a Santiago de Compostela teve lugar "em Santos". Na verdade,

---

[150] Seguimos a edição preparada por GALÉ, Enrique (ed), *Peregrinación de las tres Casas Sanctas de Jherusalem, Roma y Santiago*. Zaragoza: Instituto Fernando el Católico, 2008, vol. 2. Online: https://ifc.dpz.es/publicaciones/ebooks/id/2737. Acesso a 25/07/2023
[151] GALÉ, Enrique (ed.), *Peregrinación de las tres Casas Sanctas...*

fácil resulta descobrir que com tal topónimo se faz referência à área de Lisboa conhecida como Santos-o-Velho. Ali se encontrava precisamente o antigo mosteiro que foi a primeira sede portuguesa da Ordem de Santiago da Espada, a qual, sob a devoção do Apóstolo, tinha como objetivos a expulsão dos muçulmanos da Península, a proteção dos peregrinos ao longo do Caminho de Santiago e a preservação da memória jacobeia. A situação privilegiada desta zona à beira do Tejo fez com que fosse habitada já durante o período romano. O próprio nome de Santos alude, com efeito, aos célebres irmãos Veríssimo, Máxima e Júlia, martirizados no tempo das perseguições que sofreram os cristãos durante o governo do imperador Diocleciano, quer dizer, entre os anos 284 e 305. Segundo a piedosa tradição, um anjo lhes pediu que viessem a Portugal e nessa direção embarcaram com a ânsia de alcançar a coroa do martírio. Assim, a acérrima defesa que os três jovens romanos fizeram da sua fé fez com que tivessem de suportar as mais cruéis torturas até à morte, sendo presos, açoitados, queimados e arrastados pelas ruas de Lisboa. Os seus corpos foram finalmente lançados à água com pesadas pedras no pescoço, acontecendo então o milagre: surgiram na superfície mesmo antes do regresso do barco que os tinha transportado.

Receberam sepultura nas margens do rio e tornaram-se logo objeto de veneração, o que levaria presumivelmente a levantar um pequeno templo na sua memória já no período tardo-romano ou suevo-visigótico[152]. Tal construção

---

[152] No exterior das muralhas de Olissipo (nome romano que recebia a atual cidade de Lisboa), conhecem-se três locais que, segundo tradições bastante difusas, parecem ter sido de especial relevância para as comunidades cristãs. Um é a igreja de São Cristóvão, cujos vestígios de aparelho nas fachadas laterais corresponderiam a uma construção medieval, embora não necessariamente do período visigótico. Os outros dois situam-se no espaço periurbano, possuem privilegiadas ligações ao Tejo e coincidem na veneração a mártires cristãos. Em Santos-o-Velho construir-se-ia um mosteiro visível para todos os que entravam ou saíam de Lisboa pelo rio e protetor do cemitério santo ali instalado. Como explica Paulo Almeida Fernandes, são duvidosas, no entanto, as notícias a respeito deste possível cenóbio logo em época suevo-visigótica. Quanto ao antigo mosteiro de Chelas, nascido a partir do que pode ter sido um importante estabelecimento romano, as pegadas materiais devem remontar aos finais do século VI e ligam-se à memória da deposição das relíquias de São Félix, ali chegadas por acaso histórico ou entregues à guarda do mosteiro pelo monarca visigodo Recesvinto. Ora, as informações divulgadas acerca de tais origens carecem amiúde de um firme e inquestionável suporte documental ou arqueológico ("Olysipona: a cidade entre a Antiguidade Tardia e a Alta Idade Média", in João Luís Fontes e Luís Filipe Oliveira (coords.), *Os territórios da Lisboa Medieval*. Lisboa: Instituto de Estudos Medievais, 2022. Online: chrome-extension://efaidnbmnnnibpcajpcglclefindmkaj/https://novaresearch.unl.pt/files/47998655/BOOK_Territorios_da_Lisboa_Medieval.pdf. Acesso a 01/06/2024).

acabaria por ser destruída durante a invasão dos mouros, ficando apenas três pedras que nunca puderam ser retiradas do lugar. D. Afonso Henriques, após a conquista de Lisboa no ano de 1147, mandaria erigir de novo uma ermida sobre essas ruínas a fim de preservar a memória dos mártires. O culto aos três irmãos aparece documentado já, de facto, em certas passagens de uma carta atribuída ao cruzado Osberno e conhecida como *De expugnatione Lyxbonensi*, a qual contém uma riquíssima informação documental e testemunhal sobre o cerco de Lisboa. Nesse sentido, vale a pena lembrar uma breve parte do discurso que D. João Peculiar, arcebispo de Braga e primaz das Espanhas, pronunciou em companhia do bispo do Porto e dalguns cruzados perante as muralhas da cidade e que ali se recolhe. O prelado, depois da cerimónia de assinatura de acordo entre D Afonso Henriques e os Cruzados, insiste na justificação do ataque através da reivindicação da posse de territórios, trazendo à colação, entre outras heróis do Cristianismo, o Apóstolo Santiago e a tríade de Veríssimo, Máxima e Júlia:

> Há já 358 anos que injustamente tendes as nossas cidades e a posse das terras, havidas antes de vós pelos cristãos, aos quais não levou para a fé a espada do exactor, mas a quem a palavra da pregação os tornou filhos adotivos de Deus, no tempo do nosso Apóstolo S. Tiago e dos seus continuadores, Donato, Torcato, Secundo, Aleixo, Eufrásio, Tesifonte. Vitório, Pelágio e muitos outros varões de carácter apostólico. Nesta mesma cidade é testemunha disso o sangue dos mártires Máxima, Verissimo e Júlia virgem, derramado pelo nome de Cristo, no tempo de Ageiano (*sic*), governador romano[153].

Por sua vez, o filho e sucessor do fundador do reino de Portugal, D. Sancho I, cobriu esse espaço de uma nova dignidade em 1194, aumentando a área da ermida e elevando a sua condição a igreja, a qual legaria, junto com as terras circundantes, aos cavaleiros da Ordem de Santiago de Espada a fim de que ali estabelecessem a sua residência oficial. Lembre-se que esta instituição religiosa-militar, tendo sido fundada em 1170 em Cáceres com a autorização de D. Fernando II de Leão, receberá em 1171 a proteção do arcebispo de Santiago

---

[153] A carta de Osberno, até ao dia de hoje, tem sido objeto de várias edições e traduções. Seguimos aqui concretamente a de OLIVEIRA, José Augusto de, *Conquista de Lisboa aos Mouros (1147). Narrada pelo cruzado Osberno, testemunha presencial*. Lisboa: Câmara Municipal de Lisboa,1935, pp. 42-43 (observe-se que se regista no texto o nome de Ageiano por Diocleciano, seguramente por confusão dalgum copista)

de Compostela, passando a instalar a sua sede no castelo de Uclés, na atual província castelhana de Cuenca. Foi concretamente em 1172 que se introduziu em Portugal, onde prestou auxílio a D. Afonso Henriques e chegou a receber importantes doações, como as povoações de Arruda dos Vinhos e Castelo de Monsanto primeiro e Palmela e Alcácer do Sal depois.

No que diz respeito à instauração do mosteiro, estabeleceram-se inicialmente ali alguns professos, porventura responsáveis do culto divino, vindo inclusive o sucessor de D. Sancho I, D. Afonso II, a fixar nele a celebração de um ritual de aniversário pela sua alma em 1221. Algumas décadas mais tarde, os freires deslocaram-se para Alcácer do Sal e tal espaço passou a ser ocupado por uma comunidade religiosa feminina. Alojou-se ali um pequeno coletivo de senhoras pertencentes a famílias dos cavaleiros da Ordem de Santiago de Espada – muitas delas viúvas - e procedentes de uma quinta em Arruda dos Vinhos, onde tinham morado desde os tempos de Afonso Henriques. Regista-se em 1274, com efeito, a primeira referência segura a uma comendadeira de Santos, título dado à mulher da maior estirpe encarregada de representar e dirigir o agrupamento em questão, que, conforme o espírito com que tinha sido criado, vestia trajos honestos de seda preta, toucados brancos e mantos de tule da mesma cor com as cruzes de Santiago. Durante vários séculos, o convento lisboeta de Santos-o-Velho foi dotado dos rendimentos necessários para dar acolhimento e proteção a essas mulheres da nobreza lusa:

> Após a Reconquista de Lisboa, D. Afonso Henriques mandou erguer de novo, sobre os parcos vestígios do monumento anterior, uma igreja que invocasse as memórias dos referidos mártires. Da lenda à realidade a explicação é simples. Como já dissemos, em 1194, D. Sancho I doou à Ordem de Santiago uma herdade e a igreja mandada construir por seu pai. Nesse terreno anexo à igreja foram então construídas dependências de índole diversa, de arquitectura modesta para albergar os freires e oficializar a primeira comenda-maior em Portugal. Após a saída dos freires para Alcácer do Sal, o espaço construído foi habitado pelas donas, até finais do século XV[154].

---

[154] MATA, Joel Silva Ferreira, A comunidade *feminina da Ordem de Santiago: A comenda de Santos em finais do século XV e no século XVI*. Porto: Fundação Eng. António de Almeida, 2007, p. 66. Na verdade, as comendadeiras de Santos "foram das mais ricas da Lisboa medieval, tendo constituído um imenso património na cidade e áreas rurais e produtivas das duas margens do Tejo" (FERNANDES, Paulo Almeida, *Caminhos de Santiago*. S.l: Secretariado Nacional para os Bens Culturais da Igreja / Turismo de Portugal, 2014, p. 121).

As destruições sofridas no prédio ao longo do tempo por causa dos cercos de Lisboa obrigariam a comunidade a deixar o local durante certos períodos, regressando só após a culminação de diversas obras de reparação. Porém, a partida das moradoras será definitiva no declinar do século XV, quando D. João II as transferiu para uma nova casa também com o estatuto de mosteiro num lugar dedicado a Santa Maria do Paraíso, localizado entre Santa Clara e Xabregas. Tal mudança fez com que ficasse fixada, de facto, a denominação de Santos-o-Velho para o convento em que residiram até então e a de Santos-o-Novo para o levantado agora, cuja situação geográfica permitia desfrutar também de uma agradável vista panorâmica sobre o Tejo. Foi à comendadeira D. Violante Nogueira que coube o mérito de fornecer ao coletivo de senhoras essa nova residência, cujas condições de conforto resultavam mais condizentes com o *status* social a que pertenciam: "Aconselhado, pressionado ou por vontade própria, o Príncipe Perfeito envolve-se neste movimento importante, para o ramo feminino da Ordem de Santiago, de que ele era administrador"[155]. Aliás, as relíquias de Veríssimo, Máxima e Júlia foram igualmente trasladadas, o que se fez com todas as honras a 5 de setembro de 1490 numa procissão em que esteve presente toda a clerezia da cidade. Eis como Garcia de Resende sublinha a importância desse evento na sua faceta de cronista:

> *De como foy mudado o Moesteiro de Sanctos*
>
> Aos cinco dias de Setembro deste anno de quatrocentos e noventa mandou el Rey mudar, ou trasladar o *mosteiro de Santos, que estava em Sanctos o Velho,* onde ora são os paços alem de Boa Vista, pera o lugar onde ora esta, que he Sancta Maria do Paraiso, antre o mosteiro de Sancta Clara e o mosteiro de Madre de Deos. *O qual mosteiro he da ordem de Sanctiago, e el Rey o mandou ally fazer de novo, e as reliquias dos Martyres, que no mosteiro o velho estavam,* foram la levadas em hua tumba dourada, e a comendadeyra que se chamava Violante Nogueira, mulher de muyta virgindade, e honestidade, e assi todas as donas do convento forão no dicto dia levadas a pe com solene procissão do cabido e todas as Ordens, e Cruzes do dito mosteiro no qual sempre viveram honestamente (cap. CXII)[156].

Qual foi a utilização do prédio de Santos-o-Velho após a partida da referida comunidade feminina, quando se converteu em cenário do recebimento

---

[155] MATA, Joel Silva Ferreira, A comunidade *feminina da Ordem de Santiago*, p. 67.
[156] O itálico é nosso.

de D. Manuel I à volta da sua peregrinação a Santiago de Compostela? A propriedade ainda permaneceu no seu poder durante algum tempo, mas, a fim de poder pagar a sua conservação, esta viu-se obrigada a rentabilizá-la economicamente, sendo alugada apenas um ano depois a Fernão Lourenço de Guimarães, banqueiro e armador ligado à feitoria e tesouraria de além--mar, cuja fortuna contribuiu de modo notável para financiar as empresas ultramarinas. Nos inícios de setembro de 1501, o Venturoso, dada a confiança que lhe inspirava o cavaleiro da Casa Real e inquilino de Santos-o-Velho, nomeou-o oficialmente feitor e tesoureiro da Casa da Guiné, da Mina, de Sofala, das Índias e ainda de toda as outras partes descobertas ou que se viriam descobrir pelas naus portuguesas. Na verdade, ele converteu o velho mosteiro num luxuosíssimo paço frequentado por altos dignatários, com redimensionados espaços verdes e um local de atracagem privado desde o qual poderia "espreitar em primeira mão o ir e vir dos barcos, atém quem sabe?, dar ainda ordens de viva voz aos pilotos das caravelas"[157].

Assim, D. Manuel I logo manifestaria o seu interesse pelo privilegiado lugar, levando a cabo diversas negociações com Fernão Lourenço e a comunidade das donas da Ordem de Santiago para conseguir a sua posse. Após reconhecer as vantagens das reformas que nele se tinham empreendido e o grande investimento económico que estas supuseram, assinou-se uma cedência do contrato nos últimos anos do século XV mediante a qual o convento se tornaria uma das residências régias. Ali se chegou a assistir, de facto, a solenes cerimónias, sobretudo no período correspondente ao matrimónio do referido monarca com D. Maria, durante o qual teve lugar a peregrinação a Santiago de Compostela. Precisamente em 1501, um ano antes do espetáculo comemorativo da romaria manuelina em que se insere o vilancete de Pero de Sousa Ribeiro, já foi recebida nesse espaço a embaixada veneziana que viera pedir apoio na luta contra os turcos e à qual já fizemos referência em capítulos anteriores. Foi sobretudo a partir de então que o palácio de Santos-o-Velho se transformou em habitação de prazer, onde D. Manuel I podia passear pelo rio Tejo e desenfastiar-se[158].

---

[157] CASTILHO, Júlio, *A Ribeira de Lisboa. Descrição História da Margem do Tejo*, p. 564.
[158] ALVES, Maria Paula e INFANTE, Sérgio, *Lisboa: Freguesia de Santos-o-Velho*. Lisboa: Guias Contexto, 1992.

Quanto à ligação dessa composição do *Cancioneiro Geral* com os primórdios do teatro português, lembre-se que tão só alguns meses antes, na noite de 8 de junho de 1502, Gil Vicente tinha experimentado o seu primeiro sucesso teatral com o *Auto da Visitação* ou *Monólogo do Vaqueiro*. Tal peça, com que toda a Corte fica entusiasmada e o dramaturgo inicia uma prolífica e exitosa carreira que se estenderá por mais de três décadas, foi representada na própria câmara da rainha D. Maria, ainda convalescente do parto. Nela celebra-se o nascimento do herdeiro do trono, o futuro D. João III, através de um monólogo pronunciado em castelhano por um simples homem do campo que manifesta a sua euforia perante tal acontecimento. E, como a festa de receção do monarca peregrino a Compostela em que se inclui o vilancete de Pero de Sousa Ribeiro, será também em Santos-o-Velho que o Mestre Gil estreará alguns anos mais tarde, em 1510 e perante D. Leonor (a chamada Rainha-Velha, irmão do Venturoso), o seu apologético *Auto da Fama*.

É precisamente nessa última obra que se apresenta a Fama a modo de figura alegórica e como uma das maiores excelências do reino de Portugal, não só pelo êxito das empresas comerciais derivadas das viagens ultramarinas, mas sobretudo pela sua vitória contra os inimigos da fé cristã. Todos os estrangeiros procuram seduzi-la e levá-la para as suas respetivas pátrias até que acabam por reconhecer a superioridade dos méritos lusitanos Nela torna-se óbvio, pois, o espírito de cruzada que preside a orientação ideológica e política da Corte, o que também se porá em destaque noutras peças do mesmo autor, como a *Exortação da guerra* (1514). Eis como a rubrica explicativa nos informa das circunstâncias da representação, do argumento e do espaço em que se realiza (Santos-o-Velho):

> A farsa seguinte foi representada à mui católica e seleníssima rainha dona Lianor, e depois ao muito alto e poderoso rei dom Manoel, na cidade de Lisboa em Santos-o-Velho, na era do Senhor de 1510. Cujo argumento é que a fama é ũa tam gloriosa excelência que muito se deve de desejar, a qual este reino de Portugal está de posse da maior de todolos outros reinos, segue-se que esta Fama Portuguesa desejada de todalas outras terras, nam tam somente pola glória interessal dos comércios, mas principalmente polo infinito dano que os mouros ĩmigos da nossa fé recebem dos portugueses na índica navegação. E porque antigamente a fama desta nossa província era em preço de pequena estima, significando isto será a primeira figura ũa mocinha da Beira chamada Portuguesa Fama, guardando patas, a qual será requerida por França, per Itália, per Castela, e de todos se escusará, porque cada

um a quererá levar, e provará per evidentes rezões que este reino a merece mais que outro nenhum[159].

A fim de deixar constância da importância que teve o Palácio de Santos-o-Velho, cabe sublinhar que D. Manuel I nunca deixou de alojar-se nele de período em período e mesmo teve despacho numa casa de madeira posta sobre a água na parte do cais. Por sua vez, D. Leonor, a Rainha Velha, irmã do monarca, instalou-se ali na primavera desse ano de 1510, quando voltou de Almada, onde se tinha protegido da peste. Para comodidade e prazer da família real, foram levadas diversas obras de restauro em todo a residência, entre as quais sobressaem as relativas às portas, às janelas, ao poço, ao jardim e, em particular, a uma varanda, o que vem testemunhar o protagonismo emblemático que tal elemento assume na arquitetura civil do reinado do Venturoso. Tenha-se em conta que as reformas mais importantes foram encomendadas ao arquiteto João de Castilho, considerado o principal mestre de obra do chamado "estilo manuelino", partícipe da construção de três dos mais notáveis mosteiros de Portugal (o dos Jerónimos, o da Batalha e o de Tomar) e responsável pela construção do Palácio Real da Ribeira. À medida que este último foi crescendo e ganhando funcionalidade, o de Santos-o-Velho tornou-se uma quinta recreativa devido à sua situação arejada, à sua bela panorâmica sobre o Tejo e aos seus jardins frondosos e abrigados. Conforme explica Damião de Góis, quando o monarca chegava ao seu cais amiúde mandava a Duarte Foreiro, cavaleiro de sua casa, "trazer de merendar de muitas frutas verdes, conservas e cousas de açúcar, vinho e água, do que também comiam os fidalgos no batel. E assim toda a mais companhia de músicos, moços, fidalgos da câmara, de remeiros" (vol. I, cap. LXXXIV).

Assim, como ilustração das referidas obras, cumpre reproduzir a iluminura realizada na primeira metade do século XVI pelos célebres Simão de Bening e António de Holanda no manuscrito da *Genealogia dos Reis de Portugal*, também designado como *Genealogia iluminada do Infante D. Fernando*. Conservado na British Library, este está composto por treze fólios com cuidadosos desenhos que precisamente o Infante D. Fernando, quinto filho do rei D. Manuel e da sua segunda esposa, a rainha D. Maria, mandou fazer numa oficina flamenga:

---

[159] CAMÕES, José (ed.), *As obras de Gil Vicente*. Lisboa: Centro de Estudos de Teatro, vol. II, 2002. Online: https://ceteatro.pt/wp-content/uploads/2018/05/fama-78b.pdf. Acesso a 16/12/2023.

Figura 5: Iluminura de Simão Bening e António de Holanda na *Genealogia dos Reis de Portugal*, fól. 8 (Britsh Library, Add. Ms. 12531).

Porém, D. João III, o sucessor do Venturoso no trono, não mostrará um especial interesse por este palácio, que iria ficando progressivamente fora do circuito de moda da família real. Durante o seu governo já constam referências, de facto, à sua ocupação pela família dos Lencastre, descendentes de D. João II por via ilegítima e alguns de cujos membros receberam títulos honoríficos da Ordem de Santiago, à qual precisamente se tinha destinado a anterior construção de índole religiosa[160].

---

[160] Reitere-se que esta Ordem, após ter vivido constantes avanços e recuos em Portugal, tinha conseguido acrescentar bastantes riquezas e privilégios durante o governo do Príncipe Perfeito. Enquanto o seu cunhado D. Manuel, duque de Beja e senhor de Viseu, foi nomeado mestre da Ordem de Cristo, o seu filho bastardo, D. Jorge de Lencastre, tornou-se mestre de Santiago, vindo o seu castelo em Palmela a constituir uma espécie de corte alternativa. Um excelente testemunho da atenção recebida pelo referido monarca nos finais do século XV é, de facto, o códice conhecido como *Livro dos Copos*, que mandou

Mas ainda voltará a ser aproveitado como espaço de lazer régio, sendo o de maior predileção do rei D. Sebastião. Segundo a tradição, o jovem soberano, na véspera da partida para Marrocos que acabaria com a sua desaparição na batalha de Alcácer-Quibir (1580), assistiu à missa na igreja de Santos-o-Velho, tomando nos seus jardins a sua última refeição em Portugal. Os Lencastre ocuparam novamente as instalações, apesar dos efeitos de uma explosão dos armazéns de pólvora das margens do Tejo acontecida alguns anos antes e da sua ocupação pelo exército de D. Filipe II de Espanha aquando das suas pretensões ao trono provocada na crise sucessória. A família em questão conseguirá adquirir definitivamente o Palácio, por fim, em 1629, sendo submetido, a partir de então, a toda uma série de intervenções arquitetónicas de embelezamento e ampliação. Na verdade, embora as consequências do terremoto de 1755 não fossem catastróficas nessa área da cidade, as reformas continuaram após essa data e o prédio foi utilizado como residência de relevantes autoridades até que, no século XIX, foi arrendado ao embaixador de França, conde de Armand. E, quando foi comprado pelo governo galo em 1909, foi-lhe atribuída uma função institucional no âmbito das relações França-Portugal que continua até hoje – com efeito, desde 1984, na sua parte central situa-se a sede da Embaixada da França, abrindo-se recentemente ao público como museu[161].

---

fazer em 1484 e no qual se recolhem bulas, mercês e liberdades que lhe foram outorgadas pelo poder civil e eclesiástico ao longo do tempo. Na folha inicial lê-se: "Livro das bulas, graças e doações, merces, privilegios e liberdades que os samtos padres e os reys pasados de gloriosa memoria derão e concederão a Ordem da Cavalaria de Samtiago da Espada nestes reinos de Portugal ho qual livro se chama vulgarmemte dos copos e foi mandado fazer por el rei Dom João o 2° que Deus them semdo guovernador e perpetuo administrador da dita Ordem. No ano de 1484 em Santarem". Quanto ao título da obra, têm-se formulado várias hipóteses, sobressaindo como a mais razoável a que remete para o cargo de copeiro, dedicado às receitas e administração da casa real. Porém, "Sugestivamente, o copo também pode ser um componente de uma rede de pesca, onde se captura e reserva o peixe, o que poderá ter uma eventual conotação com os direitos que a Ordem pretende arrecadar através destes documentos. A segunda prende-se com a sua associação à terminologia militar, sendo o copo uma das partes da espada" (Arquivo Nacional da Torre do Tombo, https://antt.dglab.gov.pt/exposicoes-virtuais-2/instituicao-da-ordem-de-santiago/. Acesso a 25/12/2023).

[161] Nesse sentido, pode consultar-se a *web* AMBASSADE DE FRANCE AU PORTUGAL, Palácio de Santos / Palais de Santos, gerida por PATRIMONIUM-Gestão e Promoção de Bens Culturais (Online: https://patrimonium.pt/palaciosantos/historia/. Acesso a 20/12/2023). Diga-se ainda que, dadas as ligações familiares da linhagem dos Lencastre com o Marquesado de Abrantes, criado por D. João V em 1718, o local em questão também é conhecido como Palácio de Abrantes.

Quanto à forma atual da igreja, que passou por várias intervenções de restauro entre 1861 e 1876, é o resultado de diversas mudanças empreendidas nos últimos anos do século XVII, sendo atribuído ao arquiteto João Antunes, um dos mais representativos do barroco português, o desenho do púlpito, das torres sineiras e do frontispício, em que se observa um relevo dos irmãos Veríssimo, Máxima e Júlia. Aliás, a imagem dos jovens também está presente hoje sobre o trono no altar-mor e na denominada capela dos Santos Mártires, construída em 1821 e à qual se acede pela galilé. Neste local de Santos-o-Velho, em que viveram os monges militares da Ordem de Santiago da Espada e depois as Comendadeiras, vale a pena reparar na sua figuração como romeiros, com os chapéus de aba revirada, as esclavinas (capas curtas que quase não cobrem mais do que os ombros) com as vieiras e os bordões. Confluem aqui duas tradições religiosas, a jacobeia e a dos mártires romanos:

Figura 6: Relevo dos três jovens irmãos Santos Mártires, Veríssimo, Máxima e Júlia, na fachada da Igreja de Santos-o-Velho (Rua de Santos-o-Velho). Fonte: Vitor Oliveira (Portuguese eyes, acesso a 14/01/2024).

Assim, essa iconografia afasta-se da que se encontra nos painéis de azulejos de consideráveis dimensões da igreja do convento de Santos-o-Novo, o qual pertenceu, como o seu antecessor, à Ordem de Santiago. Nelas representam-se os três santos ainda em Roma e vestidos com trajes cortesãos, assim como o aparecimento do anjo que os envia a Lisboa, o embarque em direção à cidade do Tejo, a flagelação, os martírios e a chegada dos três corpos intactos à margem do rio após terem sido lançados à água. Já no que diz respeito às telas de autor desconhecido e datadas do século XVIII que ali se conservam, embora em estado muito deficiente, verifica-se igualmente o desenvolvimento da lenda, mas com algum acréscimo relativo ao seu culto em Portugal (destaca-se numa delas, por exemplo, a primeira comendadeira, D. Sancha Martins, que, na sequência de um sono, descobriria o lugar exato dos restos dos irmãos torturados). Nesse sentido, também não podemos deixar de lembrar a pintura quinhentista exposta no Museu Carlos Machado de Ponta Delgada, tradicionalmente atribuída ao artista Garcia Fernandes ou, em datas mais recentes, a Cristóvão de Utreque, na qual se reproduz o ciclo narrativo através de quatro painéis: Anúncio do Martírio, Desembarque em Lisboa, Flagelação e Arrastamento[162]. Nela deparamo-nos com um aparato iconográfico que responde ao gosto da época de D. Manuel, refletindo-se o auge das empresas ultramarinas através da riqueza do vestuário, do toucado e de tudo o relativo à caraterização das personagens.

Cumpre lembrar, por último, que um ponto fulcral do início do Caminho de Santiago na capital portuguesa localiza-se na única igreja dedicada ao Apóstolo na cidade, perto da Sé Catedral. O antigo templo foi sede de uma das primeiras paróquias de Lisboa na Idade Média, pois aparece documentado como *Ecclesiae Sanctus Jacobus de Ulixbona* em 1160 num códice datada de 1247. Possuía três naves e chegou a contar com um celeiro próprio e residências anexas para o clero residente. Porém, o edifício sofreu grandes transformações, tendo sido completamente reconstruído pelo arquiteto João Nunes Tinoco no século XVII e passado por obras de restauro após o terramoto de 1755. Por portaria de 1836 foi-lhe adicionada a paróquia de São Martinho e sabe-se que ainda foi alvo de obras de conservação no ano seguinte. Com planta traçada longitudinalmente numa nave única constituída por capela-mor, altares no lado do Evangelho e capela barroca do lado da Epístola, alguns elementos

---

[162] Acerca da origem e do percurso das tábuas, veja-se BATORÉO, Manuel, "A iconografia dos Santos Mártires de Lisboa em quatro pinturas do século XVI: linguagem e significados", *Revista de História e Teoria das Ideias*, vol. 27, 2010. Online: http://journals.openedition.org/cultura/328 Acesso a 13/10/2023.

testemunham a devoção jacobeia e a importância da Ordem de Santiago para a história da igreja[163]. Entre estes, conserva-se a pia batismal que encomendou D. Jorge da Costa, conhecido como o cardeal Alpedrinha, confessor da rainha D. Leonor de Lencastre e mestre da Ordem de Santiago no reinado manuelino. E, enquanto no retábulo-mor se exibe a imagem do apóstolo peregrino com bordão e vestido com capa decorada com vieiras, no frontal do altar pode observar-se a cruz espatária de Santiago pintada a vermelho.

Figura 7: Igreja Paroquial de Santiago (Rua de Santiago – atual Freguesia de Santa Maria Maior, Lisboa).

---

[163] Uma breve aproximação especialmente útil à materialização de referências devocionais a Santiago na Lisboa medieval encontra-se entre as páginas de FERNANDES, Paulo Almeida, *Caminhos de Santiago*, pp. 120-130.

6.2.6. A figura de Santiago que se move sobre um carro: para uma hipótese reconstrutiva

O vilancete comemorativo do regresso de D. Manuel I a Lisboa após visitar o túmulo do Apóstolo torna-se uma referência obrigatória nas aproximações do *Cancioneiro Geral* como repositório de esboços teatrais, pois na própria rubrica que o acompanha se faz referência às representações que se unem ao seu canto (repare-se em que se diz "iam cantando"):

> VILANCETE QUE FEZ PERO DE SOUSA, QUANDO EL-REI NOSSO SENHOR VEO DE SANTIAGO, QUE FEZ O SENGULAR MOMO EM SANTOS, O QUAL VILANCETE IAM CANTANDO DIANTE DO ENTREMES E CARRO EM QUE IA SANTIAGO.

Tanto o momo como o entremez remetem para o âmbito do espetáculo, aparecendo amiúde juntos na documentação e nos estudos da (pré-)história da dramaturgia europeia. Já temos insistido em capítulos anteriores na dificuldade de encontrar uma definição rigorosa do primeiro termo no Portugal de finais do século XV e inícios de seguinte (nomeadamente no subcapítulo dedicado a "Peregrinos e outras simbioses sacro-profanas nas figurações") e o mesmo cumpre dizer perante o entremez, de origem francesa e introduzido em Castela através da Catalunha e Aragão. A primeira referência a este no espaço peninsular encontra-se num texto de 1381, em que se descreve o ritual da coroação da rainha D. Sibila pelo seu marido, D. Pedro IV de Aragão, alcunhado o Cerimonioso, na catedral de Saragoça[164], cabendo supor que tal circunstância se deve sobretudo a contatos com a Provença, onde o vocábulo ocorre já no século XII. Os primeiros vestígios observados em Castela e Portugal dizem igualmente respeito a um ambiente jovial e o termo continua a ocorrer em relatos de celebrações especiais, adquirindo mais tarde o significado de representação de humor que se insere entre um e outro ato da comédia no âmbito de uma dramaturgia consolidada.

Tenha-se em conta que, como uma nova e importada invenção, aparece na lista de produtos estrangeiros chegados a Lisboa ("novos antremeses") que acerrimamente critica Álvaro de Brito Pestana, um dos olhares mais conservadores do *Cancioneiro Geral* (vol. I, nº 57). Tudo vem indicar que constituía uma

---

[164] BERNARDES, José Augusto Cardoso, *Sátira e Lirismo: Modelos de Síntese no Teatro de Gil Vicente*. Coimbra: Actas Universitatis Conimbrigensis, 1998, p. 92.

moda exógena e, na verdade, qualquer reflexão acerca do seu estatuto como encenação (para-)teatral mergulha num quadro de inespecificidade genológica nos finais da Idade Média. Porém, no caso do entremez mencionado na epígrafe relativa a Pero de Sousa Ribeiro, parece que resulta fácil a sua identificação com um conjunto imagético ou escultórico de figuras ou atores imóveis destinado a uma procissão (e, mais concretamente, a uma procissão de Ação de Graças conforme o modelo das celebradas no *Corpus Christi*). Alude-se aqui, com efeito, a uma imagem do Apóstolo que desfilava ("ia", conforme as palavras da rubrica) sobre um carro, diante do qual avançava um grupo de músicos que entoavam os versos do vilancete cujo mote é "Alta, Rainha Senhora, / Santiago por nós ora" e que, embora num tom lúdico-humorístico, visavam o enaltecimento da monarquia na pessoa de D. Manuel I como rei triunfante e peregrino.

Convém lembrar, nesse sentido, a extraordinária transcendência dos entremezes particularmente organizados com motivo das entradas de figuras da realeza nas cidades entre finais de Quatrocentos e inícios de Quinhentos, entendendo por entrada régia o cerimonial da chegada de um rei, rainha ou príncipe pela primeira vez ao seu reino ou em qualquer ocasião excecional (casamento ou vitória militar, por exemplo) a uma cidade ou vila"[165]. Os rituais de hospitalidade e boas-vindas dramatizam uma situação contratual entre o monarca e toda a Corte: "achou a rainha nos paços de Santos o Velho, de quem e de toda a corte foi recebido com muita alegria" (cap. LXIV), comenta Damião de Góis quando relata a chegada a Lisboa de D. Manuel I após a sua peregrinação jacobeia. Por via de regra, as crónicas fornecem uma visão tutelar e paternal do rei relativamente a estas receções, sublinhando a teatralização e capacidade organizadora dos participantes como manifestação de uma euforia extraordinária e aparentemente espontânea, embora exista sempre por trás delas uma organização oficial orientada e coercitiva.

Aliás, a imagem do soberano aparece contemplada em tais eventos como figura sacra, sendo o ritual de solenização que protagoniza muito semelhante ao da festa religiosa, o que neste caso se justifica ainda mais por tratar-se da celebração de uma peregrinação a um dos principais pontos de referência do Cristianismo. O cerimonial régio apropria-se do eclesiástico (e vice-versa) e projeta-se através de um percurso processional que persegue o elogio hiperbólico e a homenagem ao casal de D. Manuel I e Dona Maria. Na verdade, não

---

[165] ALVES, Ana Maria, *As entradas régias portuguesas: uma visão de conjunto*. Lisboa: Livros Horizonte,1991, p. 11.

apenas um, mas ambos os cônjuges são mesmo apresentados como figuras dignas de veneração: para além do rei triunfante e devoto que regressa da romaria, a rainha que o recebe em Lisboa é especialmente honrada mediante a partilha de espaço poético a modo de prece com o Apóstolo Santiago no mote do vilancete de Pero de Sousa Ribeiro (Alta Rainha Senhora e Santiago). Assim, cabe afirmar que a interpretação oral com música, encenação e imagística do santo sobre um carro faz parte de uma teatralização simultaneamente religiosa, política e social com fins ideológicos, em que convergem os modos de expressão verbal e artística.

As entradas régias implicavam, em definitivo, toda uma série de preparativos orientados para a renovação do pacto social entre a monarquia e a sociedade, refletindo a hierarquização dos elementos através da morfologia do espetáculo. E, de facto, o seguinte trecho relativo a este tipo de festas, entendidas sobretudo como ações de graças que tiveram lugar na cidade de Valência na segunda metade do século XV, poderá contribuir porventura para nos aproximar da receção de D. Manuel I:

> De entre todas las fiestas de excepción (es decir, no anuales), organizadas oficialmente, la que mayor interés reviste para la historia teatral es la motivada por la Entrada en la Ciudad de un miembro de la familia real o de algún personaje de gran relieve, porque es en su seno en donde cristalizan los espectáculos más específicamente teatrales, los entremeses. La Ciudad organizaba festejos también por circunstancias diferentes. La noticia de las bodas de reyes o príncipes (así en 1469 se celebraron las bodas de los que serían después Reyes Católicos), o el nacimiento de un hijo eran ocasiones que servían de excusa para la celebración pública. Otras veces se festejaban acontecimientos políticos o bélicos importantes. Es el caso de las celebraciones que desencadenaron las sucesivas victorias de Juan II sobre los catalanes o las motivadas por las campañas de reconquista de Fernando el Católico. Pero todos estos acontecimientos se celebraban siguiendo un ritual más sobrio que el motivado por la Entrada Real (…).
>
> Pero, en general, acontecimientos políticos y hechos anecdóticos referentes a la familia real exigían solemne procesión de acción de gracias, procesión que seguía el recorrido habitual y estructura de la procesión del Corpus (…). Con la celebración de todos estos acontecimientos la Ciudad como cuerpo social se ratificaba a sí misma en tanto comunidad que compartía un mismo horizonte de intereses[166].

---

[166] FERRER VALLS, Teresa, "La fiesta cívica en la ciudad de Valencia en el siglo XV", in Evangelina Rodríguez Cuadros (coord.), *Cultura y representación en la Edad Media*: actas del seminario celebrado con motivo del II Festival de Teatre i Música Medieval d' Elx. Alacant: Instituto de Estudios Juan Gil Albert / Generalitat Valenciana / Ajuntament d'Elx, 1994, pp. 145-169.

A procissão do *Corpus Christi* em Portugal era também imponente, mostrando duas faces distintas: por um lado, a religiosa, que, comandada pela Igreja, consistia principalmente no desfile das pessoas e autoridades religiosas, seculares e regulares, constituindo assim um testemunho de fé que visava incentivar a devoção pública; por outro, a profana, que, dirigida pelo concelho através das diversas corporações e dos mesteres, caraterizava-se essencialmente por uma sucessão de interpretações com um marcado cariz popular de cunho medieval para a diversão da população, sendo os seus temas e símbolos fixados conforme cada ofício ou grupo de ofícios afins. Porém, permitia-se certa margem à liberdade de invenção dos interessados quanto à sua indumentária e execução mediante "pantominas e entremezes, danças, folias e chacotas, alegorias, cantos, andores com imagens de santos, etc. figurando as mais das vezes personagens ou cenas históricas, mitológicas ou religiosas, segundo a concepção popular"[167].

A propósito da figura que ia sobre um carro aquando da chegada de D. Manuel I a Lisboa, cabe assinalar que Santiago foi objeto de inúmeras representações escultóricas na Europa daquela altura em diversos tipos de suportes e campos da arte. Tal produção leva-nos, de facto, a refletir sobre os modos, aparentemente irreconciliáveis, em que foi concebido o mesmo personagem sagrado no imaginário ibérico:

> Santiago caballero simboliza el ideal sacro de una milicia feudal que luchaba por la extensión de la fe y la dilatación de las fronteras cristianas. Por el contrario, la pacífica representación del apóstol peregrino sublimaba la apariencia de simple viajero que podrían presentar los peregrinos, en una síntesis magistral que propiciaba la identificación entre apóstol y peregrino. Estas dos iconografías del mismo personaje sagrado, aparentemente irreconciliables, son las que lograron mayor difusión en Europa y, a partir del siglo XVI, en la América española[168].

Se, para uma hipotética reconstrução do espetáculo referido no *Cancioneiro Geral*, recorremos a estudos que examinam comparativamente os trabalhos relativos à figuração de Santiago no Portugal dos séculos XV e XVI, parece

---

[167] OLIVEIRA, Ernesto Veiga de, *Festividades cíclicas em Portugal*. Lisboa: Etnografia Press, 2020. Online: https://books.openedition.org/etnograficapress/6043#ftn1. Acesso a 14 de Janeiro de 2024.
[168] SINGUL, Francisco, *Camino que vence al tiempo*, p. 187.

confirmar-se que a clientela preferia as imagens do Apóstolo e Peregrino sobre as do Cavaleiro e Mata Mouros. A tal conclusão se chega quando focamos a paisagem humana e devocional, assim como a social e cultural, em que se inscreve a escultura como arte do visível e ligada a criações espetaculares onde habitam "os santos que, humanizados, germinam e prosperam no coração dos devotos e peregrinos, propiciando espessas e diferentes interações (jogos), transformando a vida quotidiana que se amplia numa dimensão mágica e simbólica"[169].

Resulta óbvia, com efeito, a importância da imagem plástica na propiciação de ambientes catalisadores em manifestações (para)teatrais de perfil litúrgico ou sacro-profano, pois esta repercute notavelmente na experiência emocional perante a ficção que se apresenta aos espetadores, fazendo convergir a perceção visual com a auditiva (palavra e música) no mesmo cenário. No reino de Portugal, do mesmo modo que em Castela, França, Alemanha ou os Países Baixos, a iconografia gravitou sobretudo entre o Santiago Apóstolo, o Peregrino e o Cavaleiro e herói dos cristãos da reconquista, face à escassez doutras figurações:

> Raras, ou inexistentes, são as figurações portuguesas de Santiago Mártir (fazendo acompanhar-se da espada), Santiago em Majestade (presente na Fonte de Santiago em Braga, por exemplo), Santiago com os fiéis e Peregrino a Cavalo. Todavia, as representações (míticas) de Santiago Cavaleiro e de Santiago Mata Mouros também surgem no território português desde a Idade Média (ainda que em menor quantidade), perpassando toda a modernidade, numa alusão ao seu carácter protector e, depois, à sua imagem bélica, com fortes componentes culturais, mas também sociopolíticas e religiosas, expressando ideais e valores que ultrapassam a devoção para se relacionarem com, por um lado, o horizonte cavaleiresco e, por outro, com o militar, acentuando-se, assim, o seu carácter metafórico[170].

Apesar da constatação de certa ambiguidade e hibridismo quanto aos valores piedosos e simbólicos, na escultura realizada dentro das coordenadas espaciais e cronológicas de finais de Quatrocentos e alvores de Quinhentos deixa-se

---

[169] GONÇALVES, Carla Alexandra / SALDANHA, Sandra Costa, "Así reza la encomienda: representaciones de Santiago en la escultura portuguesa en la Época Moderna", *Ad Limina*, vol 11, 2020, p. 187.

[170] GONÇALVES, Carla Alexandra / SALDANHA, Sandra Costa, "Así reza la encomienda...", p. 189.

entrever uma progressiva evolução no sentido da caraterização de Santiago como peregrino, à qual já se viria assistindo desde o século XII. Na verdade, o culto popular ligado diretamente ao Caminho de Santiago veio pôr de manifesto a face mais humana do personagem venerado. As diferentes peças da indumentaria vão-se transformando, por conseguinte, nas de um viajante a pé, como se pode observar, por exemplo, em obras de suporte calcário atribuídas a Diogo Pires-o-Velho, artista luso ativo precisamente nas coordenadas cronológicas acima aludidas, cuja formação se desenvolveu durante o reinado de D. Afonso V, coincidente com o estilo gótico nacional. Embora tenha convivido depois com artífices da arte manuelina, no seu trabalho não se chegou a refletir verdadeiramente uma adaptação a esse novo gosto, o que sim acontecerá com o seu descendente e sucessor, Diogo Pires-o-Moço. Eis, de facto, estas duas imagens:

Figura 8: Santiago Peregrino (datação: 1475-1525) Museu Nacional de Arte Antiga (Lisboa), Inv. 1099 Esc Atribuída a Diogo Peres-o-Velho.

Figura 9: Santiago Peregrino (datação: 1475-1500) Museu Nacional de Arte Antiga (Lisboa), Inv. 1093 Esc Atribuída a Diogo Pires-o-Velho.

O Santo aparece aqui em posição frontal, com barba mais ou menos ondulada e cabelo comprido. Está ataviado com uma veste a modo de sobretudo com mangas que chega até aos pés. Leva um chapéu de aba revirada para a chuva ou o sol, no qual se pode contemplar a vieira. Apresenta-se descalço e com um livro fechado e encostado numa mão, enquanto sustém o bordão noutra, envergando, em ambos os casos, uma sacola ou surrão cruzado ao peito. Na verdade, trata-se de um modelo habitual na sua representação como peregrino apesar de que o livro remete para a função evangelizadora e a ausência de calçado para a dimensão apostólica original e a santidade, atributos que amiúde se misturam com os do caminhante.

Para a tentativa de uma aproximação da reconstrução visual do enquadramento do vilancete do *Cancioneiro Geral*, cumpre ter em conta que o visual de Santiago na escultura devocional em Portugal partilha praticamente os mesmos sinais identificativos ao longo dos séculos XIV, XV e inícios de XVI, introduzindo-se apenas lógicas variantes de estilo conforme as modas do tempo e as diversas escolas locais. Embora a evolução iconográfica ligada à sua metamorfose de apóstolo em peregrino não se revele de modo linear nem normativo, vem constituir uma tendência geral, respondendo, como já assinalámos acima, ao fenómeno de humanização das figuras sagradas, o que implica a adaptação ou acomodação da sua aparência à dos seus próprios devotos. Assim sendo, situamo-nos perante uma fusão de imagens que se revela como um caso único em toda o espaço europeu.

O estudo comparativo de um vasto *corpus* de estátuas desse período fabricadas em território luso[171] permite facilmente concluir que, entre todos os atributos de peregrino, é a vieira (também citada como *venera* no contexto jacobeu) que apresenta maior permanência, dada a sua estreita associação com Compostela. Isso sim, a sua posição no corpo ou nas peças da indumentária é mesmo muito variada: às vezes aparece pendurada no braço e outras muitas encontramo-la situada na aba ou na copa do chapéu, na sacola, no manto ou ainda na esclavina. A concha revela-se, com efeito, como um emblema ou

---

[171] Baseamo-nos no que foi levado a cabo por TARRÉ, Begoña, "Do apóstolo ao peregrino: a iconografia de São Tiago na escultura devocional medieval em Portugal", *Medievalista*, nº 12, 2012. Online: https://journals.openedition.org/medievalista/624 Acesso a 24 de dezembro de 2022.

signum peregrinationis cuja história se torna possível passar em revista através dos constantes comentários que acerca dela se fazem em fontes documentais, apresentando um particular interesse os do *Codex Calixtinus*, donde podemos extrair, entre outras informações, as chaves para a sua interpretação semântica[172]. Lembre-se, muito brevemente e apenas como ilustração, que, no sermão "Veneranda dies" do seu Livro I, se explica o significado da sua morfologia, adaptada aos dedos da mão como símbolo de caridade cristã, das boas obras que o peregrino deve realizar e do perdão obtido na sua viagem penitencial. E, sendo mesmo extraordinária a sua importância em relatos de milagres, note-se também que é no Livro II dessa obra que se recolhe o primeiro testemunho escrito da sua utilização como emblema: a narração da cura do cavaleiro de Apúlia (Itália) em 1106 mediante uma concha trazida de Santiago.

Por sua vez, o bordão também aparece como um elemento omnipresente, pois, inclusive nas representações plásticas em que não se encontra visível, adivinha-se a sua presença original a partir da posição das mãos. Junto a estes dois atributos do peregrino, o chapéu revela-se outro dos traços definidores e indispensáveis. Tanto é assim que os artistas, nos finais do século XV e no seguinte, tendo consciência do efeito laicizante e pouco solene que essa cobertura da cabeça provoca numa representação que sempre procurou ser a de um santo, criam, talvez a pedido dos clientes, uma nova proposta em que não chega a desaparecer, mas passa a estar pendurado às costas. Já quanto à presença do livro, que aponta para a função evangelizadora, observam-se também certas variações na sua representação e posição (vejam-se, por exemplo, as imagens reproduzidas acima: enquanto numa figura fechado, na outra é segurado por baixo com o braço). Aliás, assiste-se a uma progressiva e lógica perda de assiduidade de tal elemento à medida que ganha relevância a humanização do Santiago peregrino. Note-se, por último, que a sacola e a cabaça, apesar se ligarem tradicionalmente à peregrinação, faltam com frequência nas imagens (e mais ainda a cabaça, embora seja provável que nalgumas esculturas existisse e se perdesse).

Para citar apenas alguns casos em madeira, tomando sobretudo em consideração que provavelmente fosse este o material da imagem que ia sobre um carro, cabe citar a escultura de gosto flamengo da Sé do Porto, datada

---

[172] CASTIÑEIRAS GONZÁLEZ, Manuel Antonio, *A Vieira en Compostela: a insignia da Peregrinación Xacobea*. Santiago de Compostela: Xunta de Galicia, 2007.

de inícios do século XVI e destinada a ser cultuada no altar da capela de Santiago do claustro – embora, com a passagem do tempo, tenha passado por diversos espaços. Estofada e policromada, apresenta o santo de corpo inteiro sobre uma superfície que imita uma rocha, com os símbolos da peregrinação comentados em linhas anteriores (chapéu, bordão, cabaça, vieira e esclavina):

Figura 10: Santiago Peregrino (datação: 1500-1525). Cabido da Sé do Porto, Inv. nº P160. Autoria desconhecida.

Embora majestática e solene, com manto comprido e sem um gesto de marcha, a figura mantém certa expressão dinâmica: "O rosto, de olhar vivo e boca entreaberta, em jeito de falar, como se nos quisesse dizer algo, exprime o carácter impulsivo do 'filho do trovão', referido no Novo Testamento"[173]. Santiago apresenta-se de barba longa e ondulada, com cabeleira que cai sobre os ombros em madeixas encaracoladas e a cabeça coberta por um chapéu de aba revirada, na qual sobressai a concha de vieira, símbolo dos peregrinos, e os bordões.

6.2.7. Alguns testemunhos de projeção do vilancete na contemporaneidade: da imprensa galega na Argentina (1924) à Radio Televisión Española (1971)

Quanto à projeção na literatura contemporânea do único vilancete de Pero de Sousa Ribeiro conservado no *Cancioneiro Geral*, não podemos deixar de fazer referência ao seu aproveitamento pelo escritor e político de origem galega Juan Bautista de Armada y Losada (1861-1932), Marquês de Figueroa. Estreitamente ligado a Santiago de Compostela, em cuja Universidade se licenciou em Direito, este intelectual, além de ser membro da Real *Academia de Ciencias Morales y Políticas* e do *Ateneo* de Madrid e de presidir a *Unión Iberoamericana*, ocupou a cadeira K da *Real Academia Española de la Lengua*, destacando-se pela sua erudição na história das literaturas ibéricas. Assim, deparamo-nos com o mote "Alta rainha Senhora / Santiago por nós ora" num texto da sua autoria divulgado pela primeira vez na imprensa de Buenos Aires e inserido no número correspondente ao ano de 1924 do *Almanaque Gallego*, fundado também na Argentina por Manuel Castro López, emigrante galego. Tal publicação periódica, em vigor entre 1898 e 1927, tinha precisamente o objetivo de estabelecer vínculos literários e afetivos entre a Galiza e o continente americano, a que tantos conterrâneos seus tinham chegado à procura de melhores condições de vida. E, também nessa altura, veio a lume na revista *Unión Ibero-Americana*, órgão de expressão da sociedade do mesmo nome, nascida com o objetivo de estreitar relações económicas, políticas e culturais entre Espanha, Portugal e o outro lado do Atlântico.

Enquanto na produção ensaística do citado Marquês de Figueroa se destaca a presença da Galiza como tema e na narrativa domina o chamado

---

[173] PALMA, Louise / TEIXEIRA, Mafalda, "São Tiago: Peregrino na Sé do Porto", *Ad Limina*, vol. 11, nº 11, 2020, p. 254.

naturalismo cristão, com enaltecimento da formação moral, na poesia sobressai a confluência da vertente religiosa com assuntos popularizantes de sabor galego, assim como a influência dos místicos espanhóis. No primeiro dos seus livros de versos, *Del solar galaico* (1917), declara o seu objetivo de homenagear a língua galega, criticando o desprezo e esquecimento que esta sofre dos seus naturais, embora faça também com uma apologia do convívio linguístico galego-castelhano. No segundo, *Libro de cantigas. En tierras galaico-lusitanas. Impresiones. Reminiscencias del vagar* (1928), inclui poemas que cantam o amor, a terra, o fenómeno da emigração a América, a devoção religiosa e o espírito de fraternidade com a cultura lusitana, sendo nele onde publica, mais uma vez, o texto que tem como epígrafe o mote do vilancete de Pero de Sousa Ribeiro.

Trata-se de uma composição intitulada "Maris Stella" (Estrela do Mar), em que predomina a temática amorosa e convergem várias linhas das tradições literárias galega e portuguesa. O autor parte da justaposição de diferentes elementos, recorrendo sobretudo a versos da célebre cantiga de amigo do jogral Mendinho ("Sedia-m'eu na ermida de San Simion", Cancioneiro da Biblioteca Nacional 852, Cancioneiro da Vaticana 438) e interpolando outros de cantigas populares sobre a peregrinação a Santiago, de ladainhas marianas, do hino de uso litúrgico "Ave Maris Stella" e do vilancete português glosado no *Cancioneiro Geral* por Pero de Sousa Ribeiro. A propósito deste último, observe-se que o marquês de Figueroa interpreta o apelo à rainha de modo unívoco como apelo à Virgem Maria:

> E cercáronme as ondas. que grandes son
> e non ei barqueiro, nen remador
> - Medinho -
>
> (...)
>
> ¡Cántos os romeiros eran.
> os que de moi lonxe viñan!
> O tropel enche os camiños;
> fan moi grande. algaravia!
> Van xunt'o siñor Santiago,
> Veñen de Santa María,
> afanosos de sua ideia;
> romeiros en romaría;
> de a cabalo, ou de a pión,

todos fan gran cortesia;
tras os cavaleiros, paxes
e mulleres e creanciñas
cos Abades à cabeza,
a eito van as freguesias!...

(...)

Xentes era d'aventura
as que do intirior saliran
das terras do Tajo e Douro
e do Miño bendecidas!
Carabelas e galés
que os levaran os traerian;
e canto pr'as descobertas
son os fillos da Galicia!
Galicia na carabela
xente Galicián a que iba,
compañeira de Colón,
sabidora d'onde viña,
tembrorosa de pensare
hastra onde os levaría!...

(...)

Alta rainha. senhora
Santiago por nos ora
    Pero de Sousa

¡Cantos pol-o mar d'América,
os que veñen a Galicia,
atraídos por Santiago,
romeiros en romaría!
Pr'América os emigrantes
van tentados de cubizas,
aunque moitos non esquezan
os amores que a fe enspira.
As cantigas, moi o lonxe,
sobr'as ondas ripitidas,
do mar, dunha pr'outra branda,
dend' Améric' a Galicia,
aires verten que sedocen
con acentos da terriña!
(...)

¡Ladaiñas de romeiros
que o nosso Siñor bendiga!...
(...)
Cercáronme as ondas
da ermida no altar
barqueiro xa ei,
xa podo vogar!

Raiña do ceo,
estrela do mare.
de xionllos na terra
eu digote: salve![174]

O texto em questão constitui, por um lado, uma das experiências mais precursoras da prática do neotrovadorismo e, por outro, um caso singular (e único?) de recuperação e apropriação de textos da compilação de Garcia de Resende na literatura galega. Nesse sentido, cumpre lembrar a comunicação epistolar que o autor manteve com o português Afonso Lopes Vieira[175], escritor entusiástico e empenhado num apostolado cultural que implicava a divulgação e valorização das obras mais representativas do patrimônio espiritual lusitano. Conforme o ideal tradicionalista de nacionalismo esclarecido, este associava a literatura à identidade da pátria e, entre outras atividades intelectuais empreendidas sob tal prisma orientador, a sua recriação da lírica dos Cancioneiros fez precisamente com que se convertesse num referente de primeira ordem em Portugal e também na Galiza, pois veio descobrir uma nova possibilidade estética de compor poesia. Nas cantigas medievais, ele encontrou uma fórmula "compagainável com os nacionalismos literários primonovecentistas, bem como um poderoso argumento demonstrativo da idiossincrática 'alma' luso-galega"[176]. Aliás, desse afã dialogante de épocas e

---

[174] *União Ibero Americana*, 1924, pp. 28-31. O itálico é nosso
[175] LÓPEZ, Teresa (1997), *O Neotrobadorismo*. Vigo: A Nosa Terra, p. 19. Ler a produção do marquês de Figueroa à luz das letras portuguesas da época evidencia bem, de facto, o seu notável e atualizado conhecimento da obra de intelectuais de além-Minho, tanto de investigadores no âmbito da história e da antropologia, quanto de críticos e criadores literária, como se aponta em TORRES FEIJÓ, Elias J., *Portugal para quê?*, Santiago de Compostela, Andavira, 2019, p. 30.
[176] PEREIRA, Paulo Alexandre Cardoso, "Trovador de Portugal: neotrovadorismo, saudade e filologia em Afonso Lopes Vieira", *Boletín galego de literatura*, nº 36-37, 2006-2007, p. 121.

géneros de Afonso Lopes Vieira também fizeram parte vilancetes de inícios do século XVI como produtos da criação genuína do povo. Devolvendo-lhes o seu cunho popularizante, o (re)criador apresenta-os sob uma auréola de folclorização, tal como faz o marquês de Figueroa no poema acima transcrito, em que inclui os versos *Cancioneiro Geral* a modo de epígrafe interna e os associa a outros espaços e vozes.

***

Destaca-se, igualmente a inserção e funcionalidade dos versos de Pero de Sousa Ribeiro recolhidos por Garcia de Resende numa breve peça televisiva composta em castelhano e destinada a celebrar o Ano Jubilar Compostelano de 1971. Esta foi emitida pelo canal da Radio Televisión Española, sendo o seu autor o polifacetado Antonio Gala (1930-2023), recentemente falecido, que lhe deu o título de *Cantar del Santiago paratodos*. Com tal trabalho, em que poesia e dramaturgia confluem, veio encerrar uma série de cinco obras realizadas por encomenda a modo de roteiros teatrais para comemorar determinadas figuras e espaços, chegando a ganhar uma notável popularidade na época. Já nessa altura, António Gala tinha dados os primeiros passos de uma carreira intelectual que se revelaria longa e fecunda em todos os géneros da escrita, tendo sido galardoado, entre outros, com o *Premio Nacional Calderón de la Barca* (1963) ou o *Premio Foro Teatral* (1971), aos quais seguiria imediatamente o *Premio del Espectador y la Crítica* (1972-1973). E, quanto à vertente televisiva, sobressai o *Quijote de Oro* (1973), pelo roteiro da série histórico-cultural *Si las piedras hablasen*, um percurso pelos mais importantes cenários da história de Espanha, com leitura em *off* dos textos pelo próprio escritor.

Além disso, ele foi o responsável por outros diversos roteiros de séries para o pequeno écran e adaptações de peças teatrais, amiúde em colaboração com o diretor e roteirista espanhol Mario Camus. No âmbito da sua experiência no campo audiovisual e programação dramática para RTVE, não podemos deixar de citar, por exemplo, a sua participação na supervisão de obras celebérrimas da literatura universal no ciclo chamado *Teatro para siempre*, desenvolvido entre 1966 e 1967 e formado por *Las Troyanas*, de Eurípides; *El rey Lear*, *Ricardo III* e *Romeo y Julieta*, de William Shakespeare; ou *El burgués gentil hombre*, de Molière. Quanto ao projeto impulsado pelo mesmo canal para comemorar efemérides e inaugurações de repercussões no património material e imaterial, incluído o Caminho de Santiago, lembre-se que esteve composto pelas seguintes peças:

- *Eterno Tuy (El padre Miño)*, escrito em 1968 para celebrar a inauguração do Parador de Turismo de San Telmo a 28 de agosto, em que diferentes personagens, entre os quais se destaca o próprio rio Minho e algumas representativas figuras da história e da literatura galego-portuguesa, dialogam sobre a história da cidade galega fronteiriça com Portugal – com inserções e recriações, inclusive, de versos de cantigas medievais conforme a prática do neotrovadorismo.
- *Oratorio de Fuenterrabía*, datado também de 1968 e baseado na história da cidade basca de Hondarribia, onde a fortaleza com vistas panorâmicas sobre estuário do rio Bidasoa, conhecido como Castelo de Carlos V (embora a sua construção remonte ao século X), se tinha habilitado como Parador de Turismo;
- *Auto del Santo Reino*, redigido em 1969 como contribuição para a festividade dos mil anos dos inícios da construção do castelo de Burgalimar de Baños de la Encina, na província andaluza de Jaén, revisitando todo o patrimônio cultural circundante;
- *Retablo de Santa Teresa*, inspirado na infância, juventude e vida de adulta da famosa fundadora da ordem do Carmelo Descalço e incluída entre as atividades realizadas em 1970, aquando da celebração do centenário da sua declaração como primeira Doutora Universal da Igreja no Real Mosteiro de Santa Tomás, em Ávila.
- *Cantar del Santiago paratodos*, composto em 1971 sobre a peregrinação jacobeia como parte da comemoração do Ano Santo e acerca do qual refletiremos brevemente nas páginas que seguem.

O próprio vocábulo "cantar" que se regista na obra de Antonio Gala remete-nos já para a esfera da poesia e da musicalidade, os dois alicerces fundamentais do vilancete do *Cancioneiro Geral* interpretado perante o carro com a imagem de Santiago. Por sua vez, a expressão "paratodos" parece apontar para a miscelânea de personagens que surgem em cena, não só pertencentes a diversas épocas, mas também ligados a diferentes itinerários do Caminho de Santiago e tirados de múltiplas fontes. Na verdade, com inúmeras imprecisões cronológicas e atributivas, na peça televisiva em questão multiplicam-se os entremeados líricos com citações e referências a factos e indivíduos reais e fictícios pertencentes tanto à Idade Média quanto aos séculos XVI, XVII e XVIII. Porém, essa quantidade e diversidade de intervenientes, longe de quebrar a unicidade do texto, vem sublinhar a universalidade e perenidade da peregrinação jacobeia, contribuindo para a sua promoção.

Todos os romeiros aparecem unidos pela sua devoção e desejo de visitar o túmulo do Apóstolo. De facto, na boca do personagem chamado Protector de los peregrinos, que, junto com o Maestro de Ceremonias interage com todos os restantes, põem-se afirmações como "Todos los peregrinos nos llamamos Santiago". Embora as vivências e até os itinerários sejam diferentes, a meta é a mesma:

> La obra se ha construido sirviéndose de un sólo mimema, el cual más que imitar el comportamiento de los peregrinos al dirigirse a Santiago de Compostela. nos ofrece una representación de situaciones de tipo directo, originales, con una funcionalidad viva en los distintos comportamientos de los personajes. En el mimema hay una gran riqueza de secuencias que marcan las distintas etapas en las que se va desarrollando la acción de aquel, es decir, de la marcha de los peregrinos al sepulcro de Santiago[177].

As notas de erudição amiúde se misturam com outras humorísticas e relativas à quotidianidade. Sobressai, *verbi gratia*, a cena em que o Maestro lê e comenta passagens do *Codex Calixtinus*, sendo interrompido por um peregrino anónimo preocupado pelas durezas dos pés durante o caminho e o intercâmbio de ideias sobre as melhores medidas a tomar para a saúde destes. A tais observações práticas do dia a dia unem-se declamações de diversa natureza, das *Cantigas de Santa Maria* de Afonso X o Sábio a vários romances rimados e ao vilancete de Pero de Sousa Ribeiro no *Cancioneiro Geral*, que se inclui na obra como elemento ao serviço da caraterização da história da peregrinação lusa. Os versos deste são interpretados, com efeito, como parte da *mise en scène* de uma célebre peregrina a Compostela, a Rainha Santa, D. Isabel de Aragão.

Eis abaixo o elenco de personagens conforme a didascália e num cenário ambientado por uma luz de cor parda análoga à do saial dos peregrinos e

---

[177] ALBA, Manuel Sito, "Cantar del Santiago Para todos de Antonio Gala: su teatralidad", *Dicenda: Estudios de lengua y literatura españolas*, 1988, nº 7, p. 246.

uma música que parte do *Codex Callixtinus* e do *Cancioneiro de los peregrinos de Santiago* (1967), de Pedro Echevarría[178]:

El Maestro de ceremonias
El Protector de los peregrinos
Peregrinos sin nombre: de ellos deben hablar al menos doce.
Otros peregrinos:
    EL PORTUGUÊS
    El Ciego.
    El Clérigo
    Raimundo II de Gothia.
    Fray Luís de León
    Dos Juglares.
    Maestro Mateo
Los Santos:
    Santo Domigo de la Calzada.
    San Juan de Ortega.
    San Francisco de Asís.
    San Lázaro.
Otros Santos (*que no hablan*):
    Guilhermo de Verceli.
    Teobaldo de Mondolvi.
    Paulina.
    Brigida.
    Bona de Pisa.
    Alberto.
    Merando.
    Evermaro de Frisia.
Personajes históricos:
    Alfonso El Casto
    Ramiro II (que no habla)
    Alfonso IV
    ISABEL DE PORTUGAL - VOCES (*Mientras avanza hacia la cruz*) *
    Guilhermo X de Aquitania
    El Cid

(*Continuação*)

---

[178] Respeitamos o idioma e a forma de citação dos nomes, acrescentando ao itálico dos dados cenográficos que aparece na edição original, as maiúsculas e o negrito das figuras ligadas diretamente a Portugal, assim como um asterisco que assinala lugar da inserção dos versos do vilancete "Alta, Rainha, Senhora, / Santiago, por nós ora"

(*Continuação*)

> Catalina de Aragón
> El Gran Capitán
> El Obispo Gelmirez
> Los Obispos Fonseca (que no hablan)
> Suero de Quiñones.
> Felipe II
> Quevedo
> Cantores masculinos y femeninos
> Figuración de peregrinos

O peregrino nomeado como El Português, defendendo que o seu reino é por excelência uma terra de milagres, encarrega-se de relatar a recuperação da vida do galo de Barcelos como demonstração da inocência de um indivíduo acusado injustamente de crime, caso que é também comentado por outros personagens. Em relação a Isabel de Portugal, a viúva de D. Dinis, o Maestro de Ceremonias sublinha o seu duplo *status* de rainha e de santa, ouvindo-se, enquanto avança em direção à Cruz, o canto do vilancete em foco com algumas variações formais com respeito à versão de Pero de Sousa Ribeiro:

MAESTRO
[...] Se trata de Isabel de Portugal, viuda del rey Dionís. Nunca he sabido donde situarla; si entre los reyes o entre los santos

VOZES (*Mientras avanza hacia la cruz*)

Alta Rainha, Senhora,
a Santiago por nós ora.
Partimos de Portugal
catar cura nosso mal,
se nos Ele e vós nam val,
tudo é perdido agora.
Se nele ne vos nous val
tudo é perdido agora.
Pois que somos seus romeiros
e das damas tan enteiros,
cessem ia nossos marteiros,
que nunca cessam un hora[179].

---

[179] GALA, Antonio, *Cantar del Santiago paratodos*. Madrid: MK, 1974, p. 57.

Já temos observado noutros capítulos relativos à identificação de personagens ligados ao texto do *Cancioneiro Geral* que a crítica bibliográfica tem apontado erroneamente para a rainha D. Isabel, que se deslocou a Compostela em 1325, como a figura evocada em "Alta Rainha, Senhora", e daí partiu Antonio Gala para a sua recriação. As suas generosas doações à catedral de Santiago, as suas transfigurações de rainha em romeira e a construção do seu túmulo com os distintivos de peregrina marcam, como vimos, a identidade do Caminho Português e, por conseguinte, a sua presença em *Cantar del Santiago paratodos*.

Conclusões

Nesta obra pretendemos fixar as bases documentais e analíticas essenciais para levar a cabo um estudo pioneiro do impacto sociopolítico e da projeção literária da peregrinação a Santiago de Compostela na esfera dos espetáculos portugueses entre finais da Idade Média e alvores da Renascença. O ponto de partida dessa abordagem pormenorizada e multidisciplinar foi, de facto, uma composição da autoria de Pero de Sousa Ribeiro recolhida no *Cancioneiro Geral de Garcia de Resende*, compilação que se acabou de imprimir em Lisboa a 28 de setembro de 1516, sendo um dos primeiros produtos a se beneficiar da impressão mecânica em Portugal.

Como sublinhámos ao longo do livro, o texto em foco foi redigido aquando da celebração do regresso de D. Manuel I da peregrinação a Compostela, para onde tinha partido em outubro de 1502. Garcia de Resende defende no Prólogo da sua compilação que com esta visa conservar e transmitir a memória e, entre o vasto conjunto de factos e comportamentos ali recolhidos, deixa-se constância das amostras de alegria exultante com que a rainha D. Maria e a Corte recebem o seu esposo, que volta a Lisboa triunfante como soberano e peregrino. Na verdade, para além do relativo à sua consideração em antologias de esboços dramáticos ou em estudos que abordam a delimitação de géneros poéticos a partir de certas estruturas métrico-rimáticas na lírica cancioneiril de Quatrocentos, a boa fortuna crítica não tem acompanhado esta composição. Assim sendo, a sua leitura contextualizada e atenta e à luz das coordenadas históricas em que foi criada vem supor uma operação de resgate e reivindicação para o património literário e cultural jacobeu.

CONCLUSÕES

Nesse sentido, dedicamos os primeiros capítulos à organização da coletânea como produto do mecenato régio e amostra do poder central, remetendo mesmo para a magna composição que o inaugura e que constitui toda uma homenagem literária a D. João II, cognominado como o Príncipe Perfeito, nos tempos em que D. Manuel, duque de Beja e senhor de Viseu, era apenas o seu cunhado (e não candidato à sucessão no trono). Ao lado desse macrotexto, em que intervêm prestigiosas figuras da Corte com os seus versos (entre eles, Pero de Sousa Ribeiro), pusemos de relevo outros relativos à figuração régia, como os ligados ao ambiente espetacular da celebração do casamento do príncipe D. Afonso, esse sim herdeiro da Coroa naquela altura, mas morto acidentalmente pouco tempo depois. Tendo em conta que o nosso livro pretende ter como norte a projeção literária da peregrinação e do imaginário régio (e manuelino), reparamos sobretudo na representação de cavaleiros como romeiros que Garcia de Resende descreve na prosa da sua *Vida e feitos de D. João II*, desentranhando o valor dos seus ornamentos como insígnias remetentes para a Terra Santa, Roma ou Santiago de Compostela nos finais do século XV, o que até agora não tinha sido objeto de atenção pelos estudiosos.

Entre outras encenações, tornou-se pertinente dar uma relevância especial à série de invenções e letras a que se assistiu durante essa celebração nupcial, em que D. Manuel, duque de Beja e senhor de Viseu, aparece associado à figura de Saturno. A análise de tal figuração leva-nos, de modo incontornável, à sua comparação com o "círculo saturnino" que rodeia também literariamente outras figuras de extraordinária importância política no reino vizinho: D. Juan II e o seu valido e Condestável de Castela, Álvaro de Luna, assim apresentados na poesia castelhana de Quatrocentos por Micer Francisco Imperial e Juan de Mena, respetivamente. E, observando com cuidado as referências poéticas que contribuem para marcar o elevado *status* de D. Manuel em composições datadas antes da sua coroação e, mais tarde para reafirmar a sua legitimação como rei de Portugal, pareceu-nos essencial refletir sobre alguns versos em que ele aparece designado, por exemplo, como "filho segundo" ou "socessor verdadeiro". Embora tais expressões venham, em certa medida, impostas pelas convenções do discurso panegírico ou elegíaco, resulta óbvia a vontade de apagar das aspirações do governo a figura D. Jorge de Lencastre, filho natural de D. João II, perante o qual a cônjuge deste, a rainha D. Leonor, mostrou sempre hostilidade.

Atentar nas referências do *Cancioneiro Geral* a D. Manuel, nomeado sucessor por testamento e aclamado como quinto monarca da dinastia de Avis

CONCLUSÕES

em 1495, implica fazê-lo também em relação às suas esposas até 1516, ano da sua publicação (ou, pelo menos, até 1502, data da peregrinação): as irmãs D. Isabel e D. Maria, a qual o recebeu no Palácio de Santos-o-Velho quando regressou da Galiza. Ao longo de várias páginas, tentámos analisar até que ponto a romaria jacobeia reflete o seu reinado e a sua mundividência e, ao mesmo tempo, acaba por evidenciar a importância dos ideais e modelos de atuação especificamente seus durante o Caminho de Santiago na identidade de Portugal. A partir de uma leitura cruzada e complementar do texto poético com outros dessa mesma coletânea, com as crónicas (em particular com as dos polifacetados humanistas Damião de Góis e Jerónimo de Osório, bispo de Silves) e com outras fontes documentais de diversa natureza, revisitámos os traços e as circunstâncias que conformaram a personalidade do soberano alcunhado O Venturoso: as conjunturas que, sem ter nascido para ser rei, o levaram ao trono; as aspirações da união ibérica; a reforma do Estado e a diplomacia no reino próprio e no estrangeiro; a proteção e mecenato das artes; a consolidação de um grande império; e a defesa do Cristianismo.

Parece fácil concluir que, sendo uma pessoa tão calculadora e estratega, a escolha de Santiago de Compostela para a sua peregrinação pessoal não se deveria apenas à sua vontade de oração ou à proximidade geográfica. Afirmam os cronistas que era grande a sua devoção, preocupando-se sobremaneira com o serviço de Deus e a propagação universal da doutrina evangélica ainda nos trilhos da velha ideia de Cruzada. Aliás, na análise da motivação da sua viagem, apontámos também para o agradecimento por todas as graças com que tinha sido favorecido na sua subida ao trono e nos anos decisivos do seu reinado, em que se assistiu ao alargamento do império português a quatro continentes. Nesse sentido, o sucesso das empresas ultramarinas e os seus benefícios merecem uma particular gratidão divina e ficam vinculados diretamente ao Apóstolo Santiago. Repare-se que o capítulo anterior ao relato da peregrinação nas crónicas diz respeito à viagem do navegante galego João da Nova à Índia como capitão de quatro naus e o que lhe segue trata de um (fracassado) projeto na África, do envio doutra armada à Índia e da ida a Santa Cruz (Ilha de Vera Cruz ou Terra de Vera Cruz, nomes dados à terra a que chegaram os portugueses dois anos antes, em 1500, atualmente correspondente ao nordeste do Brasil).

Na análise dos aspetos extraliterários que envolvem o texto do *Cancioneiro Geral* seguimos as principais pegadas que D. Manuel I deixou no patrimônio material e imaterial ao longo da sua passagem por cidades e vilas, contribuindo

CONCLUSÕES

assim para uma definição identitária do Caminho Português, tal como acontece com a peregrinação de D. Isabel de Aragão, a Rainha Santa, realizada quase dois séculos antes. Sabemos que, já em Compostela, D. Manuel I ofereceu uma luxuosa lâmpada de prata em forma de castelo ao Apóstolo para ser colocada diante do altar-mor, obséquio cuja visibilidade na Catedral obedeceu também à seguinte premissa: quanto maior for a magnanimidade do rei, maior será a glória que o cobrirá. O soberano quis manter sempre aceso o candeeiro, tal como fará o seu filho e sucessor, D. João III, que continuou a implicar indivíduos galegos e portugueses na sua manutenção através de cartas régias com ordens de pagamento. Para além das alusões dos cronistas Damião de Góis e Jerónimo Osório ao valor de tal produto, especialmente interessante se revela a admiração que despertou entre ilustres romeiros que visitaram o santuário pouco tempo depois, de que deixaram constância nos seus relatos de viagem com maior ou menor prolixidade.

Aliás, a pesquisa sobre a comitiva que veio a Compostela, integrada por um alto representante da Igreja e cinco fidalgos da Casa d'el-Rei, evidencia bem a vontade do monarca de mostrar o melhor tacto diplomático e zelo conciliador, assim como a procura de equilíbrio entre as relações de índole administrativa e as mais pessoais (na verdade, descobre-se ali toda uma rede de conexões familiares, mesmo de primeiro grau). Todos os que acompanharam D. Manuel I ostentavam já nesse momento, ou ostentarão depois, prestigiosos títulos e cargos (como já assinalámos no capítulo correspondente, alguns dos citados por Damião de Góis, ainda não os exerciam em 1502). Eis os seus nomes com uma breve identificação que temos desenvolvido em páginas anteriores:

Ámbito eclesiástico	Âmbito civil
D. Pedro Vaz Gavião (?-1516), bispo da Guarda e prior de Santa Cruz de Coimbra	**D. Diogo Lobo** (c. 1470-1523), barão de Alvito, vedor da Fazenda
	D. Martinho de Castelo Branco (c. 1461-1527), conde de Vila Nova de Portimão, vedor da Fazenda
	D. Nuno Manuel (1469-?), 1º senhor de Salvaterra de Magos, guarda-mor (irmão colaço de D. Manuel I)
	D. António de Noronha (1464-1551), 1º conde de Linhares, escrivão de puridade (primo de D. Manuel I)
	D. Fernando Meneses (1463-c. 1523), 2º marquês de Vila Real. 1º conde de Alcoutim e 2º conde de Valença (primo de D. Manuel I e o seu eventual "representante" ou substituto durante o trajeto galego da romaria)

CONCLUSÕES

Uma menção particular merece, naturalmente, o tratamento do marquês de Vila Real que, durante o trajeto galego da romaria, teve de fingir que era o soberano de Portugal e todas as suas ordens tiveram que ser acatadas pelos restantes membros da comitiva até que, já em Compostela, o verdadeiro D. Manuel I se apresentou perante as autoridades civis e eclesiásticas. Junto a outros dados biográficos particularmente significativos no contexto social e político de finais do século XV e inícios do seguinte, destaca-se a ligação dos membros da comitiva com a capitania de Ceuta e outras praças africanas, com a gestão económica da Corte e com a alcaidarias-mores ao longo de todo o território português. Ao lado de múltiplos aspetos da vida quotidiana, tais atividades põem-se amiúde de relevo no *Cancioneiro Geral*, em que os nobres em questão estão representados quer como autores quer como destinatários de versos compostos por outrem, daí a nossa expressão de "peregrinos(-poetas)".

Tendo em conta que o ponto de partida do presente livro é precisamente a coletânea de Garcia de Resende, sublinhámos o excelente valor de tal produção rimada como ilustração dos seus contatos e do seu convívio, sobretudo em momentos de lazer em que o versificar se converteu numa das atividades lúdicas mais praticadas. Nesse sentido, aprofundamos na identidade, na personalidade extrovertida e no protagonismo palaciano de Pero de Sousa Ribeiro, o autor do único texto ligado a uma romagem na compilação lusa. Insistimos nos seus laços fraternais com Diogo de Sousa, arcebispo do Porto e bispo de Braga e figura de especial relevo cultural nos alvores da Renascença, e, em termos literários, comprovámos a sua cumplicidade com outros cortesãos na elaboração e intercâmbio de versos – entre eles, alguns que acompanharam o monarca ao santuário da Galiza. Na verdade, nas páginas do *Cancioneiro Geral* fica bem evidenciado o seu prestígio como poeta do amor, tanto em textos de autoria individual como coletiva. E, no campo da crítica galhofeira, sobressai a sua fama como indivíduo de vida longeva e espírito especialmente jovial. Ao lado das alusões que a ele se fazem como fidalgo velho, senhor de Figueiró dos Vinhos, confidente de membros da família real e cavaleiro da Ordem de Cristo, registam-se outras que remetem diretamente para a sua pessoa como possuidora de um carácter otimista e extravagância no vestir por vaidade. Ele representa por excelência o protótipo de homem idoso que, independentemente do seu estado civil e dos anos, não deixa de se mostrar como galante mulherengo nos serões.

CONCLUSÕES

O vilancete sacro-profano que redigiu e que foi cantado no quadro cénico do "singular momo de Santos", junto à imagem de Santiago sobre um carro, constitui mais uma boa ilustração do seu protagonismo como versificador na Corte e da simbiose sacro-profana, apresentando uma rainha e um santo mediador em amores, cuja tradição revistámos. Quanto à sua estrutura métrico-rimática, revela-se como uma inovação no contexto da lírica compilada por Garcia de Resende, mas, à luz da produção ibérica que lhe servia de referência, obedece a um modelo consagrado pela tradição. Destaca-se a sua utilização, de facto, por Pedro Manuel de Urrea, em cujo *corpus* operístico ecoam as influências de Juan del Encina, dois autores que também recriaram precisamente a temática da peregrinação. Ora, a comparação com a composição do *Cancioneiro Geral* que se revelou mais frutífera é a que se estabeleceu com os versos incluídos nos momos do Natal de 1500 e recolhidos pelo embaixador Ochoa de Ysásaga na sua carta aos Reis Católicos. Coincidem os personagens intervenientes, certos elementos léxicos e fórmulas discursivas, o quotidiano do cortejo dos cortesãos às damas da rainha e inclusive o imaginário jacobeu. E, com efeito, cabe defender a ligação direta de uns aos outros ora como fonte de inspiração ora a partir da sua criação pelo mesmo autor: Pero de Sousa Ribeiro.

Tenha-se em conta que a elaboração do momo, entremez e vilancete (os três termos são referidos na rubrica do *Cancioneiro Geral*) é mesmo imediata à romaria e que, tão só uns cinco meses antes, Gil Vicente tinha experimentado o seu primeiro sucesso teatral com o *Auto da Visitação* ou *Monólogo do Vaqueiro*, composto precisamente quando D. Maria, a esposa de D. Manuel I que faz parte da celebração recriada no *Cancioneiro Geral*, estava convalescente do parto do sucessor do trono, o príncipe D. João (futuro D. João III). Assim sendo, parece lícito atrever-se a formular algumas hipóteses de reconstrução cénica a partir de uma revisitação da imagística portuguesa de Santiago Apóstolo e Peregrino e de cerimoniais religiosos ou entradas régias.

Quanto ao lugar da representação, pela primeira vez se explora aqui a ligação literária de Santos-o-Velho ao Apóstolo Santiago, o que fizemos a partir de várias justificações e perspetivas. A alusão a Santos na rubrica da compilação lusa conduziu-nos, com efeito, a uma revisitação da sua tradição histórica e a chamar a atenção sobre as inter-relações entre o culto às figuras dos Santos Mártires (Veríssimo, Máxima e Júlia) e a Ordem religiosa-militar de Santiago de Espada em Portugal, concretamente a partir da construção

CONCLUSÕES

de um mosteiro já convertido em residência régia no ano da peregrinação de D. Manuel I. Nesse sentido, não só "resgatamos" o vilancete de Pero de Sousa Ribeiro através de um estudo pormenorizado, comparativo e contextualizado e o trouxemos para o acervo cultural e literário do Caminho de Santiago em Portugal, mas também recuperamos a zona lisboeta de Santos-o-Velho para o imaginário jacobeu.

Por último, considerámos pertinente deixar aqui constância de duas significativas reutilizações do vilancete luso do *Cancioneiro Geral* além-fronteiras, as quais vieram a lume no século XX através da escrita de dois autores ligados, de distintos modos e experiências, à cultura lusa. Por um lado, Juan Bautista de Armada y Losada, marquês de Figueroa (1861-1932), que o inclui na sua obra lírica *Solar galaico* sob a perspetiva da reintegração cultural e literária galego-portuguesa que domina a sua produção; por outro, Antonio Gala (1930-2023), que o introduz no seu roteiro televisivo emitido com título de *Cantar de Santiago para todos* com ocasião da celebração do Ano Jacobeu de 1971. Ambos recorrem a esses versos do quatrocentista Pero de Sousa Ribeiro (a partir da fonte direta ou doutras secundárias) sob um prisma simultaneamente tradicionalista e renovador. Fazem deles diferentes leituras e interpretações, alheias (por lacunas bibliográficas e desconhecimento) à romaria de D. Manuel I, mas visando, em qualquer caso, a memória de Santiago na Galiza e em Portugal como elemento identitário e marca de prestígio histórico, social e religioso presente em manifestações literárias de diversos tempos, espaços e géneros.

Referências bibliográficas

ALBA, Manuel Sito, "Cantar del Santiago Para todos de Antonio Gala: su teatralidad", *Dicenda: Estudios de lengua y literatura españolas*, 1988, nº 7, p. 246.

ALMEIDA, Isabel, "Um libro do tempo de Cabral", in Ana Maria Machado, Hélio J. S. Alves e Maria Graciete Silva (coords.), *Arte poética e cortesania: O Cancioneiro Geral revisitado*. Lisboa: Colibri, 2018, pp. 39–49.

ALVES, Ana Maria, *As entradas régias portuguesas: uma visão de conjunto*. Lisboa: Livros Horizonte, 1991.

ALVES, Maria Paula / INFANTE, Sérgio, *Lisboa: Freguesia de Santos-o-Velho*. Lisboa: Guias Contexto, 1992.

AMBASSADE DE FRANCE AU PORTUGAL, Palácio de Santos / Palais de Santos. Online: https://patrimonium.pt/palaciosantos/historia/ Acesso a 20/12/2023.

ARAÚJO, Filipa Medeiros, "Letras e cimeras: emblemática e literatura em diálogo no século XVII", in Maria do Rosário Barbosa Morujão e Manuel J. Salamanca López (dirs.), *A investigação sobre heráldica e sigilografia na Península Ibérica entre a tradição e a inovação*. Coimbra: Universidade de Coimbra, 2018, pp. 473–489.

ASENSIO, Eugenio, "De los momos cortesanos a los autos caballerescos de Gil Vicente", in *Estudios Portugueses*. Paris: Fundação Calouste-Gulbenkian, 1974, pp. 25–36.

BARATA, José Oliveira, *Invenções e cousas de folgar: Anrique da Mota e Gil Vicente*, Coimbra: Minerva, 1993.

REFERÊNCIAS BIBLIOGRÁFICAS

BATORÉO, Manuel, "A iconografia dos Santos Mártires de Lisboa em quatro pinturas do século XVI: linguagem e significados", *Revista de História e Teoria das Ideias*, vol. 27, 2010. Online: http://journals.openedition.org/cultura/328. Acesso a 13/10/2023.

BELTRÁN, Vincenç, "Estribillos, villancicos y glosas en la poesía tradicional: intertextualidades entre música y literatura", in Cesc Esteve, *El texto infinito: tradición y reescritura en la edad media y el renacimiento*. Salamanca: Semyr, 2014, pp. 21–63.

BELTRÁN, Vincenç, "Juan del Encina, el marqués de Tarifa y el viaje a Jerusalén", in Fernando Carmona e Antonia Martínez Pérez, *Libros de viaje: Actas de las Jornadas sobre "Los libros de viaje en el mundo románico"*. Murcia: Universidad de Murcia, 1996, pp. 73–86.

BERNARDES, José Augusto Cardoso, *Sátira e Lirismo: Modelos de Síntese no Teatro de Gil Vicente*. Coimbra: Actas Universitatis Conimbrigensis, 1998.

BILOU, Francisco, "Uma empreitada decorativa no paço de Almeirim em 1511 e o pintor João de Espinosa, «mestre da pintura» do rei", in *Património Artístico no Alentejo Centrasl. Obras, mestras e mecenas, 1516–1604*. Lisboa: Colibri, 2016.

BOASE, "Justa fue mi perdición. The Context, Authorship and Abiding Popularity of a Courtly Canción", *Revista de Cancioneiros Impresos y Manuscritos*, 6, 2017, pp. 173–191.

BOTTA Patrizia. "La rubricación cancioneril de las letras de justadores", in Aviva Garribba (ed.), *De rúbricas ibérica*. Roma: Aracne, pp. 173–191.

BOTTA, Patrizia, «Las fiestas de Zaragoza y las relaciones entre LB1 y 16RE (con un Apéndice de Juan Carlos Conde, LB1: hacia la historia del códice), *Incipit*, 22, 2002, pp. 3–51.

BRAGA, Paulo Drumond, *D. João III*. Lisboa: Hugin, 2002.

BRAGA, Paulo Drumond, "Lâmpada instituída em Santiago de Compostela por D. Manuel: um aspecto das relações luso-galegas", *Estudos Regionais*, nº 17, dez. de 1996, pp. 75–81.

BRAGA, Teófilo, *História da Literatura Portuguesa*. Porto: Livraria Chardron, 1898.

BRAGA, Teófilo, *Vida e obras de Gil Vicente, 'Trovador, Mestre da Balança*. Lisboa: Revista Ocidente, 1944.

REFERÊNCIAS BIBLIOGRÁFICAS

BRANDÃO, Francisco, *Conselho, e voto da Senhora Dona Felippa filha do Infante Dom Pedro*. Lisboa: Officina de Lourenço de Anveres, 1643.

BUESCU, Ana Isabel, "A morte do rei. Tumulização e cerimónias de trasladação dos reais corpos (1499-1582)", *Ler História*, 60, 2011, pp. 9-33.

BUESCU, Ana Isabel, *D. João III, 1502-1557*. Lisboa: Círculo de Leitores, 2005.

CAMPOS, Nuno Silva, *D. Pedro de Meneses e a construção da casa de Vila Real (1415-1437)*. Lisboa: Colibri, 2004.

CAMÕES, José (ed.), *As obras de Gil Vicente*. Lisboa: Centro de Estudos de Teatro, vol. II, 2002. Online: https://ceteatro.pt/wp-content/uploads/2018/05/fama-78b.pdf Acesso a 16/12/2023.

CAMÕES, José, "Prefácio", in Maria do Amparo Tavares Maleval, *O teatro medieval e seus congêneres em Santiago de Compostela (séculos XII_XIII)*. Niterói: Xunta de Galicia / EDUFF, 2021, pp. 10-16.

CARVALHO, José Martins Teixeira / LOPES, David (eds.), *Crônica do Felicíssimo Rei D. Manuel [de] Damião de Góis*. Coimbra: Imprensa da Universidade, 1926, 4 vols.

CASTILHO, Júlio de, *A Ribeira de Lisboa: descrição histórica da margem do Tejo desde a Madre de Deus até Santos-o-Velho*. Lisboa: Imprensa Nacional, 1893.

CASTILHO, Júlio de, *Lisboa Antiga (Bairros orientaes)*. Lisboa: Academia Real das Sciências, 1890.

CASTIÑEIRAS, Manuel, "São Jorge, um santo transcultural del Mediterráneo: de Capadocia e Cataluña", in Maricarmen Gómez Muntané (ed.), *Santos y relíquias. Sonido. Imagen. Liturgia. Texto*. Madrid: Alpuerto, 2022, pp. 45-76.

CASTIÑEIRAS GONZÁLEZ, Manuel Antonio, *A Vieira en Compostela: a insignia da peregrinación xacobea*. Santiago de Compostela: Xunta de Galicia, 2007.

CASTIÑEIRAS GONZÁLEZ, Manuel Antonio, "*La catapulta de san Jorge, de Capadocia al Atlántico: apropiación, encuentros e identidades en pugna*", in Carla Varela Fernandes e Manuel Antonio Castiñeiras González (coords.), *Imagens e Liturgia na Idade Média. Criação, Circulação e Função das Imagens entre o Ocidente e o Oriente na Idade Média (séculos V-XV)*. Ramada: Documenta, 2021, pp. 21-68.

CIDRAES, Maria de Lourdes, "A Rainha Peregrina-Lendas e Memórias", in Carmen Villarino Pardo, Elias Torre Feijó e José Luís Rodriguez (coords.), *Da Galiza a Timor-A lusofonia em foco*, Santiago de Compostela: Universidade de Santiago de Compostela, 2009, vol. II, pp. 1411–1420.

CORRAL, Esther, "La tradición del *partimen* gallego-portugués y la lírica románica", *Revista de literatura medieval*, 24, 2012, p. 60

COTARELO Y VALLEDOR, Armando, "Cancionero de Payo Gómez Chariño", *Boletín de la Real Academia Española*, 16, 1929, pp. 467–491.

CRUZ, António, "No Centenário de D. Manuel", *Revista da Faculdade de Letras*. Série História, vol. I, 1970, pp. 1–75.

CRUZ, Duarte Ivo, "O espectáculo teatral na época de D. Manuel I", in *III Congresso Histórico de Guimarães, III Congresso Histórico de Guimarães D. Manuel e a sua época*. Guimarães: Câmara Municipal de Guimarães, 2001, pp. 339–348.

CUNHA, Arlindo de Magalhães Ribeiro, "A devoção e a peregrinação jacobeias em Portugal", *Ad Limina*, vol. 2, nº 2, 2011, pp. 85–114.

DIAS, Aida Fernanda (ed.), *Cancioneiro Geral de Garcia de Resende*. Maia: Imprensa Nacional-Casa da Moeda, 1991–1993, 4 vols.

DIAS, Aida Fernanda, *Cancioneiro Geral de Garcia de Resende. Dicionário (Comum, Onomástico e Toponímico)*. Lisboa: Imprensa Nacional Casa da Moeda, 2003, s.v.

DOMÍNGUEZ, César, "Un relato de viaje de Juan del Encina: la *Tribagia* y su llamada a la *Recuperatio Terrae Sanctae*", *Revista de Literatura Medieval*, nº 11, 1999, pp. 217–246.

DURAND, Gilbert, *As estruturas antropológicas do imaginário*, Presença, Lisboa, 1989.

FAINGOLD, Reuven, "Judíos y conversos en el teatro portugués pre-vicentino. La *Farsa do Alfaiate* en el *Cancioneiro Geral* de Garcia de Resende", *Sefarad*, nº 51, pp. 23–50.

FERNANDES, Geraldo Augusto, *Repertório Métrico do Cancioneiro Geral de Garcia de Resende*. Repositório Institucional da UFC-Universidade Federal do Ceará, no prelo.

FERNANDES, Maria de Lourdes Correia, "D. Maria, mulher de D. Manuel I: uma face esquecida na corte do Venturoso", *Revista da Faculdade de Letras*, II série, vol. 20, t. 1, 2003, pp. 105–116.

FERNANDES, Paulo Almeida, *Caminhos de Santiago*. S.l: Bens Culturais da Igreja / Turismo de Portugal, 2014.

FERNANDES, Paulo Almeida, "Olysipona: a cidade entre a Antiguidade Tardia e a Alta Idade Média", in João Luís Fontes e Luís Filipe Oliveira (coords.), *Os territórios da Lisboa Medieval*. Lisboa: Instituto de Estudos Medievais, 2022. Online: chrome-extension://efaidnbmnnnibpcajpcglclefindmkaj/https://novaresearch.unl.pt/files/47998655/BOOK_Territorios_da_Lisboa_Medieval.pdf. Acesso a 01/06/2024.

FERREIRA, Manuel Pedro, "Presenças musicais: do Cancioneiro de Resende ao Cancioneiro de Elvas (passando pelo Cancioneiro da Biblioteca Nacional)", in Cristina Almeida Ribeiro e Sara Rodrigues de Sousa (eds.), *Cancioneiro Geral de Garcia de Resende: um livro à luz da História*. Lisboa: Húmus, 2013, pp. 105–122.

FERRER VALLS, Teresa, "La fiesta cívica en la ciudad de Valencia en el siglo XV", in Evangelina Rodríguez Cuadros (coord.), *Cultura y representación en la Edad Media*: actas del seminarito celebrado con motivo del II Festival de Teatre i Música Medieval d' Elx. Alacant: Instituto de Estudios Juan Gil-Albert / Generalitat Valenciana / Ajuntament d'Elx, 1994, pp. 145–169.

FRAKER, Charles F., "The Theme of Predestination in the *Cancionero de Baena*", *Bulletin of Hispanic Studies*, vol. 51, nº 3, 1974, pp. 228–243.

FRANCO, Márcia Arruda, "O casamento da música e da poesia no *Cancioneiro* de Resende", *Convergência Lusíada*, nº 38, julho-dezembro, 2017, pp. 101–115

FRAZÃO, João Amaral, *Entre Trovar e Turvar: A Encenação da Escrita e do Amor no Cancioneiro Geral*. Lisboa: Inquérito, 1993.

FREIRE, Anselmo Braamcamp, *Brasões da Sala de Sintra*. Coimbra: Imprensa da Universidade, 1930.

FREIRE, Anselmo Braamcamp, *Vida e obras de Gil Vicente, 'Trovador, Mestre da Balança*. Lisboa: Revista Ocidente, 1930.

GALA, Antonio, *Cantar del Santiago paratodos*. Madrid: MK, 1974.

GALÉ, Enrique (ed.), *Peregrinación de las tres Casas Sanctas de Jherusalem, Roma y Santiago*. Zaragoza: Instituto Fernando el católico, 2088, 2 vols. Online: https://ifc.dpz.es/publicaciones/ebooks/id/2737. Acesso a 25/07/2023.

GAMBA CORRADINE, Jimena, "'Quando amor fizo sus cortes'". Judicialización del amor: demandas, juicios y sentencias en la poesía del siglo XV", in *Modelos intelectuales, nuevos textos y nuevos lectores en el siglo XV. Contextos literarios, cortesanos y administrativos*, Salamanca, Semyr, 2012, pp. 269–294.

GERLI, E. Michael, "Eros y agape: el sincretismo del amor cortés en la literatura de la baja Edad Media castellana", in Evelin Rugg e Alan. M. Gordon (eds.), *Actas del Sexto Congreso Internacional de Hispanistas*. Toronto: University of Toronto, 1980, pp. 316–319.

GERNET, Folke, *Parodia y contrafacta en la literatura medieval y renacentista*. San Millán de la Cogolla: Fundación San Millán de la Cogolla, 2009, 2 vols.

GÓMEZ MORENO, Ángel, "El reflejo literario", in José Manuel Nieto Soria (dir.): *Orígenes de la monarquía hispánica: propaganda y legitimación (ca. 1400–1520)*. Madrid: Dykinson, 1999, pp. 315–339.

GONÇALVES, Carla Alexandra / SALDANHA, Sandra Costa, "Así reza la encomienda: representaciones de Santiago en la escultura portuguesa en la Época Moderna", *Ad Limina*, vol 11, 2020, pp. 183–212.

GUTIÉRREZ GARCÍA, Santiago, "Las cantigas de santuario y la peregrinación de Sancho IV a Santiago", in Mercedes Brea (ed.), *Pola mellor dona de quantas fez nostro Senhor. Homenaxe á Profesora Giulia Lanciani* (pp. 277–290). Santiago de Compostela: Centro Ramón Piñeiro para a Investigación en Humanidades, 2009. Online: http://www.vallenajerilla.com/berceo/gutierrezgarcia/cantigasdesantuario.htm#_ftn30. Acesso a 14/01/2023.

LE GENTIL, Pierre, *La poésie lyrique espagnole et portugaise à la fin du Moyen âge: les thèmes, les genres et les formes*. Rennes: Philon, 1949–52, vol. 2.

LOPES, Paulo Catarino, "Uma definição identitária para os caminhos portugueses tardo-medievais de Santiago de Compostela? Dois casos que convidam à reflexão critica", *Ad Limina*, nº 11, 2020, pp. 61–84.

LÓPEZ, Teresa (1997), *O Neotrobadorismo*. Vigo: Edicións A Nosa Terra.

LÓPEZ MARTÍNEZ-MORÁS, Santiago / MELÉNDEZ CABO, Marina / PÉREZ BARCALA, Gerardo (eds.), *Identidad europea e intercambios culturales en el Camino de Santiago (Siglos xi-xv)*. Santiago de Compostela: Universidade de Santiago de Compostela, 2013.

LÓPEZ FERREIRO, Antonio, *Historia de la Santa A.M. Iglesia de Santiago de Compostela*. Santiago de Compostela: Seminario Conciliar Central, 1905, t. V.

REFERÊNCIAS BIBLIOGRÁFICAS

MACHADO, Maria Teresa Pinto / VASCONCELOS, Flórido, *Inventairo do ouro, prata, ornamentos, tapeçaria e de todas as mais cousas que ao presente foraom achadas nesta see do Porto conforme ao inventairo que dantes fez o senhor Bispo Aires da Sylva e cousas que de novo acresceram*. Porto: Biblioteca Pública Municipal, pp. 184–1985.

MALDONADO VILLENA, Francisco, "La mitología en los Cancioneros de Estúñiga, Palacio y Juan Alfonso de Baena", *Florentia Iliberritana*, 16, 2005, pp. 205–226.

MALEVAL, Maria do Amparo Tavares Maleval, *O teatro medieval e seus congêneres em Santiago de Compostela (séculos XII_XIII)*. Niterói: Xunta de Galicia / EDUFF, 2021.

MARCOCCI, Giuseppe, *A consciência de um império: Portugal e o seu mundo (séc. XV-XV)*, Coimbra: Imprensa da Universidade de Coimbra, 2012. Disponível em http://hdl.handle.net/10316.2/11919. Acesso a 29/01/2023.

MARTINS, Armando Alberto, "O rei D. Manuel I no Mosteiro de Santa Cruz de Coimbra", *III Congresso Histórico de Guimarães D. Manuel e a sua época*. Guimarães: Câmara Municipal de Guimarães, 2001, pp. 239–252.

MARQUES, José, "O Culto de S. Tiago no Norte de Portugal", *Lusitânia Sacra*, 2ª Série, nº 4, 1992, pp. 99–148.

MARTINS, Mário, *Peregrinações e Livros de Milagres na nossa Idade Média*. Lisboa: Brotéria, 1957.

MARTÍNEZ ALCORLO, Ruth, *La literatura en torno a la primogénita de los Reyes Católicos Isabel de Castilla y Aragón, princesa y reina de Portugal (1470–1498)*. Tese de doutoramento defendida na Universidade Autónoma de Madrid, 2017.

MATA, Joel Silva Ferreira, *A comunidade feminina da Ordem de Santiago: A comenda de Santos em finais do século XV e no século XVI*. Porto: Fundação Eng. António de Almeida, 2007.

MATOS, Manuel Cadafaz, "A Peregrinação de D. Manuel a Santiago de Compostela (em 1502) vista à luz de alguns documentos inéditos", in *I Congresso Internacional dos Caminhos Portugueses de Santiago de Compostela*, Lisboa: Távola Redonda, 1992, pp. 215–238.

MATOS, Teresa da Cunha, *Nossa Senhora dos Anjos de Montemor-o-Velho*. Dissertação de Mestrado defendida na Universidade de Coimbra, 1996.

REFERÊNCIAS BIBLIOGRÁFICAS

MEDINA ÁVILA, Blas, "La alegoría mítica para la expresión de una idea política en el *Laberinto de la Fortuna* de Juan de Mena", *e-Legal History Review*, nº 3, 2006.

MENDES, Margarida Vieira, *O Cuidar e o Suspirar [1483]*, Lisboa: Comissão Nacional para as Comemorações dos Descobrimentos Portugueses, 1997.

MERGULHÃO, André, "D. António de Noronha e a capitania de Ceuta (1487–1500): uma aproximação cronológica ao seu governo", *Fragmenta Histórica*, nº 10, 2022, pp. 60–66.

MORAIS, Cristóvão Alão de, *Pedatura Lusitana: nobiliário das famílias de Portugal*. Porto: Livraria Fernando Machado, vol. II, 1943–1948.

MORÁN CABANAS, Maria Isabel, "A expressão de amor em debate: cuidar *versus* suspirar no *Cancioneiro Geral* de Garcia de Resende", in Mercedes Brea (ed.), *La expresión de las emociones en la lírica románica medieva*l. Alessandria: Edizioni dell'Orso, 2015, pp. 343–360.

MORÁN CABANAS, Maria Isabel, "A figuração do poder real no *Cancioneiro Geral*: o caso de D. João II", in Andrea Zinato e Paula Beloni (eds.), *Poesia, poética y cultura literaria*. Pavia: Íbis, 2018, pp. 381–392.

MORÁN CABANAS, Maria Isabel, "Castela e os castelhanos como alvo de troça no *Cancioneiro Geral* de Garcia de Resende (Lisboa, 1516)", in Rita de Cásio Miranda Diogo e outros, *4º Congresso Brasileiro de Hispanistas. Literatura Espanhola*. Rio de Janeiro: Universidade do Estado do Rio de Janeiro / Associação Brasileira de Hispanistas, v. 4, 2007, pp. 423–429. Disponível em https://hispanistas.org.br/wp-content/uploads/2021/07/Literatura_Espanhola-volume-IV.pdf. Acesso a 3/11/2023.

MORÁN CABANAS, Maria Isabel, "Conflitos amorosos no *Cancioneiro Geral*: pragas de despeito contra a mulher casada", in Armênia Maria de Souza e Renata Cristina de Sousa Nascimento (orgs.), *Discursos, conflitos e temporalidades*. Cachoerinha: Fi, 2024. Disponível em http://www.editorafi.org. Acceso a 03/08/2024.

MORÁN CABANAS, Maria Isabel, "El mal castellano y el mal francés en el *Cancioneiro Geral*. Nuevos datos a la luz de la historia sociopolítica y médica", *Revista de Literatura Medieval*, 36, 1, 2024. Disponível em https://recyt.fecyt.es/index.php/RLM/article/view/100901/79208. Acesso a 3/08/2024.

MORÁN CABANAS, Maria Isabel, "Las calzas de Sevilla y la rivalidad luso-castellana acerca de la moda en el *Cancioneiro Geral*", *Bulletin Hispanique*, nº 124-1, 2022. pp. 231–246.

MORÁN CABANAS, Maria Isabel, "Peregrinação de D. Manuel I a Santiago: impacto social e literário na Corte portuguesa", in *Metrópolis. Santiago y Roma. 900 años de historia*. Santiago de Compostela: Xunta de Galicia, no prelo.

MORÁN CABANAS, Maria Isabel, "Zoomorfismo e castelhanismo na discriminação étnico-religiosa e sexual do *Cancioneiro Geral*: marrano, perro e perra", in Maria Cristina Álvares e Sérgio Sousa (eds.), *Limiares Homem/Animal na literatura e na cultura da Idade Média*. Berlin, Bern, Bruxelles, New York, Oxford, Warszawa, Wien, 2023, pp. 285–298.

MOREIRA, Rafael, "O casamento da Infante Beatriz em Sabóia (1521) e a mais antiga alusão a Gil Vicente", *Anais de História de Além-Mar*, nº 21, 2020, pp. 349–382.

MORENO, Humberto Baquero, *A batalha de Alfarrobeira. Antecedentes e significado histórico*. Coimbra: Biblioteca Geral da Universidade, 1980, pp. 933–957.

MORENO, Humberto Baquero, "Santa Isabel, Rainha de Portugal, Peregrina a Santiago de Compostela", in Humberto Moreno Baquero (coord.): *Actas das Jornadas sobre o Caminho de Santiago. Portugal na memória dos peregrinos*. Porto / Santiago de Compostela: Universidade Portucalense / Xunta de Galicia, 2002, pp. 17–26.

NOGALES RINCÓN, David, *La representación religiosa de la monarquía castellano-leonesa: la capilla real (1254–1504)*. Tese de doutoramento defendida na Universidad Complutense de Madrid, 2009.

OLIVERA, César, "En torno al culto jacobeo y la piedad regia en las monarquías hispánicas de los siglos XIV y XV", in Santiago Gutiérrez García e Santiago López-Martínez Morás (coords), *El culto jacobeo y la peregrinación a Santiago a finales de la Edad Media: crisis y renovación*. Santiago: Universidadade de Santiago de Compostela, 2018, pp. 145–165.

OLIVEIRA, Ernesto Veiga de, *Festividades cíclicas em Portugal*. Lisboa: Etnografia Press, 2020. Online: https://books.openedition.org/etnograficapress/6043#ftn1 Acesso a 14/01/2024.

OLIVEIRA, José Augusto de, *Conquista de Lisboa aos Mouros (1147). Narrada pelo cruzado Osberno, testemunha presencial*. Lisboa: Câmara Municipal de Lisboa, 1935.

OSÓRIO, Jerónimo de, *Da vida e feitos d'el rei D. Manoel*, vertido em português pelo padre Francisco Manoel do Nascimento, Lisboa: Imprensa Régia, 1804, I, pp. 187-188.

OSÓRIO, Jorge Alves, "Anotações sobre o *Cancioneiro Geral* de Garcia de Resende", *Mathesis*, nº 15, 2006, pp. 169-195.

OSÓRIO, Jorge Alves,"Do Cancioneiro'ordenado e emendado'por Garcia de Resende", *Revista da Faculdade de Letras. Línguas e Literaturas*, XXII, 2005, pp. 291-335.

PALMA, Louise / TEIXEIRA, Mafalda, "São Tiago: Peregrino na Sé do Porto", *Ad Limina*, vol. 11, nº 11, 2020, pp. 243-267.

PEIXEIRO, Horácio Augusto, "Retrato de D. Manuel na Iluminura", *Revista de História da Arte*, nº 5, 2008, pp. 96-113.

PEIXEIRO, Horácio Augusto, "Um missal iluminado de Santa Cruz", *A Luz do mundo – Oceanos*, nº 26, abril-junho, 1996, pp. 64-68.

PELÚCIA, Alexandra, "The private circle of an unexpected king: the first manifestations of favoritism in the reign of Manuel I of Portugal", *Librosdelacorte.Es* 25, 2022, pp. 174-199. Online <https://revistas.uam.es/librosdelacorte/article/view/14299. Acesso a 17/01/2024.

PENA SUEIRO, Nieves / LÓPEZ POZO, Sagrario, "FECIT POTENTIAM IN BRACHIO SUO", in *Symbola: divisas o empresas históricas*. A Coruña, BIDISO-SIELA. Online: https://www.bidiso.es/Symbola/divisa/11. Acesso a 14/01/2020.

PEREIRA, Paulo Alexandre Cardoso, "Trovador de Portugal: neotrovadorismo, saudade e filologia em Afonso Lopes Vieira", *Boletín galego de literatura*, nº 36-37, 2006-2007, pp. 121-148.

PÉRICARD-MÉA, Denise, dir., *Récits de pèlerins de Compostelle. Neuf pélerins racontent leur Voyage à Compostelle (1414–1531)*. Mercuès: La Louve Éditions, 2011.

PESSANHA, Fernando, *D. Fernando de Meneses, Capitão de Ceuta, 1º Conde de Alcoutim e 2º Marquês de Vila Real*. Olhão: Gente Singular, 2019.

REFERÊNCIAS BIBLIOGRÁFICAS

PORTELA, Miguel, "A implantação regional dos Sousas na Estremadura", in Pedro Redol e Saul António Gomes coords. *A capela dos Sousas no Mosteiro da Batalha*. Batalha: Município da Batalha, 2012.

RAMALHO, Américo Costa, "Cataldo no reinado de D. Manuel I (1495-1521)", *III Congresso histórico de Guimarães D. Manuel e a sua época*. Guimarães: Câmara Municipal de Guimarães, 2001, pp. 49-55.

RAMALHO, Américo da Costa, "Damião de Góis e os Humanistas portugueses", *Biblios*, II, 2004, pp. 429-441.

RAMOS, Maria Ana, "Bailar e dançar na poesia galego-portuguesa", in Constance Carta, Sarah Finci, Dora Mancheva (coords.), *Enseñar deleitando. Plaire et instruire*. Berlin-Bruxelles-Frankfurt am Main-New York-Oxford-Wien: Peter Lang, pp. 179-205.

RAMOS, Maria Ana, "Os mãtedores das Justas erão..... Uma versão manuscrita inédita das *Justas* no casamento do príncipe D. Afonso (1490)", in Maria Graciete Gomes da Silva et al. (coords.), *A sedução pela palavra, estudos em homenagem a Cristina Almeida Ribeiro*. Coimbra: Almedina, pp. 347-371.

RAMOS, Odete, "A memória histórica das crónicas", in *III Congresso Histórico de Guimarães D. Manuel e a sua época*. Guimarães: Câmara Municipal de Guimarães, 2001, pp. 289-304.

REBELLO, Francisco, *História do teatro português*. Lisboa: Europa-América, 1984.

REIS, António, *Foral manuelino de Valença*, Valença: Câmara Municipal de Valença, 2013.

RESENDE, Nuno, "São Pantaleão «do Porto»: um paradigma de invenção de relíquias em finais da Idade Média". Disponível em http://www.academia,edu/225388/_Sao_Pantaleao_do_Porto_um_paradigma_de_invencao_de_reliquias_em_finais_da_Idade_Media. Acesso a 14/01/2023.

RÉVAH, Israel Salvatore, "Manifestations théâtrales pré-vicentines: les Momos de 1500", *Bulletin d'histoire du théâtre portugais*, nº 3, 1952, pp. 91-105.

RIBEIRO, Cristina Almeida, "O que foi e nom é, tanto é como nom seer? Consideraciones en torno al rol de la memoria en el *Cancioneiro Geral*", in Virginie Dumanoir (ed.), *De lagrymas fasiendo tinta: Memorias, identidades y territorios cancioneriles*. Madrid: Casa de Velázquez, 2017, pp. 96-105.

RIBEIRO, Cristina Almeida, "Pervivencia e variación de un texto del *Cancioneiro Geral*: las coplas heráldicas de João Rodrigues de Sá em doce manuscritos de los siglos XVII y XVIII", in Josep Lluis Matos (ed.). *La poesía en la imprenta antigua*. Alacant: Universitat d'Alacant, 2014. p. 173–193.

ROCHA, Andrée Crabbé, *Aspectos do Cancioneiro Geral*. Coimbra: Coimbra Editora, 1950.

ROSA, Maria de Lurdes, "Espiritualidade(s) na corte (Portugal, c. 1450-c. 1520): que leituras, que sentidos?", *Anuario de Historia de la Iglesia*, nº 26, pp. 244–245.

RUCQUOI, Adeline / MICHAUD-FRÉJAVILLE, Françoise / PICONE, Philippe, *Le Voyage à Compostelle du Xe a XX siècle*. Paris: Robert Laffont, 2018.

RUGGIERI, Jole, *Il Canzonieri di Resende*, Genèvre: Leo S. Olschki, 1931.

SÁ, Isabel dos Guimarães, *Duas irmãs para um rei: Isabel (1470–1498) e Maria (1482–1517), filhas dos Reis Católicos*. Lisboa: Círculo de Leitores, 2012.

SÁNCHEZ, Rafael, "Santiago contra São Jorge: cisma, religión y propaganda en las guerras castellano-portuguesas de la baja Edad Media", *Hispania Sacra*, nº 56, 2004, pp. 447–464.

SÁNCHEZ-HERNÁNDEZ, Sara, "*Ut pictura theatrum*: escenografía navideña en el teatro de Juan del Encina y Gil Vicente", *Studia Aura*, nº 13, 2019, pp. 333–359.

SEIXAS, Miguel Metelo, "As armas e a empresa do rei D. João II. Subsídios metodológicos para o estudo da heráldica e a da emblemática nas artes decorativas portuguesa" in Isabel Mayer Godinho Mendonça e Ana Paula Rebelo Correia (eds.), *As Artes Decorativas e a Expansão Portuguesa - Imaginário e Viagem*. Lisboa: Escola Superior de Artes Decorativas / Centro Científico e Cultural de Macau, 2010, pp. 46–62.

SHERGOLD, Norman David, *A History of the Spanish Stage from Medieval Times until the End of the Seventeenth Century*. Oxford: Clarendon.

SINGUL, Francisco, *Camino que vence al tiempo. La peregrinación a Compostela*. Madrid: Europa Ediciones, 2020.

SINGUL, Francisco, "Santiago, *miles Christi*: imagen triunfal y símbolo de la Reconquista", in Santiago Gutiérrez García e Santiago López

REFERÊNCIAS BIBLIOGRÁFICAS

Martínez-Morás (eds.), *El culto jacobeo y la peregrinación a finales de la Edad Media*. Santiago de Compostela. Universidade de Santiago de Compostela, 2018, pp. 223–244.

SOUSA, Eliana Susana Miranda de, *Vila do Conde no início da Época Moderna. Construção de uma nova centralidade*. Dissertação de Estudos em Arqueologia defendida na Universidade do Porto.

SOUSA, Sara Rodrigues de, "Nuevas aportaciones para el estudio del Vilancete en el *Cancioneiro Geral* de García de Resende", in Antonia Martínez Pérez e Ana Luísa Baquero Escudero (eds.), *Estudios de literatura medieval: 25 años de la Asociación Hispánica de Literatura Medieval*. Murcia: Universidad de Murcia, pp. 829–838.

SOUSA, Sara Rodrigues de, "Pero de Sousa Ribeiro, poeta do *Cancioneiro Geral* de Garcia de Resende", in Cleofé Tato (ed.), *¿Qué se fizo aquel trobar?. La poesia de Cancionero ayer y hoy*. A Coruña: Universidade da Coruña, 2023, pp. 199–210.

SOUTO CABO, José António / VIEIRA, Yara Frateschi, "Para um novo enquadramento histórico-literário de Airas Fernandes, dito Carpancho", *Revista de Literatura Medieval*, nº 16, 2004, pp. 221–277.

TAÍN GUZMÁN, Miguel, "El barroco compostelano, la Catedral de Santiago y el reino de Portugal: encuentros e intercambios", in *Barroco: actas do II Congresso Internacional do Barroco: Porto, Vila Real, Aveiro, Arouca*. Porto: Universidade do Porto, 2001, pp. 593–594.

TARRÉ, Begoña, "Do apóstolo ao peregrino: a iconografia de São Tiago na escultura devocional medieval em Portugalª, *Medievalista*, nº 12, 2012. Online: https://journals.openedition.org/medievalista/624. Acesso a 24/12/2022.

TARRÍO, Ana Maria Sánchez, *A pena e a espada: o Cancioneiro Geral e o humanismo na corte de D. Manuel*. Lisboa: Biblioteca Nacional, no prelo.

TARRÍO, Ana María Sánchez, "O Poeta e a Loucura: dois poetas manuelinos sob o signo de Saturno", in Paula Morão e Cristina Pimentel (eds.), *Matrizes Clássicas da Literatura Portuguesa: uma (re)visão da literatura portuguesa das origens à contemporaneidade*. Lisboa: Campo da Comunicação, 2014, pp. 85–98.

TOCCO, Valeria, *Poesias e Sentenças de D. Francisco de Portugal, 1º Conde de Vimioso*. Lisboa: Comissão Nacional para as Comemorações dos Descobrimentos Portugueses, 1999.

TOMASSETTI, Isabella, *Mil cosas tiene el amor. El villancico cortés entre Edad Media y Renacimiento*. Kassel: Reichenberger, 2008.

TORRE, Antonio de la / SUÁREZ FERNÁNDEZ, Luis (eds.), *Documentos referentes a las relaciones con Portugal durante el reinado de los Reyes Católicos*. Valladolid: Consejo Superior de Investigaciones Científicas-Patronato Menéndez Pelayo, 1958–1963, vol. II.

TORRES FEIJÓ, Elias J., *Portugal para quê?*. Santiago de Compostela, Andavira, 2019.

VALÉRIO, António João Feio, *O Paço dos Lobos da Silveira em Alvito - Notas de História e de Arte*. Alvito: Câmara Municipal, 1994.

VARNHAGEN, Francisco A., *Florilégio de Poesia Brazileira*. Lisboa: Imprensa Nacional, 1850, pp. 369–380.

VASCONCELOS, Carolina Michaelis, "Justa fué mi perdición", *Círculo Camoniano*, nº 1/10, 1989–1990, pp. 293–299.

VERDELHO, Evelina (ed.), *Livro das Obras de Garcia de Resende*. Lisboa, Imprensa Nacional-Casa da Moeda, 1992.

VIEIRA, Yara Frateschi / MORÁN CABANAS, Maria Isabel / SOUTO CABO, José António, *O amor que eu levei de Santiago. Roteiro da lírica medieval galego-portuguesa*. Noia: Toxosoutos, 2012.

VIEIRA, Yara Frateschi / MORÁN CABANAS, Maria Isabel / SOUTO CABO, José António, *O caminho poético de Santiago. Lírica galego-portuguesa*. São Paulo: Cosac Naify, 2015.

www.ingramcontent.com/pod-product-compliance
Lightning Source LLC
LaVergne TN
LVHW012248070526
838201LV00092B/158